88연승의 비밀

WOODEN ON LEADERSHIP by John Wooden
Copyright ⓒ 2005 by John Wooden and Steve Jamison
All rights reserved.

Korean Edition Copyright ⓒ 2014 by cloud9 Publishing Company, Seoul
This Korean edition was published by arrangement with
The McGraw-Hill Companies, Inc., New York
through KCC(Korea Copyright Center Inc.), Seoul.

이 책의 한국어판권 저작권은 (주)한국저작권센터(KCC)를 통한 McGraw-Hill 출판사와의 독점 계약으로 도서출판 클라우드나인에 있습니다. 저작권법에 의해 한국 내에서 보호를 받는 저작물이므로 무단 전재와 무단 복제를 금합니다.

불패의 신화
존 우든 감독이 들려주는
88연승의 비밀

존 우든·스티브 제이미슨 지음 | 장치혁 옮김

프롤로그
인생의 수많은 승부에서 지지 않고 연승할 수 있는 비결

우리는 성공을 '이기는 것', 즉 상대방을 이기거나 경쟁자보다 우위를 차지하거나 생산 목표량이나 판매 목표량에 도달하는 행위로 정의한다. 하지만 그러기 위해서는 우선 인재가 있어야 한다. 아무것도 없는 '무'에서 경쟁력 있는 팀을 만들어낼 수는 없다. 좋은 '재료'가 없다면 불가능하다. 감독은 경기에서 승리할 수 없고 리더는 시장에서 성공할 수 없다.

리더는 인재를 확보해야 경쟁에서 이길 수 있다. 그러나 많은 리더는 훌륭한 인재를 데리고 있으면서도 승리하는 방법을 모른다. 더구나 인재가 충분하지 않은 상황에서 경쟁해야 할 때도 많다. 그럴 때는 어떻게 할 것인가?

책이 인재를 대신할 수는 없다. 하지만 어떻게 하면 인재들의 잠재력을 최대한 끌어낼 수 있는지에 대한 생산적인 통찰은 제공할 수 있다. 리더십의 첫째 목표는 팀 내 모든 사람에게서 최대한의 힘을 이끌어내는 것이다. 당신이 위대한 리더로 자리매김하려면 휘하에 있는 인재들의 잠재력을 최대로 이끌어낼 수 있어야 한다.

그동안 내게는 재능 있는 선수가 많은 해도 있었고 그렇지 않은 해도 있었다. 그러므로 어느 해든 목표는 언제나 '있는 인재에서 잠재력을 최대한 끌어내자!'였다. 나는 이 책을 통해 그런 방법에 대한 나의 철학을 소개하고자 했다.

또한 내 아버지의 실용적인 지혜가 내 리더십에 얼마나 큰 영향을 끼쳤는지 다시 한번 강조하고 싶다. 아버지의 말과 모범은 예전이나 지금이나 강하게 남아 있다. 아버지는 내가 초등학교를 졸업했을 때 '어떤 상황에서도 꼭 지켜야 할 7가지 계명'을 적은 작은 카드를 주셨다.

1. 자신에게 진실해라.
2. 매일을 최고의 날로 만들어라.
3. 다른 사람들을 도와라.
4. 좋은 책을 많이 읽고 특히 『성경』 책을 벗삼아 정독하라.
5. 친구와의 우정을 예술작품처럼 생각하고 아름답게 가꿔라.
6. 힘든 날을 대비해 항상 대비책을 마련해둬라.
7. 날마다 앞길을 인도해달라고 기도하고 지금 주어진 축복에 감사하라.

"존, 이 조언을 따르도록 노력하렴. 그러면 다 잘될 거야."

아버지는 그 작은 카드를 주시면서 말씀하셨다. 나는 개인 생활, 감독 역할, 리더의 책임 등에서 아버지의 조언을 따르려고 노력했다. 아버지는 이 책 어디에나 실존하신다. 나는 어디에나 통하는 리더십이란 존재하지 않는다는 것을 알고 있다. 리더들은 각자의 재능과 기질에 따라 다양한 스타일로 리더십을 발휘한다. 하지만 나의 경험과 결론에서 당신과 당신의 조직에 보탬이 될 무언가를 꼭 발견하기를 진심으로 바란다. 에이브러햄 링컨은 이렇게 말하곤 했다.

"나는 배울 점이 없는 사람을 만난 적이 없다. 비록 대부분 '저렇게 하지 말아야지'와 같이 하지 말아야 할 일에 대해 배웠지만……."

어쨌든 그것 또한 여전히 배우는 것이다. 이 책도 마찬가지다. 나의 다양한 경험과 아이디어를 통해 해야 할 일과 하지 말아야 할 일을 포함해 여러 가지를 배울 수 있을 것이다. 나는 (실수하기도 했지만) 그 모든 과정에서 항상 나아지고자 했다.

당신이 리더로 성공하는 데 도움이 될 내용이 이 책 속에 반드시 있으리라고 믿는다. 그것은 내가 이 책을 쓰기 시작한 이유이자 목표다. 나는 경쟁의 현장에 있던 반세기 동안 그 철학을 바탕으로 좋은 성과를 거두었다.

그동안 세상과 주변이 많이 바뀌었다. 하지만 21세기에도 나의 리더십 철학은 여전히 유효하리라고 믿는다. 세상에는 시간이 흘러도 변하지 않는 것이 있다. 어디에나 통하는 불변의 법칙이 있다.

존 우든

머리말
어떻게 88연승이 가능했는가?

"도대체 비결이 뭡니까? 어떻게 그런 일을 할 수 있었죠?"

내가 존 우든 감독과 여러 작업을 하는 동안 사람들에게 가장 많이 받은 질문이다. 그는 미국대학체육협회NCAA 챔피언십 10회 우승, 7년 연속 우승과 88연승, 플레이오프 38연승, 4시즌 무패 행진 그리고 감독 생활 41년 동안 905승 205패의 승률 81.5퍼센트라는 전무후무한 성적을 기록했다.

이 책은 도대체 어떻게 그런 기록들을 세울 수 있었는지에 대한 답이다. 그는 켄터키에 있는 데이턴 고등학교, 사우스벤드센트럴 고등학교, 인디애나 주립교육대학교, UCLA에서 농구 감독으로 있을 때 선수와 코치들에게 좋은 습관을 가르치는 데 부단한 노력을 기울였다. 그는 결국 세계 최고의 농구 지도자가 되었다.

이 책은 그가 위대한 지도자로 성장해간 과정을 소개하고 있다. 어떤 철학을 가지고 팀과 조직을 성공으로 이끌었는지도 알려준다. 그리고 무엇보다도 그가 가르친 '좋은 습관'을 당신의 삶에 적용해 볼 것을 권한다.

그는 아인슈타인처럼 아주 간결하고 단순하게 정리해냈다. 아인슈타인은 핵융합 에너지의 복잡한 관계를 'E=MC²'와 같은 간단한 공식으로 우아하게 요약해냈다. 그 또한 88연승의 비밀을 C+F+U 와 같은 아주 간단한 공식 안에 우아하게 담아냈다.

컨디션 조절Conditioning+기본기Fundamentals+단결력Unity = 88연승

방금 우리는 과학의 대가 아인슈타인과 리더십의 대가 존 우든이 만든 공식을 봤다. 하지만 그렇다고 해서 당신이 원자 에너지를 만들어내는 원리는 물론이고 88연승에 좀 더 가까이 다가간 것은 절대 아니다. 두 사람이 만든 공식을 제대로 이해하려면 어쩌면 평생이 걸릴지도 모른다. 이 책은 그의 뛰어난 리더십을 파악하고 당신이 팀과 조직에까지 그 공식을 적용하는 데 걸리는 시간을 단축해 줄 것이다.

여러분은 그가 말하는 철학이 '컨디션 조절+기본기+단결력 = 88연승'처럼 믿을 수 없을 만큼 간단명료하다는 사실을 알게 될 것이다. 그가 만든 공식을 더 깊이 파고들어 가면 좋은 습관이란 '성공 피라미드'를 구성하는 15가지 기본 습관들 외에도 가치, 지식, 팀

정신, 규율, 일관성, 표준, 이상, 균형, 인격, 성실, 사랑, 자제력, 충성심, 양말을 가장 올바르게 신는 법과 같은 세세한 것들을 생활화하는 것을 뜻한다.

  인생의 수많은 승부에서 지지 않고 연승을 할 수 있는 비결이 그토록 설득력 있는 이유는 뭘까? 그것은 그가 직접 본보기가 되어 보여주었고 또 누구나 따라 하면 자신의 것으로 만들 수 있을 만큼 쉽고 간단하기 때문이다. 그의 비결은 누구나 자유롭게 이용할 수 있다. 특허나 저작권법이나 출입금지 푯말 같은 건 없다. 오픈 소스 코드다. 그가 단도직입적으로 말하듯 '자신의 내면을 매우 깊게 들여다보겠다는 의지'만 있으면 된다. 그가 선수들을 가르치며 팀을 승리로 이끌었던 비결이 이 책에 고스란히 담겨 있다.

공저자 스티브 제이미슨

CONTENTS

프롤로그 인생의 수많은 승부에서 지지 않고 연승할 수 있는 비결 004
머리말 어떻게 88연승이 가능했는가? 007

1장 성공의 토대 The Foundation for Success 017

01 인생은 여정 그 자체이다 019
최고의 사람이 되기 위해 노력하라 021
이기는 것보다 더 높은 척도가 있다 026
완벽을 목표로 하면 성공은 멀지 않다 032

88연승의 비밀 034
먼저 자기를 이겨라 / 섣부른 변화는 죄악이다 / 4P에 통달하라 / 우선순위를 기록하라

02 자신만의 성공 정의를 세워라 035
성공은 피라미드를 세우는 것과 같다 036
우승은 부산물일 뿐이다 040

• 성공 피라미드 1단계 • 042
근면, 어려운 일을 완수하는 데 쉬운 방법이란 없다 / 열정, 자신이 하는 일에 마음이 가 있어야 한다 / 우정, 존경과 동료애를 추구하라 / 충성심, 인간의 차원 높은 본성이다 / 협동심, 다른 사람들의 창의적인 생각을 수용하라

88연승의 비밀 052
근면해야 성공한다 / 열정은 전염된다 / '혼자'가 아닌 '우리'가 할 수 있다

03 마지막 1퍼센트는 정신력이다 053

• 성공 피라미드 2단계 • 054
자제력, 당신의 감정을 통제하라 / 기민함, 끊임없이 관찰하고 받아들이고 배워라 / 진취성, 신속하게 판단하고 즉시 행동하라 / 집념, 목표를 향해 끝까지 흔들리지 마라

88연승의 비밀 064

조직을 통제하려면 먼저 자신을 통제할 줄 알아야 한다/항상 촉각을 곤두세우고 미래를 내다보아라/실패를 두려워하지 마라/집념을 갖고 끝까지 포기하지 마라

04 분명 승리의 공식은 있다 065

• 성공 피라미드 3단계 • 067

컨디션, 무슨 일을 하든 절제와 균형을 유지하라/기술, 최고의 리더는 평생 배움을 멈추지 않는다/팀 정신, 팀의 스타는 바로 팀 그 자체일 뿐이다

88연승의 비밀 075

경쟁을 사랑하라/패배는 순식간이다/성공의 정의를 다시 써라/팀은 팀원의 단순한 총합 이상이다

05 영혼 속에 타오르는 불꽃을 느껴라 076

• 성공 피라미드 중심부 • 078

평정심, 침착하고 의연한 태도를 가져라/자신감, 우리 자신의 준비 상태와 실력에만 집중하라/위대한 경쟁력, 경쟁을 진심으로 즐겨라/믿음과 인내심, 노력 그 자체가 성공이다/성공, 성공했는지는 자기 자신만 안다

88연승의 비밀 088

성공 피라미드

2장 성공의 비밀 The Secrets of Success 091

01 좋은 가치관은 좋은 사람을 끌어들인다 093

헌신을 존중하라 094
이기기 위해 무엇이든 하는 사람을 경계하라 096
신념을 행동으로 알려라 099

88연승의 비밀 105

인격을 가장 우선시하라/사소하다고 잘못해도 되는 것은 아니다/정직만으로는 모자르다/어떻게 이겨야 하는가

02 섬세하게 생각하면서 열심히 일하라 106

양말부터 제대로 신어라 107
작은 일도 소홀히 하지 마라 110
옳고 정확한 방법을 찾아라 113
만사에 완벽을 추구하라 117
기준을 높게 잡아라 118

88연승의 비밀 119
기본에 충실하라/세상에 애초부터 큰 것은 없다/세부사항에 완벽을 추구하라/엉성함은 다른 엉성함을 낳는다

03 매일을 최고의 날로 만들어라 120

준비에 실패하는 것은 실패를 준비하는 것이다 122
시간을 어떻게 안배하고 활용하는가가 중요하다 123
일을 작게 세분화해서 효율적으로 운영하라 125
매일 꼼꼼하게 기록하고 비교 점검하라 129

88연승의 비밀 131
승패는 시작 1분에 달려 있다/시간은 시계 이상의 그 무엇이다/현재의 일을 상세하게 기록하라

04 혼자서는 큰일을 할 수 없다 132

'나'보다 '우리'를 먼저 생각하라 134
골을 넣으려면 열 개의 손이 필요하다 136
헐거워진 나사 하나로 큰 사고가 난다 138
어시스턴트 없이 슈퍼스타도 없다 140
때론 당근 대신 채찍질도 필요하다 143
공을 나누고 팀 정신으로 뭉쳐라 145

88연승의 비밀 149
팀의 스타는 팀이다/모두 공유하라/눈에 띄지 않는 팀원을 독려하라/최고의 팀 플레이어를 찾아라

05 당근이 채찍보다 강하다 150

위대한 경쟁력은 어떻게 만들어지는가 152
리더는 팀원의 기량을 향상시켜야 한다 154
강한 권고와 명시하지 않은 처벌을 써라 155
비판할 때 상처 주지 않도록 주의하라 158
서로 비판하거나 조롱하지 마라 160

88연승의 비밀 163
자부심이 최강의 팀을 만든다/진심 어린 적절한 칭찬만 하라/팀원들 간의 비판과 독설을 금하라/처벌 내용을 미리 확정하지 마라

06 운명을 지배하라 164

불행을 탓하지 말고 긍정하라 166
주어진 카드로 게임을 하여라 168
시련을 통해 더 강해질 수 있다 173
모든 일에는 반드시 이유가 있다 174

88연승의 비밀 176
항상 고난을 예상하라/'아, 슬프다'를 애창곡으로 삼지 마라/실패를 운명 탓으로 돌리지 마라

3장 성공을 넘어서 Beyond Success 177

01 리더는 교사와 같다 179

고리가 많은 모자를 써라 182
말보다 시범이 더 강력하다 185
소화불량을 일으키지 마라 187
늘 배우는 자세를 잃지 마라 189

88연승의 비밀 193
리더십도 학습이 필요하다/궁금함을 참지 마라/좋은 시범은 백 번의 설명보다 낫다

02 리더는 부모와 같다 194
모두를 똑같이 좋아할 수는 없다 196
단호해야 할 때와 유연해야 할 때 202

88연승의 비밀 207
사랑으로 이끌어라/특별대우하지 마라/당신의 관심을 표현하라/적절한 때를 잘 구별하라

03 감정을 통제하라 208
감정적으로 처리하지 마라 211
냉철하게 판단하고 절제하라 213
일관성을 유지하라 214

88연승의 비밀 217
감정에 휘둘리지 마라/절제와 균형을 추구하라/감정 조절을 훈련해라

04 어떻게 위대함에 이르는가 218
맡겨진 일에 전심전력을 다하라 219
새는 새답게 물고기는 물고기답게 221
주연과 조연 모두 없어서는 안 된다 223
기회가 올 때를 대비해서 준비해라 224
내가 될 수 있는 최고의 '나'가 되어라 225

88연승의 비밀 229
모든 역할이 중요하다/야심을 적절히 관리하라/기회를 붙잡을 준비를 하라/숨겨진 잠재력을 믿어라

05 편안함에서 불편을 느껴라 230
환경 탓, 운명 탓, 남 탓 하지 마라 232
누가보다 무엇이 옳으냐가 중요하다 235
더 좋은 방법을 찾아 항상 경청하라 237
'안 돼' 대신 '어떻게?'를 생각하라 241
항상 질문하고 탐구하고 깨어 있어라 243

88연승의 비밀 245
성공은 어제 내린 눈이다/낡은 것들을 제거하라/'어떻게?'라고 묻기 시작하라/아이디어와 의견을 교환하라

06 점수판을 보지 마라 246

미래는 잊고 현재에 집중하라 248
날마다 나아지기 위해 노력하라 249
오늘의 연습에 최선을 다하라 250
함께 어우러져야 작품이 된다 252

88연승의 비밀 254
목표를 정한 다음에는 안 보이는 곳에 치워둬라 / 경쟁자를 최대한 존중하라 / 단기적인 목표에 집중하라

4장 성공 레슨 Success Lesson 255

01 작은 것을 챙겨라 257
02 세심하게 신경 써라 263
03 점수는 생각하지 마라 268
04 승리는 연습의 결과다 272
05 예외는 없다 278
06 지각하지 마라 280
07 항상 준비하라 282
08 반복! 반복! 반복! 287
09 최선을 다하라 292
10 과정이 중요하다 296
11 계속 플레이하라 300

에필로그 최고가 되기 위해 최선을 다했던 여정 304

1장
성공의 토대
The Foundation for success

인생은
여정 그 자체이다

"여정 자체가 도착지보다 낫다.
희망을 품고 길을 가는 여정이 목적지에 도달하는 것보다 낫다."

– 세르반테스

나는 1932년 9월 5일 월요일 오후, 켄터키 주의 데이턴 고등학교 미식축구 경기 첫날에 공식적으로 감독이 되었다. 당시 스물한 살이었다. 결혼한 지 한 달이 채 되지 않았다. 퍼듀대학교에서 영문학 전공에 시를 부전공하고 갓 졸업한 사회 초년생이었다.

데이턴 고등학교 이사회로부터 연봉 1,500달러를 받았다. 그중 1,200달러는 영어를 가르치는 대가였고 나머지 300달러는 미식축구, 농구, 야구를 가르치는 대가였다. 감독으로서 받는 돈이 영어 교사로서 받는 돈에 비해 훨씬 적었다. 하지만 사람들은 학교에서 나를 채용한 주 목적이 영어 교사가 아니라 운동부 감독이라는 사실을 잘 알고 있었다. 당시에는 그런 식의 채용이 관행이었다.

만약 누군가 학교 이사회에 채용 이유가 뭐냐고 물어봤다면 아마도 다음과 같은 대답을 들었을 것이다. 존 우든은 세 번이나 국가대표인 올 아메리칸에 선정됐고 다득점 상위 10위 팀 중 한 팀의 주장을 지냈다. 또 NCAA 챔피언십에서 우승을 따낸 퍼듀대학교 농구팀에서 뛰었기 때문에 코치와 리더십에 관한 한 전문가다. 그래서 영어 교사보다는 운동부 감독의 역할에 비중을 두고 채용했다고.

하지만 그 생각은 틀렸다. 사실 당시 내가 실제로 가르칠 수 있었던 것은 셰익스피어, 철자법, 시, 구두법 등 영문학이었다. 나는 퍼듀대학교를 졸업하기 직전 대학 측으로부터 연구원 자리를 제의받았다. 나중에 인디애나 주의 웨스트 라피엣에 영문학 교수 자리를 꿰찰 기회였다. 아마 내가 결혼하지 않고 혼자 살 마음이었다면 그때 연구원직 제의를 받아들여 영문학 교수가 됐을 것이다. 절대 전임감독이 되지는 않았을 것이다.

그때 나는 아내와 빨리 결혼해서 가정을 꾸리고 싶었는데 퍼듀대학교의 연구원 보수로는 먹고살기가 어려웠다. 그래서 나와 아내는 데이턴 고등학교 측이 당시로써는 상당히 높은 액수인 연봉 1,500달러를 제시했을 때 그 솔깃한 제안을 받아들였고 얼마 후 새 직장으로 향했다. 그렇게 해서 데이턴 고등학교는 영어교사로서는 꽤 괜찮은 실력을 갖추었지만 감독으로서는 꽝이었던 한 사람을 채용한 셈이었다.

나는 9월의 첫 월요일 오후 미식축구 경기의 시작을 알리는 호루라기를 힘차게 불었을 때만 해도 자신을 꽤 훌륭한 감독이라고 생각했다. 그러나 2주 뒤 미식축구 감독을 그만두었다.

최고의 사람이 되기 위해 노력하라

나는 경쟁심이 높은 사람이다. 아주 어렸을 때부터 마음속에는 이겨야겠다는 확고한 의지가 있었다. 어린 시절 마틴스빌 고등학교 농구팀 선수로 뛰었을 때도 그랬고 훗날 감독이 돼 NCAA 챔피언십 우승을 목표로 여러 팀을 가르치던 때도 그랬다.

나는 운동실력은 어느 정도 타고났다. 하지만 리더십은 그렇지 못했고 노력을 통해 습득했다. 사실 청년기에는 너무도 부끄러움을 많이 탔다. 당시 나를 알던 사람들이라면 절대 감독으로 뽑지 않았을 것이다. 리더는 강하고 독립심이 강한 사람들 앞에 버티고 서서 지시를 내리고 방법을 가르쳐주어야 한다. 리더가 된다는 것은 언감생심 꿈도 꾸지 못할 일이었다. 나는 부끄러움을 극복하는 것부터 배워야 했다.

나는 후천적인 노력을 통해 리더십을 습득할 수 있다고 믿었다. 물론 모든 사람이 리더가 될 수 있는 것은 아니고 모든 리더가 화려한 성공을 거둘 수 있는 것도 아니다. 하지만 대다수 사람은 자신이 생각하는 것보다 훨씬 큰 잠재력이 있다. 리더가 되기를 갈망하는 사람들은 누구나 그렇게 될 수 있다. 또 아주 위대한 리더가 되고 싶은 사람들 또한 그렇게 될 수 있다. 내가 그 모든 것을 직접 체험한 경험자이기 때문에 장담할 수 있다.

나의 리더십 기술은 많이 듣고 관찰하고 연구한 후에 시행착오를 거치면서 서서히 터득한 것들이다. 대다수 리더 역시 바로 그런 식으로 성장하고 발전했다고 생각한다. 내가 리더십을 배우는 과정은 UCLA 농구팀이 열 번째 NCAA 챔피언십 우승을 차지한 직후부터 코트를 떠나면서 감독직을 내놓던 바로 그날까지 무려 40여 년 동안이나 계속되었다. 실은 배움은 그 후에도 계속되었다.

하지만 나는 어렸을 때는 코치 기술을 적극 익히려고 하지 않았다. 어렸을 적 내 최대 목표는 헛간 주위에서 달리기경기를 하거나 별명이 '고양이'인 큰 형 모리스를 이기는 것뿐이었다. 열에 아홉은 내가 졌다. 형은 고양이처럼 날쌨다. 우리 형제는 서로 경쟁하는 것을 무척 좋아했다. 우리 형제는 여느 평범한 미국인들처럼 경쟁을 즐겼다. 미국인은 천성적으로 경쟁심이 높다. 스포츠와 비즈니스에서는 물론 인생의 거의 모든 영역에서 '누가 최고인가?'에 관심이 많을 뿐만 아니라 스스로 최고가 되기를 원하며 자신과 최고의 사람을 끝없이 비교한다.

'내가 가장 큰가?' '내가 최고인가?' '내가 가장 빠른가?'

계속 질문을 던진다. 하지만 나는 늘 그런 질문 자체가 잘못됐다고 생각해왔다. 그런 생각은 아버지가 가르쳐준 것이다. 나는 어린 시절 인디애나 주 센터턴 시의 작은 농장에서 살았을 때 아버지에게서 배웠던 가치와 원칙을 내 마음속에 가장 중요한 기준으로 깊이 간직하고 있다. 그것은 90년이 넘는 세월 동안 내가 따르려고 노력했던 나침반이다. 지금도 나는 과거 그 어느 때보다 아버지의 가르침을 열심히 따르고 있고 그 가치와 실용성을 믿는다. 리더로서 내가 이룬 업적 대부분은 아버지의 가르침 덕분이다.

내 아버지 조슈아 휴 우든은 강한 확신과 부드러운 성품을 갖추신 분이었다. 아버지는 혼자 책을 보며 독학했는데 배움에 대한 열정을 우리 4형제에게 물려주었다. 아버지는 우리 4형제 모두 고등학교를 졸업했다는 사실을 무척 자랑스러워했다. 우리가 모두 학사 학위를 받고 교사가 되었을 때는 더더욱 감격했다.

아버지는 두 딸을 잃었고 그토록 아끼던 농장을 팔아야 했다. 또 대공황 시절의 경제적 어려움이라는 끔찍한 역경과 슬픔을 겪었다. 하지만 한 번도 불평하거나 다른 사람을 비난하지 않았다. 더 잘 사는 사람들과 자신을 비교하지도 않았다. 그 모든 시련을 겪으면서도 자신이 가진 것에 감사하고 그것으로 최고의 결과를 낳기 위해 최선을 다했다. 내가 아버지에 대해 가지고 있는 가장 강렬한 기억 중 하나다. 나는 지금까지 개인적인 삶은 물론 감독 인생에서도 아버지의 그런 태도를 본받고자 노력해왔다.

아버지는 잡담이나 험담을 좋아하지 않았다. 체스나 보드게임 체커를 하는 동안 내내 말 한마디 하지 않을 때도 있었다. 하지만 어쩌다 한번 입을 떼면 항상 새겨둘 만한 말씀을 전해주셨다. 아버지는 단순하면서도 매우 심오하고 실용적인 지혜를 지닌 분이었다.

"다른 사람들과 비교해 더 나은가를 걱정하지 마라. 하지만 네가 실현 가능한 한 최고의 사람이 되려는 노력을 그치지 마라. 그건 자기 힘으로 컨트롤할 수 있지만, 다른 사람은 컨트롤할 수 없으니까."

아버지가 생각한 성공은 당시로써는 일반적이지 않았으며 요즘 기준으로는 더더욱 그러했다. 하지만 그 교훈은 훗날 내 리더십 철학의 중심을 이루었다. 아버지는 우리 4형제에게 늘 이렇게 말씀하셨다. 아버지는 남과 비교하느라 아까운 시간을 낭비하지 말라고 하셨다. 그건 어린아이들이 깨닫기에는 쉽지 않은 조언이었고 어른이 되어서도 여전히 어려웠다.

"얘야, 항상 최고의 사람이 되려고 노력해라. 그렇게 하면 성공한 사람이 되지만 그렇게 하지 않으면 실패한 사람이 되고 만다."

나는 아버지의 조언을 따르기 위해 최선을 다했다. 물론 하루아침에 되지는 않았다. 하지만 아버지의 지혜로운 말씀은 세월이 흐르면서 서서히 내 안에 뿌리내렸고 결국 내 일부가 되었다. 나중에는 내가 가르쳤던 많은 팀에게 자신의 힘으로 통제할 수 있는 일에만 집중하고 그것에 관해서만 걱정하라고 가르쳤다. 그래서 정신적으로도 육체적으로도 최고 능력에 도달하기 위해 노력하라고 했다. 내게는 그런 노력 끝에 결과적으로 경쟁자를 물리쳤는가는 별로 중요한 문제가 아니었다. 나는 성공은 득점이나 순위나 다른 사람들의 의견과는 상관없으며 자신이 할 수 있는 만큼 최선을 다하는 것이라는 점을 가르치기 위해 매우 노력했다.

내 말을 오해하지 마라. 물론 우리는 모두 경쟁에서 이기고 싶다. 그것이 농구건, 야구건, 다른 어떤 경쟁에서건 간에 승리라는 건 영광스러운 거니까. 반면 패배는 고통스럽고 때로는 혹독하기까지 하다. 나는 인디애나 주 농구 토너먼트 결승전에서 우리 마틴스빌 고등학교가 종료 몇 초를 남겨두고 역전패를 당한 일을 생각하면 지금도 가슴이 쓰라리다. 75년도 더 지난 일인데도 기억을 떠올릴 때마다 그렇다. 하지만 내 관점에서 볼 때 한 번 진다고 세상이 끝나지 않으며 승리했다고 세상 전부를 얻는 것도 아니다. 심지어 NCAA 챔피언십 우승조차도 그렇다. 세상에는 이기는 것보다 훨씬 중요하고 위대한 일이 있다.

나는 평생토록 성공은 여정 자체에서 찾을 수 있다고 믿어왔다. 어떻게 경기에 임하고 어떻게 경쟁을 계획하고 준비하고 연습하고 실행하는가가 가장 중요하다. 승리와 패배는 그런 노력의 부산물일 뿐이다. 내게 가장 중요하고 가장 오래가고 가장 큰 만족감을 주는 건 노력을 쏟아 부으며 준비하는 과정 그 자체지 승리라는 결과물이 아니다.

세르반테스는 감옥에서 쓴 책 『돈키호테』에 '여정 자체가 도착지보다 낫다'는 명언을 적었다. 많은 사람은 그 뜻을 제대로 이해하지 못한다. 하지만 나는 아버지 덕분에 이해하게 됐다. 진정한 기쁨은 자신의 잠재능력을 끝까지 다 쓰도록 밀어붙이는 과정과 그렇게 하도록 팀원을 가르치는 데서 나온다.

나는 위대한 지도자 대다수가 세르반테스의 말에 공감하리라고 믿는다. 그들은 궁극적인 보상은 승리 뒤에 따라오는 영광이나 이득이 아니라 경쟁을 하는 과정 자체임을 잘 이해하고 있다. 나는 농구 감독으로 지낸 오랜 세월 동안 '이겨라'는 말을 입 밖에 내거나 상대를 '물리치라'고 요구하거나 '반드시 1등을 해라'고 주문한 적이 없다. 전문가들이 NCAA 챔피언십에서 우승할 가능성이 가장 높다고 꼽은 팀을 맡았을 때도 마찬가지였다. 그 대신 어릴 적 아버지가 내게 해준 조언인 '최고의 사람이 되기 위해 노력하는 일을 멈추지 마라'는 말씀을 실천하기 위해 말하고 행동했다. 그리고 내가 가르치는 선수들도 그렇게 하도록 지도하는 데 초점을 맞췄다.

"성공은 당신이 가지고 있는 능력을 최대한 발휘해 얻은 만족감과 그 덕분에 얻은 마음의 평화다."

나는 1934년 겨울, 켄터키 주에 있는 데이턴 고등학교에 영어 교사이자 운동부 감독으로 첫발을 내디뎠을 때 성공을 다음과 같이 정의 내렸다. 그때 성공의 정의를 만든 이후 지금까지 한 번도 바뀌지 않았고 지금도 바꿀 필요성을 못 느끼고 있다. 나는 그 정의를 지금까지 선수들에게 내내 가르쳐왔고 결과는 항상 성공적이었다. 성공에는 단순히 '경기에서 이기는 것'보다 더 높은 척도가 있다. 바로 '당신이 얼마나 많은 노력을 기울였는가'다.

이기는 것보다 더 높은 척도가 있다

"경기가 끝났을 때 머리를 높이 들고 이 자리에 돌아올 수 있도록 해라. 그러기 위해선 한 가지 방법밖에 없다. 경기장에서 너희가 할 수 있는 최선을 다해라. 가지고 있는 모든 걸 다 쏟아 부어라."

나는 고교 농구 시즌의 첫 경기에서건 NCAA 챔피언십 마지막 경기에서건 경기 직전 탈의실에서 선수들에게 마지막으로 항상 그렇게 말했다. 선수들이 자신의 힘으로 할 수 있는 전부였다. 나 또한 그들에게 그것만을 요구했다. 연습 시간에도 자신이 할 수 있는 만큼 최선을 다하라고 항상 요구했다. 물론 나 역시 최선을 다했다. 그때나 지금이나 냉소적인 사람들은 내 아버지의 조언이 순진하고 비현실적이라며 깎아내린다. 하지만 그들은 스스로 최선을 다하는 것 외에 무엇을 더 할 수 있는지는 아무것도 제시하지 못한다.

당신이 전력을 다 기울였다면 점수가 어떻게 나오든 절대 패자가 아니다. 반대로 당신이 최선을 다하지 못했다면 절대 승자가 되지 못한다. 이 철학을 마음속 깊이 받아들이면 모든 것이 달라진다. 연습에 임하는 자세, 기량, 역경과 실패를 견디는 능력, 승리 뒤에 따르는 도전에 대처하는 능력 등등. 이 철학은 성공을 가늠하는 척도를 새로이 규정할 것이며 어떤 상황에서든지 성공을 이룰 수 있도록 도와줄 것이다.

이 철학을 받아들이는 일만으로도 (모든 사람이 추구하지만, 동시에 진정한 성공의 부산물에 불과한) 승리를 거둘 확률이 극적으로 높아진다는 사실을 여러 번 발견했다. 하지만 그러기 위해서는 먼저 단순히 상대방을 물리치는 것 이상의 더 높은 목표인 최선을 다하기에 헌신해야 한다. 또한 '성공'이라는 것을 '어떠한 상황에서도 자신의 능력과 기술과 잠재력을 극대화하기 위해 온갖 노력을 다하는 것'

으로 정의 내려야 한다.

당신은 당신보다 더 크고 더 강하고 더 노련하고 재정이 더 튼실한 상대를 때때로 만나게 될 것이다. 리더는 어떤 상황에 부닥치든지 자신의 모든 능력을 남김 없이 쏟아붓는 과정 자체가 바로 성공임을 스스로 믿어야 하고 팀원에게 그렇게 믿도록 가르쳐야 한다. 최선을 다하는 자세는 스스로 컨트롤할 수 있는 일이기 때문이다. 최소한 그래야만 한다.

내가 말하는 성공을 리더십에 접목하는 일이 쉽지만은 않을 것이다. 요즘의 스포츠와 비즈니스 분야에서 흔히 받아들여지는 성공 개념에 반대되기 때문이다. 내가 젊었을 때도 상황은 지금과 별반 다르지 않았다. 그때나 지금이나 대다수 사람은 '누가 경기에서 이겼는가?'에만 관심을 기울인다. 그럼에도 나는 확실히 말해두고 싶다. 당신이 자신의 능력을 최대한 발휘하기 위해 100퍼센트의 노력을 기울였다면 스스로 승자라고 불러도 좋다. 그것이 사실이니까.

내가 감독으로 있던 UCLA 농구팀은 1959~1960년 시즌 동안 승률 50퍼센트 이상을 유지하려고 애를 쓰고 있었다. 마지막 경기에서 꼭 이겨야만 14승 12패의 기록으로 시즌을 마무리할 수 있었다. 그 해는 승패의 관점에서만 보면 내가 UCLA 농구팀 감독으로 있던 기간을 통틀어서 최악이었다.

"전술이 엉망이다." "우든은 포스트시즌에서 우승할 수 없다."
"UCLA 농구팀에게 포스트시즌이란 없다."

우리 팀의 '형편없는' 성적에 대해 팬들은 불평하기 시작했고 깎

아내렸다. 하지만 내 생각은 달랐다. 나에게는 성공적인 시즌이었고 매우 큰 기쁨을 준 한 해였다. 저명한 방송인이자 스포츠 기자인 샘 발터는 시즌 초에 우리 팀의 성적을 이렇게 예상했다.

"나는 만약 올해 UCLA 농구팀이 승률 50퍼센트 이상을 기록한다면 베벌리 힐스에 있는 미러클 마일 거리에서 코끝으로 땅콩 한 알을 굴리면서 지나가겠다."

나는 샘 발터의 이 예측과 관련해 항의하는 전화를 한 통도 받지 않았다. 근거는 타당했으니까.

그전 해인 1958~1959년 시즌에 UCLA 농구팀은 지역리그에서 3위를 차지했다. 당시 우리 팀 주전 선수 다섯 명 가운데 무려 네 명이 그해에는 뛰지 않을 예정이었다. 그중에는 훗날 올림픽 금메달리스트가 된 레이퍼 존슨과 훗날 루이빌 농구팀을 감독해서 두 차례 NCAA 챔피언십 우승을 차지한 데니 크럼이 있었다. 그리고 당시 우리 팀 최고 선수였던 월트 토렌스도 끼어 있었다.

나는 경험은 적더라도 재능이 뛰어난 팀을 맡고 싶다는 얘기를 종종 하곤 했다. 그렇지만 내가 1959~1960년 시즌에 맡았던 팀은 그 어느 것 하나도 충족하지 못했다. 게다가 내 힘으로 컨트롤할 수 없는 장애도 도사리고 있었다.

그보다 몇 년 전 UCLA와 우리 지역 리그에 속한 몇몇 다른 대학교의 미식축구 프로그램이 구설에 오른 적이 있었다. 선수들에게 주는 급여가 지역 리그의 상한선을 초과했다는 것이다. 그 결과 문제의 미식축구 프로그램들은 당분간 정지되었다. 또 미국 최고 전

통의 대학미식축구대회인 로즈 볼Rose Bowl과 같은 포스트시즌 경기에 엄격한 제재가 가해졌다.

그런데 UCLA에 가해진 처벌은 미식축구에만 한정되지 않고 농구를 포함한 다른 모든 운동 종목에도 적용되었다. 우리 농구팀은 규정을 모두 지켰는데도 말이다. 그래서 당분간 UCLA 농구팀은 포스트시즌 토너먼트 경기에 참가할 수 없었다. 그 때문에 우리 학교에 올 수도 있었던 뛰어난 농구 선수들이 다른 학교로 발길을 돌릴 수밖에 없었다. 경험 부족, 실력 있는 선수의 부족, 포스트시즌 경기에 참가할 수 없다는 사실 등 여러 가지 요인이 부정적인 영향을 끼쳤다.

그런 여러 가지 커다란 장애 속에서도 14승 12패의 기록을 남겼던 것이다. 그때까지의 내 감독 인생에서 최고의 가르침을 펼쳤던 해였다. 아무도 그 사실을 몰랐지만 나 자신만은 알고 있었다. 그걸로 충분했다. 나는 또한 그해에 우리 팀에서 뛰었던 선수들이 훗날 30승 무패의 놀랄 만한 기록을 세웠던 선수들만큼이나 자기 기량의 100퍼센트를 발휘했다고 확신했다. 1959~1960년의 UCLA 농구팀은 훗날 챔피언십 우승을 한 팀들만큼 뛰어난 기량을 가지지는 못했다. 하지만 내가 성공을 판단하는 기준은 챔피언십 우승 여부가 아니라 잠재력을 얼마나 최대한으로 발휘했느냐였다.

그런 관점에서 볼 때 UCLA 농구팀을 지도했던 총 27년 동안 1959~1960년이 다른 어떤 해보다도 더 성공적인 해였다고 확신한다. 그 시즌에 우리 팀이 거둔 성과는 지금도 무척 자랑스럽다.

그해 우리 팀은 개인적으로도 팀 전체로서도 자신의 능력을 최대한 발휘하는 놀라운 과제를 거의 완수해냈다. 우리는 하나로 똘똘 뭉쳤고 최선을 다했다. 우리의 통제권을 벗어난 일에 대해서는 철저히 무시했고 통제권에 있는 일은 완벽을 기했다. 적어도 그렇게 하려고 최선을 다했다. 우리는 성공을 거뒀던 것이다.

그래도 비평가들은 우리 팀의 성적에 대해 계속 불평을 늘어놓았다(앞에 언급한 샘 발터는 자기 예상이 틀렸음에도 미러클 마일 거리에서 땅콩을 굴리지 않았다). 우리 팀은 진정한 성공을 거뒀지만 우리 말고는 아무도 그 사실을 몰랐다. 중요한 것은 우리 자신이었다. 마치 명성과 인격의 관계와도 같다. 명성은 다른 사람들이 당신을 평가하는 것이다. 다른 사람의 의견이라는 것은 맞을 수도 있고 틀릴 수도 있다. 그에 반해 인격은 당신의 실제 모습이다. 당신 외에는 아무도 모른다. 하지만 가장 중요한 것은 바로 당신 자신이다.

우리가 1959~1960년 시즌에 진정 성공에 도달했음을 아는 것도 바로 우리 자신밖에 없었다. 우리는 4년 후인 1964년에 30연승을 거뒀고 그 과정 중에 역사상 처음으로 NCAA 챔피언십 우승을 차지했다. 그러자 전문가들은 내가 마침내 성공을 거뒀다고 말했다. 하지만 이번에도 그들은 틀렸다. 물론 리더로서 나의 능력이 이전보다 더 현명하고 효율적이었을 것이다. 하지만 4년 전 승률 50퍼센트 이상을 유지하기 위해 최종 경기에서 반드시 이겨야만 했던 때와 비교해 더 큰 성공을 거두지는 못했다.

비평가들은 이해하지 못할 것이다. 하지만 나와 우리 팀의 성공에 대한 시각은 매우 달랐다. 내게 가장 중요한 것은 스스로 정한 성공의 척도였다. 나는 언제나 나 자신의 기준으로 모든 것을 평가했다. 그 척도는 옛날 농장에서 아버지가 우리 형제에게 들려준 가르침이었다. 바로 그 가르침에서 성공의 정의를 만들었다.

나는 자신을 평가하는 데 그 척도를 사용했다. 그리고 내가 가르치는 팀원들의 성공을 평가하는 데도 그 척도를 사용했다. 이기는 것은 부산물이다. 노력 자체에 초점을 맞춰야 한다. 나는 UCLA 농구팀이 해마다 NCAA 챔피언십을 휩쓸며 최고의 전성기를 누리던 시절에도 결코 승리에 연연하지 않았다. 또 선수들에게 이기라는 얘기를 한 번도 한 적이 없다. 그 대신 모든 선수가 연습에서든 경기에서든 자신이 갖춘 모든 능력을 발휘하도록 최선을 다했을 뿐이다. 그러면 득점과 성공은 저절로 따라온다.

완벽을 목표로 하면 성공은 멀지 않다

경기의 성공은 이기거나 진 횟수에 달려 있지 않다. 그것은 개개인의 능력, 운동장비, 경기장의 조건, 상대 팀의 실력 등을 고려했을 때 각자가 자기 역량을 얼마나 더 많이 발휘했느냐에 달려 있다.

진정한 성공은 최고 역량을 발휘하기 위해 할 수 있는 모든 것을 다했다는 사실을 알 때 내면에서 우러나는 자기 만족감이다. 자신이 할 수 있는 모든 일을 하면 성공은 멀지 않다. 자신의 성공을 정확히 평가할 수 있는 사람은 자기 자신밖에 없다. 다른 사람들은 속일 수 있을지 몰라도 자기 자신은 속일 수 없다.

완벽을 이루기란 불가능하다. 하지만 완벽을 목표로 해야 한다. 완벽을 달성하기 위해 100퍼센트의 노력을 기울여야 한다. 그렇지 않았다면 아무리 많은 경기에서 승리를 거둔다 하더라도 진정한 성공이 아니다.

다른 사람들이 당신보다 훨씬 더 많은 재능을 가지고 있거나 덩치가 더 크고 빠르거나 순발력이 더 뛰어나고 더 높이 뛸 수 있을지 모른다. 하지만 팀 정신, 충성심, 열정, 협동심, 의지력, 성실, 승부근성, 인격 면에서는 누구도 당신을 능가하게 해서는 안 된다. 위의 자질들을 개발하고 유지하라. 그러면 성공은 저절로 따라온다.

먼저 자기를 이겨라

성공이란 팀의 목표를 위해 온전히 헌신하고 100퍼센트의 노력을 기울이는 자세임을 팀원에게 주지시켜라. 그리고 그런 자세를 리더 스스로 노력해서 보여줘라. 그러면 팀원 대다수는 당신을 따라 그렇게 할 것이다. 그렇게 하지 않는 팀원이 있으면 다른 팀을 알아보게 하라.

섣부른 변화는 죄악이다

변화 없이는 진보도 없다. 하지만 모든 변화가 다 진보는 아니다. 오랜 세월을 견디고 살아남은 방법이라면 단지 변화라는 이름으로 경솔하게 팽개쳐서는 안 된다. 오랫동안 나는 수많은 변화를 시도했지만 성공이라는 목표를 향해 팀원을 이끌었던 기본 방식은 거의 바꾸지 않았다. 그 방식은 지금도 유효하다.

4P에 통달하라

4P란 계획planning, 준비preparation, 연습practice, 실행performance이다. 이 네 개의 P를 당신의 생활로 만들어라. 이것들에 최우선 순위를 부여하라. 심지어 '승리'보다 이 네 개의 P를 더 우선하라. 이 네 가지 P를 최우선순위로 삼도록 팀원을 가르쳐라.

우선순위를 기록하라

팀원 각자에게 필요한 과제를 최대한 구체적으로 표기하라. 실현하기 어려운 목표를 설정하지는 마라(예를 들어, '판매량 15퍼센트 향상'). 대신 각 개인이 자신의 과제를 효과적으로 수행하는 데 필요한 행동에 초점을 맞추어라(예를 들어 고객에게 투자하는 시간을 20퍼센트 늘린다, 한 주에 전화를 다섯 번 더 한다, 프레젠테이션 기술에 관한 강좌를 듣는다 등등).

자신만의 성공 정의를 세워라

"위대한 사람들이 도달한 높은 고지는 갑자기 오른 것이 아니다.
경쟁자들이 밤에 자는 동안 한 발짝 한 발짝 힘들게 기어 올라간 것이다."
– 헨리 워즈워스 롱펠로

나는 데이턴 고등학교의 농구팀과 야구팀 감독으로 일을 시작했을 때 성공의 정의부터 빨리 내려야겠다고 생각했다. 많은 부모가 나를 찾아와 선수들의 학과 성적과 팀 내의 역할에 대해 항의했고 그에 대한 대책의 필요성을 강하게 느꼈기 때문이다. 나는 학생 개개인의 능력에 따라 등급과 역할을 정해줬다. 그런데 부모들이 찾아와 불평하는 것을 듣다 보니 점점 화가 나고 때론 혐오감조차 들었다.

그것은 학생들에게 부당한 대우를 하는 것이며 심지어 비생산적이기까지 했다. 본인 스스로는 운동도 열심히 했고 공부도 성실히 최선을 다 했는데 부모에게 '머저리' 소리를 들으면 기분이 어떨까? 나이가 많든 적든 대부분 학생은 바로 노력을 포기해버릴지도 모른다. 나는 내 선수들이 포기하기를 원치 않았다. 나 또한 그와 같은 퍼센트가 매겨진 등급 체계에 의해 성공 여부를 평가받고 있다는 사실을 알게 되었다. 상황이나 환경 등 다른 요소들은 전혀 고려 대상이 아니었다. 1959~1960년 시즌은 그런 일을 적나라하게 경험한 해였다.

'리더로서 팀원들 개개인이 잠재력을 최대한 발휘해 최선을 다하도록 도왔나?' '나 스스로 최선을 다했나?' 이것이 가장 핵심적인 질문이었는데도 정작 그런 질문을 던지는 사람은 당시 아무도 없었다.

최선을 다한 사람은 명백한 승자이고 최선을 다하지 못한 사람은 패자다. 나는 데이턴 고등학교 선수 부모들을 겪은 뒤 공정하고 생산적인 성공에 대한 기준을 다시 만들어야겠다고 결심했다. 각자 최선을 다하도록 유도하는 새로운 등급 체계를 만들어야겠다고.

성공은 피라미드를 세우는 것과 같다

그 이후로 나는 선수들 모두에게 '성공은 네가 될 수 있는 최고의 사람이 되기 위해 최선을 다했을 때의 만족감과 그로 말미암은 마음의 평화'라는 분명한 목표를 제시했다. 하지만 목적지란 것은 그곳으로 가는 방법을 보여주는 표지판이 없으면 아무 의미가 없다.

성공을 어떻게 성취할 것인가? 1933년에는 그에 대한 답을 가지고 있지 않았다. 게다가 단순히 답을 가진 것만으로는 불충분하다는 것도 알고 있었다. 성공을 이루는 데 필요한 자질들을 효과적으로 가르칠 수 있는 교수법이 필요했다. 그래서 나는 지도처럼 분명하게 눈으로 볼 수 있고 연구할 수 있고 따라갈 수 있는 교수법을 찾기 시작했다. 눈에 보이는 것이 귀로 듣는 것보다 더 의미심장하고 잘 기억되기 때문이다.

내가 마틴스빌 고등학교 농구팀에서 선수로 뛸 때 감독은 글렌 커티스였다. 그는 선수들을 북돋기 위해 시부터 짤막한 연설에 이르기까지 가능한 모든 것을 동원하는 탁월한 동기부여자였다. 감독님은 가끔 도화지에 대여섯 개의 디딤대가 있는 사다리를 그려 보이곤 했다. 사다리의 디딤대 하나하나는 발기술이라든가 몸싸움 등 선수들이 알아야 할 중요한 요령을 뜻했다.

물론 맨 위의 디딤대는 글렌 커티스 감독님 자신을 의미했다. 동시에 일반적으로 많은 사람이 생각하는 성공, 즉 상대 팀을 무찌르는 것을 뜻했다. 글렌 커티스 감독님의 사다리는 내게 큰 영감을 주었다. 하지만 나는 더 포괄적이고 직관적인 뭔가를 원했다. 더군다나 나는 성공에 대해서 감독님과 엄청나게 다른 생각이 있었다.

그때쯤 퍼듀대학교 학창 시절 읽었던 이집트 기자Giza 시의 거대한 피라미드에 관한 이야기가 떠올랐다. 그것은 고대 7대 불가사의 중 하나로 붉은 화강암과 흰 석회암으로 만든 블록을 쌓아 만든 것이었다. 그런 피라미드는 거대한 토대 위에 세워졌다. 특히 토대의 모서리에 놓인 주춧돌은 전체 구조물 중에서 가장 크고 가장 중요한 역할을 했다. 피라미드의 각 블록은 들어갈 자리에 다듬어진 뒤 미리 만들어놓은 경사면을 따라 옮겨진 후 정해진 자리에 올려졌다. 그렇게 해서 한 층이 완성되면 그것을 토대로 또 다른 층이 쌓이는 형태였다.

그들은 피라미드의 중심에 핵심이 되는 어떤 것을 심장처럼 두었다. 그 위로 약 146미터 높이의 피라미드를 쌓았다. 4,300년 동안 이 피라미드는 지구 위에서 가장 높은 석조 건축물로 남아 있다. 기자의 피라미드는 그렇게 엄청난 크기에도 수십 년간 매우 공들여 만들어져서 석회암 외벽의 이음매에는 카드 한 장 들어갈 틈도 없다고 한다.

심지어 21세기에도 지금까지 세워진 구조물 중 가장 견고하고 치밀한 것으로 평가받는다. 나 혼자만 이런 생각을 하는 것이 아니다. 현대 경영학의 창시자로 불리는 피터 드러커는 역사상 가장 위대한 경영자는 누구냐는 질문에 이렇게 답했다.

"역사상 가장 위대한 경영자는 이집트의 피라미드를 세운 사람들입니다."

이집트 속담에 '인간은 시간을 두려워하고 시간은 피라미드를 두려워한다'는 말이 있다. 기자의 피라미드는 그만큼 오랜 세월을 견디도록 설계되었고 실제로도 오랫동안 잘 견뎌왔다. 나는 피라미드를 지은 사람들이 기울인 모든 노력에서 많은 실제적인 영감을 얻었다.

나는 피라미드 구조를 나의 교육 도구로 채택했다. 처음엔 피라미드에 몇 개의 블록을 넣어야 할지, 각 블록의 내용은 무엇으로 해야 할지, 각 블록은 어떤 순서로 쌓아야 할지 전혀 감을 못 잡았다. 다만 피라미드의 꼭대기에는 '성공'이 올라앉아야 한다는 것과 꼭대기를 향해 차곡차곡 쌓아올린 각각의 블록들은 성공에 도달하는 데 필요한 개인의 습관과 자질을 의미해야 한다는 정도만 직감적으로 깨닫고 있었다. 즉 내가 가르치는 선수들을 어떻게 하면 팀의 일원으로서 잠재력을 충분히 발휘해 성공에 이르게 할 구체적인 방법을 피라미드의 각 블록과 층으로 제시하겠다는 계획만 갖고 있었다.

나는 성공 피라미드를 만들어가면서 나중에는 이 피라미드 구조가 나뿐만 아니라 경쟁이 심한 분야의 리더들에게도 효과적인 리더십 코드를 제공할 것임을 알게 되었다. 우선 정상에 도달하는 데 필요한 개인적 자질들이 무엇인지부터 결정해야 했다. 나는 이것을 중요한 숙제로 여겼다. 영어 교사이자 운동부 감독으로 부임한 첫해 겨울부터 과연 그 자질들이 무엇일까를 골똘히 생각하기 시작했다. 성공하기 위해서는 정확히 어떤 자질들이 필요할까?

그 후 수년 동안 나는 오랜 숙고 끝에 성공에 필요한 자질들을 선정했다. 또한 각 자질이 피라미드의 어느 블록에 들어가야 할지도 고심했다. 오랜 숙고와 시행착오와 반성을 거쳐 15개의 기본 자질을 성공 피라미드를 구성하는 최종 블록으로 선정했다. 나는 최고 수준에 도달하고자 하는 리더와 조직이라면 반드시 갖추어야 할 필수 요건이라고 믿는다.

성공 피라미드를 완성한 때는 인디애나 주립교육대학을 떠나 UCLA가 있는 캘리포니아로 떠나기 직전이었다. 나는 서른일곱의 나이에 UCLA 농구팀의 새 감독으로 부임했고 시즌마다 선수들에게 성공과 성공 피라미드를 가르쳤다. 선수들에게 등사기로 인쇄한 피라미드 그림을 나눠준 뒤 함께 검토했다. 커크호프 홀에 있는 내 사무실 책상 뒤쪽 벽에도 피라미드 구조가 그려진 큰 포스터를 걸어놓았다.

우승은 부산물일 뿐이다

나는 코트 안에서건 밖에서건 '실행'을 통해 소중하게 생각하는 가치들, 즉 '성공 피라미드'를 구성하는 자질들을 직접 보여주려고 노력했다. 직접 모범을 보이는 것보다 더 강력한 리더십 도구는 없다고 확신한다. 팀원들은 거의 모든 면에서 리더의 행동을 그대로 따라 한다. 그래서 나는 성공 피라미드를 몸소 실천해 보임으로써 말하고자 하는 것이 무엇인지 가르쳐주려고 노력했다.

내가 구상한 성공 피라미드가 UCLA 농구팀이 챔피언십에서 우승할 수 있었던 유일한 요인이었을까? 그건 아닐 것이다. 다른 이유도 많았을 것이다. 하지만 성공 피라미드가 매우 중요한 역할을 했다는 것만은 명백한 사실이다. 성공 피라미드는 진정한 의미의 '성공'을 거두었던 1959~1960년 시즌에 매우 중요한 역할을 했다.

성공 피라미드의 궁극적인 목적은 챔피언십 우승을 차지하는 데 있지 않았다. 우승은 부산물일 뿐이었다. 대신 성공 피라미드는 팀의 구성원 또는 리더로서 각자의 최고 능력에 도달하는 이정표를 제시해주었다. 성공 피라미드 자체가 상대 팀을 물리치는 것을 보장해주지는 않았다. 하지만 선수들이 열심히 경기에 임하고 자기 최고 기량을 발휘할 만반의 준비를 하게 해주었고 팀워크도 강화시켜주었다. 좋은 성적은 저절로 따라왔다.

성공 피라미드를 적용한 결과 14승 12패라는 '대이변'이 발생한 해도 있었다. NCAA 챔피언십 우승을 거머쥔 해도 있었다. 내가 감독으로 있던 동안 UCLA 농구팀은 1973~1974년 시즌을 제외한 모든 해에 성공을 이루는 데 필요한 요건이 무엇인지 잘 알고 있었다. 실제로 코트에 나가 큰 성공을 거두었다. 나는 농구의 기본 기술 외에도 피라미드의 블록들이 우리 팀의 정체성을 규정해주기를 바랐다. 또한 내 리더십도 규정해주기를 바랐다.

지금부터 내가 신중하게 선정해서 성공 피라미드에 배치한 15개의 자질을 소개하겠다. 이 피라미드의 블록들은 화강암이나 석회암으로 만들어지지는 않았다. 하지만 그보다 훨씬 강하면서도 오래가는 재료로 만들었다. 바로 우리 자신과 우리 동료의 내면 깊은 곳에서 끄집어낼 수 있는 자질들이다. 구조물은 그 토대만큼만 튼튼할 수 있다. 나는 성공 피라미드를 구상하던 초기에 일찌감치 두 개의 토대를 선정해 놓았다. 이 두 개의 토대 없이는 어떤 성공도 있을 수 없다.

• 성공 피라미드 1단계 •

근면 Industriousness,
어려운 일을 완수하는 데 쉬운 방법이란 없다

　나는 노새가 최신식 동력이었던 조그만 농장에서 자랐다. 그래서 늦게까지 침대에 늘어져 있다가는 되는 일이 아무것도 없다는 사실을 일찍부터 깨달았다. 농장에서는 일찍 일어나서 밤늦게까지 일을 해야 했다. 어린 시절 우리 4형제가 배운 교훈 하나는 어려운 일을 완수하는 데 쉬운 방법이란 없으며 어떤 일도 그냥 이루어지지 않는다는 것이다. 부지런히 몸을 움직이지 않으면 씨도 뿌릴 수 없고 옥수수도 자라지 않으며 곡식을 수확할 수도 없었다. 부지런을 떨지 않으면 굶어 죽을 수밖에 없었다.

　우리 가족에게 근면은 농장에 있는 흙만큼이나 기본적이었다. 따라서 성공 피라미드의 첫 번째 주춧돌로 택한 것은 당연히 근면이었다. 많은 사람이 손가락 하나 까딱하지 않거나 제대로 된 아이디어 하나 내놓지 않으면서 일이 힘들다고 불평하곤 한다. 그런 모습은 근면에 정면으로 어긋난다. 내가 말하는 근면은 어떤 일에 완벽히 집중하고 몰입하는 자세다. 근면한 사람은 일이 끝날 시간을 기다리며 계속 시계만 쳐다보거나 출퇴근 도장을 찍는 것만으로 만족하지 않는다. 근면이란 자기 일에 최선을 다하는 태도를 뜻한다. 근면을 실천하기 위해서는 그만큼 중요한 또 하나의 자질이 필요하다. 바로 열정이다.

열정 Enthusiasm,
자신이 하는 일에 마음이 가 있어야 한다

기쁨은 가장 긴 여정조차 가장 짧게 만들어준다. 기쁨 없이 일하는 것은 참으로 고역이다. 하기 싫은 일을 하면서는 우승을 할 수도 훌륭한 조직을 만들 수도 없다. 리더와 팀원 모두가 빨리 끝나기만을 바란다면 결코 정상에 오를 수 없다. 리더는 자신이 하는 일에 대한 에너지, 열정, 기쁨, 사랑으로 넘쳐야 한다. 자신의 일에 대한 열정이 부족하다면 자기 능력을 최대치로 발휘할 수 없다. 열정이 없으면 성공은 결코 얻을 수 없다.

열정이란 '자신이 하는 일에 마음이 가 있을 때' 우러나오는 것이다. 당신이 다른 사람들을 북돋우려면 먼저 당신 스스로 열정에 넘쳐야 한다. 열정적인 사람은 패배에 굴하지 않으며 시련이 닥쳐도 일에 대한 사랑과 그 사랑을 다른 사람에게 나누어주고 싶다는 열망으로 이겨낸다. 열정은 성공 피라미드의 두 번째 주춧돌이다. 일을 부지런히 할 수 있는 활력은 물론이고 최고의 역량에 도달하게 하는 추진력이기 때문이다.

리더에게 열정이 있으면 그 열정은 팀원에게도 전염된다. 당신의 에너지, 기쁨, 추진력, 헌신이 팀원을 북돋운다. 이때 열정은 꾸미지 않은 채로 당신의 가슴속에서 진심으로 우러나와야 한다. 거짓 열정을 선보이는 사람들이 많은데 거짓 열정은 금방 드러난다. 팀원은 금방 알아차리고 똑같이 거짓 열정만을 꾸며낼지도 모른다.

가슴속에서 우러난 열정은 여러 형태로 드러난다. 열정을 드러낸다고 해서 꼭 펄쩍펄쩍 뛰거나 고래고래 소리를 질러댈 필요는 없다. 내 고등학교 시절 농구팀을 지도했던 글렌 커티스 감독님은 선수들에게 매우 적극적으로 열정을 드러냈다. 하지만 퍼듀대학교 시절 '뚱보' 워드 램버트 감독님은 매우 절제된 태도를 보여주었다. 하지만 두 사람 모두 매우 열정적이었다. 선수들도 그들의 열정에 전염되어 코트를 누볐다.

근면과 열정은 성공 피라미드의 다른 모든 블록에 힘을 불어넣는 추진력과 같다. 내가 아는 뛰어난 리더들은 모두 이 두 가지 습관을 충분히 가지고 있다. 제너럴일렉트릭사의 CEO를 지냈으며 미국의 격주간 종합경제지 『포천』지에 '금세기 최고의 CEO'로 선정된 잭 웰치를 보라. 잭 웰치는 백 년이 다 된 오래된 기업을 세계에서 제일 크고 부유한 기업으로 변신시켰다. 주목할 만한 사실은 그가 가지고 있던 리더십의 핵심이 바로 열정이었다는 점이다. 잭 웰치는 자기 일을 사랑했다. 그냥 좋아하는 정도가 아니라 매우 사랑했다. 그의 열정은 직원의 가슴에 활기와 열정의 불씨를 붙였다. 나 또한 선수들에게 그런 영향을 끼치기 위해 노력했다.

나는 피라미드 구조를 교육 도구로 쓰기로 마음먹고 나서 근면과 열정을 가장 먼저 선택했다. 다른 블록들은 그후 14년 동안 선택했다가 폐기했다. 또는 피라미드 구조 속에서 여러 차례 위치를 바꾸기도 했다. 하지만 기본토대로 정한 근면과 열정은 단 한 번도 바꾼 적이 없다. 근면하게 일하지 않으면 살아남지 못한다. 그리고 열정이 없이는 근면하게 일할 수 없다. 따라서 성공을 위해서는 이 두 가지가 꼭 필요하다.

근면과 열정은 성공의 쌍둥이 토대다. 근면과 열정은 그 자체만으로도 상당한 힘을 지닌다. 그러므로 둘을 합치면 엄청난 힘을 발휘하게 된다. 근면과 열정은 다른 사람에게 전염되는 특성도 가지고 있다. 리더가 근면하고 열정적이면 팀원도 곧 따라 하게 된다.

나는 근면과 열정이라는 두 개의 토대 사이에 다른 사람과 더불어 일할 때 꼭 필요한 습관인 우정, 충성심, 협동심 세 가지를 끼워 넣었다. 근면과 열정은 혼자서도 기를 수 있는 습관이다. 하지만 우리가 인생 전반에 걸쳐 하는 일 대부분은 다른 사람들과 함께 해내야 하는 경우가 많다. 성공 피라미드의 토대를 완성하는 이 세 가지는 팀워크를 높여주는 자질로 성공적인 리더십에 필수적이다.

우정 Friendship,
존경과 동료애를 추구하라

친구를 사귀려면 먼저 친구가 되어라. 리더십에 왜 우정이 필요한지 궁금해하는 사람도 있을 것이다. 리더가 팀원과 친구가 되는 게 현명할까? 리더가 팀원과 끈끈한 우정을 맺고 있다면 냉철한 결정을 내리는 데 오히려 방해되지는 않을까?

우정에도 다양한 종류와 깊이가 있다. 비슷한 관심사로 친하게 지내는 친구도 있을 수 있다. 유머 감각이 좋아서 친하게 지내는 친구도 있을 수 있다. 골프, 볼링, 낚시를 같이 가는 친구가 있을 수도 있다. 졸업하고 20년 동안 한 번도 보지 못한 고등학교 동창도 있을 수 있다. 그들 모두가 '친구'이긴 하지만 여기서 말하는 '우정'은 아니다. 내가 말하는 우정에는 두 가지 중요한 자질이 있다. 존경과 동료애다. 리더와 팀원 사이에 있어야 하는 진정한 우정의 가장 눈에 띄는 점이다.

동료애는 팀원 사이에 존재하는 선의다. 당신이 동료애를 느끼는 누군가가 무언가 해달라고 할 때 어떻게 해줘야 할지를 생각해보라. 아마 당신은 가진 전부를 주려고 할 것이다. 리더가 자기 마음을 보여주면 당신이 이끄는 팀원도 그들의 마음을 보여주게 된다. 반대로 리더와 팀원 사이에 존경심이나 동료애가 없다면 어떨까? 둘 중 어떤 리더가 팀원의 충성심을 더 많이 이끌어낼 수 있을까? 당연히 전자가 충성심을 더 많이 이끌어낼 수 있고 그 차이는 참으로 엄청나다.

그런 이유로 나는 내가 가르치는 선수들과의 관계에서 존경과 동료애를 추구했다. 그렇다고 선수들과 격의 없는 친구처럼 가깝게 지내지는 않았다. 친밀함은 편애로 이어져 오히려 팀 전체의 결속력을 떨어뜨릴 수 있다. 물론 감독으로 일하던 오랫동안 특별히 애착이 가는 선수들이 많았지만 편애하지 않기 위해 무척 노력했다. 특정 선수에 대한 개인적인 감정을 겉으로 드러내거나 어떤 선수를 다른 선수들보다 더 아끼는 일이 없도록 특히 조심했다. 하지만 그런 노력이 항상 성공하진 못했다.

가장 사랑했던 선수 존 에커는 나중에 내가 자신을 싫어하는 줄 알았다고 털어놓았다. 그 말을 듣고 나는 기분이 약간 우울해졌다. 하지만 그것은 그를 누구보다 아꼈지만 전혀 내색하지 않으려 했던 내 노력이 성공했다는 의미이기도 했다. 한편으로는 다행이었다. 편애하지 않으려고 지나치게 조심했던 것이 문제가 될 때도 있다. 하지만 특정 선수들을 특별 대우하는 리더로 인식되는 것보다는 나았다. 그러한 인식은 매우 파괴적인 결과를 낳을 수 있기 때문이다.

세상에 완벽한 리더십이란 있을 수 없다. 나 또한 완벽한 리더십을 갖추지는 못했다. 그래서 옳은 일을 하려고 노력하는 과정에서 실수를 저질러 누군가에게 상처를 입히기도 했다. 하지만 그렇다고 해서 죄책감이나 수치심을 느껴서는 안 된다. 서로 존경과 동료애를 느끼는 팀을 만들려고 노력하는 것은 옳은 일이다. 그런 팀은 막강한 힘을 발휘하게 된다. 그런 이유에서 나는 성공 피라미드의 토대 중 하나로 '우정'을 골랐다.

한 가지 기억할 것이 있다. 친구가 되되 프로정신을 유지하라! 동료애는 리더십에 필수적이지만 편애는 절대 금물이다. 특정인에 대한 편애로 판단력이 흐려지는 일이 없도록 하라. 존경심과 동료애는 리더와 팀원 사이의 유대감을 강화시킨다. 내가 말하는 우정은 프로 정신을 가로막지 않는다. 당신은 리더지 허물없는 친구가 아니다.

충성심 Loyalty,
인간의 차원 높은 본성이다

충성심은 위대한 팀과 그 팀을 이끄는 리더의 본성이다. 충성심의 위력은 참으로 대단하다. 그래서 나는 그것을 피라미드의 기초 한가운데 놓았다.

팀 또는 조직에 대한 충성심 없이는 좋은 리더가 될 수 없다. 국가에 대한 충성심 없이 좋은 국민이 될 수 없는 것과 같은 이치다. 물론 리더 자신이 먼저 팀원에게 충성할 용기가 있어야 한다. 그렇게 하기가 항상 쉽지는 않다. 하지만 그것은 당신 자신(당신의 기준과 체계와 가치)에 대한 충성심에서 출발한다.

"무엇보다 자신에게 진실하라."

셰익스피어의 『햄릿』에서 오필리아의 아버지 폴로니어스가 아들 레어티스에게 쓴 편지에 나오는 구절이다. '너 자신에게 충실하라.' 내가 셰익스피어의 대사에 감히 손을 댈 수는 없을 것이다. 하지만 다음과 같이 살을 조금 덧붙이는 정도는 괜찮으리라 생각한다.

'첫째, 당신 자신을 배신하지 마라. 둘째, 당신이 이끄는 사람들을 배신하지 마라. 이것이 충성심이다.'

만약 내가 어떤 팀의 일원으로 들어가게 된다면 충성심 있는 리더가 이끄는 팀에 들어가고 싶다. 아마 모든 사람이 그럴 것이다. 그런데 팀에 들어가는 순간부터 충성심을 갖는 사람은 거의 없다. 리더가 팀원이 자신을 위해 무엇을 해줄 수 있는지 단순히 계산하는 조직, 자신의 이익을 위해 팀원을 이용하는 조직에는 충성심이 생기지 않는다.

충성심은 리더가 팀원의 관심사나 행복에 대해 진심으로 염려할 때 마음에서 우러나오는 것이다. 나는 대다수 사람이 자신들을 아끼고 공정함, 존경심, 위엄, 배려를 보여주는 리더가 이끄는 조직에 들어가고 싶어한다고 생각한다. 당신 스스로 그런 리더가 되고자 노력하라. 그러면 팀원의 충성심은 놀라울 정도로 커질 것이다. 웬만한 일이 있어도 불평을 늘어놓지 않으며 시련이 닥쳐도 변함없이 헌신할 것이다.

스포츠와 비즈니스에서 리더와 팀원은 매우 친밀한 관계를 유지할 수 있다. 리더는 팀원의 정신적, 정서적, 재정적인 분야 등 인생의 다양한 측면에 개입하게 된다. 오히려 리더는 (같이 사는 아내나 남편을 제외하고) 다른 사람들보다 팀원과 더욱 끈끈한 관계를 맺을 수 있다. 그러려면 리더는 자신과 자신의 팀에 성실해야 한다. 리더부터가 팀에 충성심을 가져야 한다. 그럴 때 팀원도 리더와 팀에 대해 충성심을 가지게 된다.

협동심 Cooperation,
다른 사람들의 창의적인 생각을 수용하라

리더는 '누가 옳은가'보다는 '무엇이 옳은가'에 초점을 맞춰야 한다. 그렇게 하려면 협동심이 필요하다. 그래서 나는 협동심을 성공 피라미드의 토대를 구축하는 마지막 블록으로 선정했다. 의지력이 강한 리더는 종종 협동심을 발휘하는 것을 어려워한다. 다른 사람의 말을 듣거나 의견이나 창의성을 인정하면 자기 판단에 확신이 없는 사람처럼 비칠까 봐 걱정하기 때문이다. 하지만 그것은 오히려 리더가 정확한 판단을 내리는 것을 방해한다. 터널처럼 좁은 자기 시야에만 갇히게 되면 올바른 판단력을 잃어버리기 쉽다.

강인한 리더는 외부인은 물론이고 자기 팀 구성원들이 제기하는 솔직한 의견과 새로운 관점을 기꺼이 받아들인다. 남의 말을 듣지 않으면 건설적인 발전을 이루기 어렵고 다른 의견의 장점을 인정하지 않으면 협동은 불가능하다. 독재자 같은 리더는 자기 말이 곧 법이라고 생각하며 다른 어떤 의견도 용납하지 않는다. 이런 리더는 자기 생각은 절대 굽히지 않고 팀원이 자기 뜻에만 따라주기를 바란다. 물론 그런 리더도 좋은 결과를 낳을 수는 있다. 하지만 다른 사람들의 창의적인 생각을 수용하는 리더는 훨씬 더 좋은 결과를 낳는다.

그렇게 하려면 협동심을 발휘해야 한다. 즉 '누가 옳은가'보다는 '무엇이 옳은가'에 더 집중해야 한다. 좋은 리더와 교도소 간수의 차이점은 협동심이다. 몸에 총을 지니고 있으면 굳이 남의 말을 귀 기울여 듣고 배우고 변화하고 성장할 필요가 없다. 그렇게 하지 않아도 모든 사람이 그의 말에 귀를 기울이기 때문이다. 하지만 좋은 리더와 교도소 간수 사이에 공통점은 있다. 둘 다 최종 결정권만큼은 가져야 한다는 사실이다. 일단 결정이 내려지고 나면 팀원은 무조건 그 결정에 따라야 한다. 결정에 따르지 않는 팀원은 다른 팀을 찾아보도록 하는 것이 낫다.

협동심, 즉 아이디어, 정보, 창의성, 책임, 과제를 함께 나누는 것은 좋은 리더십에 필수적이다. 팀원과 나누면 안 되는 것은 비난밖에 없다. 강인한 리더는 자신에 대한 비난을 포용하고 공로는 팀원에게 돌린다. 약한 리더는 팀원에게 비난의 화살을 돌리고 공로는 자신이 차지한다.

농구에서 잘 인정받지 못하지만 내가 제일 높이 평가하는 것 중 하나가 바로 어시스트다. 어시스트는 협동심을 가장 잘 보여주는 대목이다. 다른 사람이 자기 일을 더 잘하도록 도와주는 어시스트는 모든 조직에서 가치 있는 덕목이다. 구성원들로 하여금 자신도 팀의 목표 달성에 이바지했다는 생각과 '우리 힘으로 해냈다'는 느낌을 갖게 해준다.

근면해야 성공한다

성공 피라미드는 근면이라는 강력한 주춧돌을 토대로 한다. 성공을 위해서는 반드시 근면이 필요하다. 근면하지 않고는 리더로 성공할 수 없다. 부지런히 일하지 않고 성공한 리더는 단 한 명도 없다.

열정은 전염된다

리더는 강한 추진력으로 팀에 열정을 불어넣어야 한다. 어려운 과제도 해내겠다는 열정이 있어야 한다. 그렇지 않으면 팀원들은 리더를 따르지 않는다. 리더 스스로 열정이 넘쳐야 팀원 모두가 열심히 일한다. 열정은 강요할 수도 없고 거짓으로 꾸며낼 수도 없다. 리더는 경쟁에서 비롯된 어려움과 시련을 진심으로 환영하고 받아들이는 열정이 있어야 한다.

'혼자'가 아닌 '우리'가 해낼 수 있다

최고의 리더는 '누가 옳은가'보다는 '무엇이 옳은가'에 집중한다. 그는 팀원이 서로 공로를 차지하려고 경쟁하지 않는 것이 팀에 얼마나 유익한지 잘 알고 있다. 동료애, 존경심, 충성심, 협동심은 리더와 팀원 사이에 진실하고 견고한 유대감을 형성한다. 리더는 팀원의 내면에 존재하는 이런 자질들을 끌어내도록 노력해야 한다. 그리고 이러한 자질을 제대로 개발하면 성공에 이르는 탄탄한 토대를 마련할 수 있다.

마지막 1퍼센트는 정신력이다

"대담한 태도에는 비범성, 힘, 그리고 마법이 내재하여 있다.
그런데 그러한 것들은 당신이 그런 행동을 하기 전까지는 절대 드러나지 않는다."
– 괴테

이제 성공 기반 피라미드 2단계를 구성하는 습관을 알아볼 차례다. 가슴보다는 머리에 가깝다. 구체적으로 말하자면 '유능한 리더가 되기 위해서 어떻게 머리를 활용해야 하는가'에 초점이 맞춰져 있다. 정신 기능에 대한 통제력과 관련된 다음의 네 개를 선택했다. 그중에서 많은 사람이 가장 어렵게 여기는 것이 바로 첫 번째 블록인 자제력일 것이다.

• 성공 피라미드 2단계 •

자제력 Self-Control,
당신의 감정을 통제하라

　조직을 통제하려면 먼저 자기 자신을 통제할 줄 알아야 한다. 단 한 번이라도 최고가 되는 것은 매우 어렵다. 또 그 자리를 계속 지키는 것은 더더욱 어렵다고들 말한다. 나도 정상에 오르고 그 자리를 지키는 것은 다른 어떤 일보다 더 큰 도전이었다. 두 가지 모두 엄청난 자제력이 필요하기 때문이다. 자제력은 리더십과 팀 기량의 일관성을 유지하는 데 반드시 필요한 습관이다. 유능한 리더는 일관성이 있어야 한다. 일관성을 유지하는 데 필요한 자제력은 삶의 모든 분야에 걸쳐 필요한 덕목이다.

　당신이 개인 생활에서 내리는 선택들은 당신의 직업 활동에도 영향을 끼친다. 사생활과 직업 활동은 별개가 아니다. 두 개를 별개로 여기는 리더는 스스로 어려움을 자초할 가능성이 크다. 진정한 리더가 되기 위해서는 평소 행동부터 신뢰할 만하고 일관돼야 한다. 이것은 자제력 없이는 이루기 매우 어려운 덕목이다. 자제력은 자신의 감정을 통제하는 데서 시작한다. 하지만 더 나아가서 쉬워 보이는 선택, 임시방편, 그리고 온갖 형태의 달콤한 유혹에 저항하려는 의지까지 확산한다. 작은 일에서 자신을 통제할 수 있으면 큰일에서도 자신을 통제할 수 있다.

예를 들어보자. 나는 선수들에게 연습 시간에 욕을 하지 못하게 했다. 보통 욕은 좌절감이나 분노에서 비롯된다. 그런 감정을 통제하지 못하면 나중에 더 큰 문제를 일으킬 수 있다. 예를 들어 경기 중 상대 팀과 문제가 생겼을 때 더 파괴적인 행동으로 팀의 결속을 해칠 가능성이 높다.

자제력은 언제나 자기감정을 완벽하게 통제하고 항상 명료하게 생각할 수 있게 해준다. 리더는 자신을 잘 통제하면서 여전히 투사가 될 수 있다. 리더는 선수들에게 자신이 뒤에 든든하게 버티고 있다는 걸 알게 함으로써 투지를 북돋운다. 때론 강압적으로 훈련하기도 한다. 하지만 매사에 공정하고 어떤 선수도 앙심을 품게 하지 마라. 그렇지 않으면 선수들의 존경심을 잃을 것이다. 항상 마음의 평정을 유지하라.

선수들이 자신의 언어를 통제하는 것은 자제력을 기르는 데 엄청난 도움이 된다. 자기 자신을 통제하지 못하면 경기에서 제대로 실력을 발휘할 수 없고 대개는 경기에서 진다. 나는 선수들에게 그렇게 가르쳤고 덕분에 선수들의 언행은 항상 반듯했다. 이 신념은 선수들뿐만이 아니라 리더 자신에게도 엄격히 적용되어야 한다.

내가 성공 피라미드 2단계의 첫 블록인 자제력을 선수들에게 가르친 방법은 다음과 같다. 우선 나는 일관성을 높이 평가하는 사람이며 일관성을 얻으려면 자제력이 있어야만 한다는 사실을 명확히 해두었다. 둘째, 어떤 선수든 자제력을 잃고 함부로 행동하면 절대 용납하지 않았다. 그 누가 됐든지 간에 자제력을 잃었다면 대가를 치르게 했다.

나는 내 아버지가 썼던 방법을 따랐다. 그 방법은 직접 본보기가 돼서 상대방을 가르치는 것이었다. 아버지는 늘 철두철미하게 자신의 언행을 통제하는 삶을 살았다. 그럼으로써 우리 형제에게 자제력을 가르쳤다. 나도 아버지처럼 자신의 언행을 통제하는 리더가 되어야겠다고 결심했다(40년의 감독 생활 동안 내가 욕설을 하는 모습을 본 선수는 단 한 명도 없다).

높은 자제력을 갖추는 데는 오랜 시간이 걸렸다. 하지만 끊임없이 노력하다 보니 결국 자제력은 나의 가장 소중한 자산이 되었다. 나는 나 자신은 물론 선수들에게도 엄격한 자제력을 요구했다. 나는 솔직히 벤치에 앉아서 선수들이 가끔 상대 팀 선수들이 자제력을 잃도록 몰아붙이는 것을 볼 때 은근히 희열을 느끼기도 했다. 하지만 우리 팀이 자제력을 잃는 모습은 절대 용납하지 않았다.

나는 자제력을 우리 팀의 여섯 번째 선수라고 여겼다. 자제력은 우리 팀에게 엄청난 이익을 안겨주었다. 물론 당신이 이끄는 조직에도 많은 이익을 안겨줄 것이다. 단, 리더인 당신 스스로 먼저 자제력을 발휘할 때만 그렇게 될 수 있다는 사실을 명심하라. 자제력이 뛰어난 리더 밑에 자제력이 뛰어난 팀원이 생기는 법이다.

기민함 Alertness,
끊임없이 관찰하고 받아들이고 배워라

많은 사람은 열 번이나 NCAA 챔피언십 우승을 차지한 UCLA 농구팀의 성공 요인을 키가 큰 슈퍼스타들에게서 찾는다. 하지만 근거 없는 말이다. 역사상 처음으로 챔피언십에서 우승한 1964년도의 UCLA 농구팀은 아마도 역대 NCAA 우승팀 중 최단신 선수들로 구성되었을 것이다. 두 번째로 우승했던 1965년 팀 또한 마찬가지였다.

사실 NCAA 챔피언십 우승을 차지한 모든 UCLA 농구팀들의 공통점은 큰 키가 아니라 기민함이었다. 기민함이란 빠른 몸동작과 빠른 판단력을 포함하는 개념이다. 바로 이 기민함이 우리 UCLA 우승팀들의 공통점이었다.

기민함이란 주변에서 일어나는 일을 끊임없이 관찰하고 받아들이고 배우는 능력이다. 기민함은 조직의 개선을 위해 항상 노력해야 하는 리더에게 꼭 필요한 자질이다. 리더는 자기 팀과 상대 팀의 장단점을 평가할 때는 물론이고 자기 자신을 평가할 때도 항상 깨어 있어야 한다. 요즘 스포츠에서는 경기가 펼쳐지는 현장에서 감독이 바로바로 작전을 변경하는 장면을 자주 보게 된다. 경기 장면을 비디오로 담거나 사진을 찍거나 망원경으로 지켜보는 요원들이 감독과 선수들에게 그때그때의 정보를 바로 전달해주기 때문이다.

리더는 스포츠에서처럼 신속한 관찰과 판단, 즉 기민함이 있어야 한다. 또 밑에 있는 사람들에게도 그러한 기민함을 가르쳐야 한다. 상황이 어떻게 돌아가는지 신속하게 판단하지 못하는 리더는 오래 버티지 못한다.

눈을 크게 뜨고 주변에서 일어나는 일에 주의를 기울이고 있어야만 인생의 중요한 것들을 배울 수 있다. 졸음운전을 하면 사고를 당하기 쉽다. 마찬가지로 기민하지 않은 리더가 이끄는 조직은 제대로 굴러가지 않는다. 기민하지 않은 리더와 졸음 운전자는 항상 다음과 같이 변명한다.

"그게 이쪽으로 오는지 몰랐어요."

리더는 무엇이 코앞에 다가오고 있는지 항상 예의주시해야 한다. 승리하는 리더는 대부분 상대 팀 리더보다 다가오는 일을 먼저 예측한다. 기민함이 있어야 그렇게 할 수 있다. 다른 팀보다 늘 앞서가는 조직을 이끄는 리더들은 기민함이라는 자질을 공통으로 가지고 있다.

선수들은 경기할 때 예민하게 주의를 기울여야 한다. 당신의 조직도 마찬가지다. 기민함은 중요한 무기다. 리더가 기민해야 팀원들도 기민해져 주의력이 뛰어나고 마음이 항상 열려 있으며 언제나 한 단계 더 나아가기 위해 노력한다.

기민함이란 늘 '고개를 치켜들고 보는' 습관이다. 기민한 리더는 끊임없이 주위를 살펴 변화의 흐름, 기회, 잠재적인 위험 요소들을 빠르게 파악한다. 그는 경쟁자보다 한발 앞서 그런 것들을 간파한다. 습관적으로 항상 촉각을 곤두세운 채 무슨 일이 일어날 징조가 없는지 민첩하게 살핀다. 기민한 리더는 다른 사람들이 관심을 보이지 않는 것에도 주의를 기울인다. 그는 자신이 이끄는 조직의 약점을 재빨리 파악해 고친다. 그리고 경쟁 조직의 약점도 재빨리 파악해 그것을 자기 조직에 유리하게 이용한다.

진취성 Initiative,
신속하게 판단하고 즉시 행동하라

실수를 두려워하는 팀은 상대를 이기지 못한다. 모든 종류의 조직에 적용되는 진리다. 스포츠와 비즈니스 등 모든 경쟁 분야에서는 언제나 실수할 수 있다. 그러므로 실수하는 것을 두려워하지 마라. 퍼듀대학교 농구팀의 램버트 감독님은 다음과 같이 말했다.

"실수를 가장 많이 하는 팀이 승리를 거두더라."

성공 피라미드의 다음 블록인 진취성을 가리킨다. 여기서 실수란 부주의한 행동의 결과가 아니다. 위험을 충분히 고려한 다음 그래도 도전해보는 게 낫겠다는 판단하에 취하는 과감한 행동의 결과다. 기회가 왔을 때 그것을 놓치지 않으려면 즉각적으로 반응해야 할 때가 잦다. 스포츠 외의 다른 분야에서도 마찬가지다. 다가온 기회를 놓치지 않기 위해서는 즉각적인 반응이 가장 중요하다. 감독 중에는 전반전에 파울을 내리 세 번 한 뒤에 소극적으로 움직이는 어린 대학 농구 선수를 두고 머뭇거리는 이가 꽤 많다. 유능한 감독이라면 팀 전체에 나쁜 영향을 끼치기 전에 그런 선수를 얼른 불러내 벤치에 앉혀놓아야 한다.

비즈니스에서도 마찬가지다. 리더가 머뭇거리고 소극적으로 움직이면 종국에는 팀 전체에 악영향을 끼친다. 주저하고 우유부단하게 행동하며 흔들리고 실패를 두려워하는 태도는 좋은 리더십이 아니다.

"신속하게 움직이되 서두르지는 마라."

내가 가르치는 팀원에게 여러 번 한 말이다. 어떻게 할지 결정했다면 바로 행동에 옮기라는 뜻이다. 다음의 격언을 명심하라.

"행동해야 할 때 행동하지 않는 것이야말로 으뜸가는 실패다."

신속히 행동으로 옮기되 서두르지는 마라. 그러면 실수할 가능성이 크다. 나는 평생 그 조언을 따르려고 노력했다. 실수는 물론 실패도 두려워하지 마라. 정보를 취합해 현명한 판단을 내린 뒤 즉각 행동에 옮겨라. 리더가 실패를 두려워하고 행동하기를 두려워한다면 성공은 먼 일이다.

또 팀원에게 '의도적인' 실수와 '비의도적인' 실수가 어떻게 다른지 가르쳐주는 리더가 현명한 리더다. 전자는 원하는 결과를 얻기 위해 계산된 실수이다. 후자는 전반전에 순식간에 파울 세 개를 범하는 농구선수처럼 뭔가 잘못하지는 않을까 하는 두려움에서 비롯되는 의도하지 않은 실수를 말한다.

나는 우리 팀이 불평하거나 투덜대는 데 시간을 허비하지 않고 열정적으로 분투하는 데만 온 힘을 쏟기를 바란다. 선수들이 경기에서 득점하기 위해 여러 시도를 하다가 실패하더라도 나무라지 않았다. 팀원은 물론이고 리더들도 그런 진취성이 필요하다. 리더라면 진취성을 지녀야만 한다. 결정을 내리고 행동에 옮기는 용기, 실패를 무릅쓰고 자신의 의견을 꿋꿋하게 밀어붙이는 의지, 강인함이 있어야 한다. 우리는 필립 폴 블리스가 쓴 다음의 시구를 기억해둘 필요가 있다.

> 대니얼처럼 과감해져라!
> 과감히 홀로 나아가
> 확고한 목표로 버티고 서라
> 확고한 의지를 보여라

이 시의 제목으로는 '진취성' 정도가 좋을 것 같다. 리더는 진취성을 가져야 한다. 신속하게 판단을 내리고 행동에 옮길 용기를 지닌 팀이 이긴다.

유능한 리더는 실패도 성공의 필수 성분임을 이해한다. "실수는 승리 일부분이다. 단, 부주의나 준비 부족 때문인 실수는 안 된다." 램버트 감독의 철학을 명심하라. 누구도 매번 이길 수 없다. 실수와 실패조차도 부주의나 준비 부족이 아닌 한 허용할 수 있다. 우리는 실패를 통해 교훈을 얻고 다음 실수를 방지할 수 있다.

집념 Intentness,
목표를 향해 끝까지 흔들리지 마라

집념은 성공 피라미드의 다른 어떤 블록 못지않게 중요하다. 집념이 없는 리더는 비틀거리며 흔들리다가 결국엔 쫓겨난다. '집념'이라는 단어에는 근면, 결단력, 용기, 의지력, 인내심이 모두 담겨 있다. 우리는 위대한 리더들에게서 이러한 자질들을 발견한다. 당신이 집념을 가지면 팀원도 집념을 갖게 된다는 사실은 주목할 만하다. 불행히도 그 반대 또한 사실이다.

리더가 집념이 부족하면 팀원 또한 쉽게 포기한다. 집념은 이리저리 방향을 바꾸지 않고 한 길을 꾸준히 가는 확고한 의지다. 집념이 있는 리더는 아무리 주위에서 승부가 끝났다고 하더라도 끝까지 경기에 전념한다. 경기는 리더가 끝났다고 인정할 때 비로소 끝나기 때문이다. 좋은 것을 이루는 데는 참으로 오랜 시간이 걸린다. 가치 있는 목표를 달성하기 위해서는 집념이 필요하다. 목표를 향해 가는 여정에는 역경과 손실, 예상치 못한 반전과 어려움, 그리고 불운이 있기 때문이다.

계속 싸워야 하나? 그에 대한 답을 얻기 위해 팀원은 리더 쪽을 쳐다보게 된다. 목표 도달에 실패하더라도 집념 있는 리더는 여러 가지 다른 경로로 재도전한다. 이번에는 처음보다 더 나은 방법으로 더 열심히 뛴다. 막다른 장애물에 부딪쳤을 때 그것을 넘어서려면 어떻게든지 목표를 이루고야 말겠다는 강한 집념이 있어야만 한다.

나 역시 고등학교와 대학교에서 감독으로 일했던 28년 동안 집념이 있었다. 선수들이 자신의 최고 역량을 발휘할 수 있도록 도와주는 일에 최선을 다하겠다는 집념 말이다. 그랬더니 감독 인생 29년 차에 놀랄 만한 일이 일어났다. UCLA 농구팀이 NCAA 챔피언십에서 우승을 차지한 것이다. 집념만이 그 일을 가능케 했다. 근면과 열정은 성공에 반드시 필요한 강력한 자질이다. 하지만 그 두 개의 자질이 만들어내는 강력한 힘이 꾸준히 유지되려면 강한 집념이 필요하다.

자, 성공 피라미드 2단계가 완성되었다. 내가 지금까지 소개한 아홉 개의 자질이 당신의 리더십에 어떤 의미가 있는지 잠시 생각해보라. 만약 당신이 그것들을 몸에 익힌다면 분명 탁월한 리더이다. 하지만 내 경험상 성공하는 리더가 되려면 그 외에도 필요한 자질들이 더 있다. 그것을 알아보기 전에 다음 비결들을 마음에 새겨라.

조직을 통제하려면 먼저 자신을 통제할 줄 알아야 한다

리더가 자제력을 잃으면 팀원이 자제력을 잃어도 어찌할 수 없게 된다. 이 원칙을 어기면 그 어떤 변명도 용납되지 않으며 당신은 리더로서의 일관성과 신뢰를 잃게 될 것이다.

항상 촉각을 곤두세우고 미래를 내다보아라

앞으로 일어날 일에 대해서 미리 내다보는 노력을 게을리하지 마라. 유능한 리더는 항상 두세 단계 앞서서 예측한다. 그는 주변 상황과 자기 팀 및 경쟁 팀의 내부 상황에 영향을 끼칠 것들에 대해서도 계속 탐색한다.

실패를 두려워하지 마라

모든 것을 고려한 뒤의 행동도 실패할 때가 있다. 실수와 실패는 발전의 한 부분이다. 유능한 리더는 그 점을 잘 알고 받아들인다. 대신 게으름, 조급함, 판단 착오로 말미암은 실수나 실패는 절대 없도록 하라. 실수하거나 목표에 미달한 팀원을 처벌하면 극도로 조심스럽고 두려운 분위기를 만들 수 있다. 스포츠에서 '지지 않으려고' 경기하는 것과 마찬가지다. 그런 식의 자세로는 백전백패하기 딱 좋다.

집념을 갖고 끝까지 포기하지 마라

집중력, 끈기, 결단력, 집요함은 모두 결국 '집념'이라는 한 단어로 압축된다. 리더는 팀이 중도에 집중력을 잃고 탈선하는 일이 없도록 이끌어야 한다. 성공하지 못하는 사람들은 집중력 상실, 대충주의, 과제를 완수하기 전에 포기하기 등의 특징을 갖고 있다. 리더는 절대로 포기하지 않고 목표를 향해 끝까지 집중력을 유지하는 집념이 필요하다. 다른 어떤 것보다 절실한 자질이다.

분명 승리의 공식은 있다

"내가 배움을 끝내는 날이 바로 내 목숨이 끝나는 날이다."

"감독님, 농구를 가르치는 데 어떤 공식이 있나요?"

기자들은 가끔 내게 이런 질문을 하곤 했다. 그에 대한 대답은 그때나 지금이나 항상 간략하다.

"네. 컨디션, 기본기, 단결력입니다."

내가 퍼듀대학교 농구팀에서 선수로 뛸 때 큰 영향을 끼친 '뚱보' 워드 램버트 감독님한테 배웠던 공식이다. 바로 이 램버트 감독님의 공식이 내 성공 피라미드의 중심부를 형성한다.

램버트 감독님은 기존의 농구 방식을 바꾸는 데 큰 역할을 하신 분이다. 그의 영향력은 오늘날에도 여전하다. 그중 대표적인 것이 요즘 유행하는 빠른 스타일의 농구다. 감독님은 속도를 좋아했다.

그가 감독을 하던 때는 농구공도 지금보다 컸고 경기 흐름은 느렸다. 슛이 들어갈 때마다 점프볼을 하던 시절에서 그리 오래되지 않았던 때다. 경기 흐름은 끊기기 일쑤였고 슛을 시도할 기회가 많지 않아 당연히 점수도 나오지 않았다. 램버트 감독님은 이 같은 구식 농구에 이의를 제기했을 뿐만 아니라 변화도 시도했다. 감독님은 우리에게 경기를 지연시키는 행동을 하거나 타임아웃을 부르거나 속도를 늦추지 말고 미친 듯이 빠른 속도로 경기를 진행하라고 가르쳤다.

"당장 가서 공을 잡고 빠르게 드리블하고 바로 슛해라."

그런 빠른 플레이를 경기가 끝날 때까지 계속시켰다. 감독님은 연습 때는 물론 경기 때마다 빠른 농구를 하라고 재촉했다. 당시 언론은 우리가 하는 농구스타일을 쉬지도 않고 뛴다고 해서 '화차fire wagon'식 농구라고 불렀다. 램버트 감독님이 요구하는 속도로 농구를 하는 팀은 당시 거의 없었다. 나는 우리 팀에서 가장 빠른 선수였다. 다른 선수들은 한 시즌을 통틀어서 신발이 두어 켤레씩 닳았다. 하지만 나는 신발을 일주일에 한 켤레씩 바꿔야 했다.

나는 그 경험을 토대로 훗날 감독이 되었을 때 선수들에게 젖은 양말을 똑바로 신으라고 신신당부했다. 어떤 선수들은 그런 나를 비웃었다. 하지만 나는 선수 시절의 개인적 경험을 통해 무슨 일이 있어도 발을 잘 관리해야 한다는 사실을 잘 알고 있었다. 조금이라도 양말에 주름이 잡히면 물집이 생겨 계속 신경이 쓰이고 결국에는 경기를 망치게 된다.

램버트 감독님의 이 혁신적인 빠른 농구 스타일에는 세 가지 주요 요소가 있었다. 컨디션, 기본기, 단결력이다. 나는 감독으로 일하기 시작하면서 램버트 감독님의 농구 스타일을 받아들였고 그 후 40시즌 동안 줄곧 고수했다.

　기본기를 적절하고도 빠르게 수행하는 능력, 좋은 컨디션 유지, 이타적인 팀 정신은 팀의 성공을 이끄는 열쇠다. 나는 공격과 수비에 대해 지도할 때마다 그 세 가지를 가장 강조했다.

　나는 이 세 가지 요소가 농구 외의 다른 분야에도 적용된다는 사실을 알게 되었다. 이 세 가지는 농구 코트 바깥의 인생에서 성공하는 데 도움이 되며 어떤 조직의 성공에도 보탬이 된다. 너무나 중요한 요소들이기에 그 세 가지를 성공 피라미드의 중심에 위치시켰다.

· 성공 피라미드 3단계 ·

컨디션 Condition,
무슨 일을 하든 절제와 균형을 유지하라

어떤 조직의 리더라도 자신의 잠재력을 최대한 발휘하기 위해서는 좋은 '정신적·도덕적 컨디션'을 갖춰야 한다. 좋은 '정신적·도덕적 컨디션'이 앞서지 않는다면 좋은 신체 컨디션을 갖추기는 사실상 어렵다. 그렇다면 좋은 도덕적 컨디션은 어떻게 얻을 수 있을까? 그것은 '무슨 일을 하든지 절제와 균형을 유지하라'는 조언을 실천하는 것이다. 이 조언은 기억하기 쉬울 뿐 아니라 효과도 매우 좋다. 나는 선수들의 체력 단련을 목적으로 녹초가 될 정도로 가혹한 연습을 시킨 뒤에 다음과 같은 조언을 하곤 했다.

"다음 연습 때 좋은 컨디션으로 와라. 그렇지 않으면 오늘 우리가 코트에서 열심히 연습해서 얻어낸 모든 것이 순식간에 물거품이 될 수 있다."

나는 생활에서 절제와 균형을 잃어버리면 팀 전체에 큰 해를 입힐 수 있음을 선수들에게 여러 차례 강조했다. 방탕한 생활은 결국 파멸을 불러온다는 사실도 강조했다. 나는 가끔 선수들이 그 말뜻을 잘 이해하도록 다음과 같은 글을 게시판에 붙이거나 특별히 걱정되는 선수들에게 직접 얘기해주곤 했다.

> 당신은 무엇을 하든지
> 선택을 내려야 한다.
> 그러므로 명심하라.
> 결국 당신이 내리는 선택이 당신을 만든다는 것을.

리더가 어떤 선택을 하느냐는 아주 중요하다. 궁극적으로 그 선택에 따라 팀이 좋아질 수도 있고 나빠질 수도 있기 때문이다. 스포츠뿐만 아니라 비즈니스에도 그대로 적용된다. 리더는 모든 면에서 무엇이 옳고 그른 행동인지 본보기를 제시해야 한다. 예를 들어서 일 중독은 균형이 깨진 상태인데 균형감각을 잃으면 얼마 못 가서 문제가 발생하게 된다. 아마 제일 먼저 일어날 수 있는 문제는 기량의 일관성이 떨어지는 현상일 것이다.

그래서 나는 내 직업, 그러니까 농구와 영어를 가르치는 일이 사생활을 침범하지 않도록 굉장히 노력했다. 좋은 리더는 우선순위를 잘 정하고 모든 일에서 균형을 유지하기 위해 노력해야 한다고 굳게 믿는다. 일주일 내내 하루 24시간 동안 쉬지 않고 일하는 것은 일에 큰 비중을 두는 자세다. 결과적으로 삶의 다른 영역에도 나쁜 영향을 끼친다. 리더가 자신의 컨디션을 해치게 되면 팀의 컨디션도 해치게 된다.

좋은 컨디션을 유지하는 것은 강한 리더십에 매우 중요하다. 이런 부분에서 좋은 컨디션을 유지하기 위해서는 신체 컨디션도 좋은 상태를 유지해야 한다. 신체 컨디션이 나쁘면 신념과 이상을 지키기 위해 싸울 힘이 모자라게 된다. 또 중요한 순간에 잘못된 판단을 내리기 쉽다. 따라서 정신적·도덕적·신체적으로 좋은 컨디션을 유지하는 습관은 유능한 리더가 되기 위한 필수 조건이다. 이것이 내가 성공 피라미드의 중심부에 컨디션을 배치한 이유다

기술 Skill,
최고의 리더는 평생 배움을 멈추지 않는다

리더는 자기가 하는 일 일부가 아닌 모든 측면을 알아야 하고 빠르고 정확하게 행동에 옮길 줄 알아야 한다. 리더는 어떤 상황에도 잘 대처하는 능력을 갖춰야만 경쟁자들을 앞설 수 있다. 나는 공격은 잘 가르치지만 수비에는 약한 감독들을 자주 봐왔다. 마찬가지로 공격은 잘하지만 수비는 못하는 선수들도 많이 봤고 반대로 수비는 잘하지만 공격은 못하는 선수들도 많이 봤다.

농구든 비즈니스든 리더는 자신이 하는 일의 모든 측면을 잘 다룰 줄 알아야 한다. '공격'과 '수비' 모두를 잘 알아야 한다. 하나는 잘 다루지만 다른 하나는 잘 다루지 못한다면 치우친 리더일 뿐이다. 그런 리더는 특정 부분에 치우친 기술만을 가지기 때문에 교체될 가능성이 높다.

물론 리더가 갖추어야 할 기술의 범위는 일과 조직의 종류에 따라 각각 다르다. 소규모 비즈니스를 운영하는 데 필요한 기술은 『포천』지가 선정한 500대 기업에 속하는 대규모 비즈니스를 이끄는 데 필요한 기술과는 다를 것이다. 마찬가지로 농구 감독에게 필요한 기술과 야구 감독에게 필요한 기술 또한 서로 다를 것이다. 하지만 자신의 일을 하는 데 필요한 기술을 모두 익혀야 한다는 사실은 공통적인 진리다.

최고의 리더는 평생 배움을 멈추지 않는다. 그리고 항상 배우는 자세를 잃지 않도록 팀원을 격려한다. 유능한 리더는 자신이 알고 있는 지식이 전부가 아니라는 사실을 아는 사람이다. 나는 농구 감독에 입문한 지 얼마 되지 않아 감독으로서 하나만 갖추고 다른 하나는 갖추지 못했다는 사실을 깨달았다. 농구 경기를 하는 데 필요한 기본 기술은 알았지만 그 기술을 학생들에게 가르치는 방법에 대해서는 전혀 알지 못했다. 나는 더 나은 교사가 되려고 노력하기 시작했다. 나는 가르치는 기술이 가능한 한 완벽해질 수 있기를 바랐다.

팀 정신 Team Spirit,
팀의 스타는 바로 팀 그 자체일 뿐이다

나는 좋은 리더가 되려면 '기술적인 것을 넘어서는 어떤 것'을 갖춰야 한다는 것을 알게 되었다. 바로 그 '어떤 것'이 성공 피라미드 중심부에 들어갈 마지막 블록이 되었다. 워드 램버트 감독님은 그것을 '단결력'이라고 불렀다. 나는 팀의 성공에 직결되는 그 중요한 가치를 좀 더 구체적으로 표현하는 단어를 찾고 싶었다. '팀워크'가 적절해 보였다. 하지만 그 말은 어딘지 기름을 치면 잘 돌아가는 기계 같은 인상, 즉 모두가 자신의 일을 정확하고 효율적으로 하기는 하지만 뭔가 열정이 빠져 있는 듯한 느낌이 들었다.

물론 모두가 자기 일을 정확하고 효율적으로 하는 것에는 아무런 문제가 없다. 하지만 나는 그 이상을 바랐다. 강하고 효율적이면서도 동시에 영혼이 깃든 팀이기를 바랐던 것이다. '팀 정신'이야말로 거기에 딱 들어맞는 단어였다. 처음에 나는 팀 정신을 '팀 전체의 이익을 위해서 자기 자신의 이익이나 영광을 희생하려는 의지'라고 정의했다. 하지만 그 정의에는 뭔가 석연치 않은 구석이 있는 듯 자꾸 신경이 쓰였다. 나는 적당한 정의를 찾지 못해 몇 년간 그대로 사용해왔다.

그러던 어느 날 아침 식사를 하다가 자신이 하는 일에 한결같은 '열의'를 보인 어떤 사람에 대한 신문 기사를 보게 되었다. 그 기사를 보는 순간 내가 찾고 있던 것이 바로 '열의'임을 깨달았다. 팀 정신에 대한 정의로 '의지'는 충분치 않았다. '열의'야말로 내가 나와 선수들에게 원하던 바로 그것이었다.

예를 들어 이기적으로 행동하지 않겠다는 의지는 팀을 위해서 필요한 일을 마지못해서 한다는 뉘앙스를 풍긴다. 대신 나는 모든 선수가 팀 전체의 이익을 위해서 기꺼이 자신의 이익을 희생하려는 열의를 지니기를 바랐다. 내가 보기에 의지와 열의 사이에는 하늘과 땅만큼이나 큰 차이가 있어 보였다. 그래서 나는 팀 정신에 대한 정의에서 '의지'라는 단어 대신 '열의'를 집어넣기로 했다.

팀 전체의 이익을 위해 자기 자신의 이익이나 영광을 희생하려는 열의인 '팀 정신'은 그저 '자신에게 주어진 일을 정확히 하는' 태도를 팀 전체의 이익을 위해서 열정적으로 헌신하는 자세로 바꾸어 놓는 동력이다. 그런 자세가 된 팀원은 이기적이지 않고 사려 깊다.

설사 자신의 욕구를 희생해야 할지라도 팀의 목표를 자기 자신의 목표보다 우위에 둔다.

모든 팀원이 그런 자세라면 정말 기적 같은 결과가 나온다. 팀 정신은 열정이 근면에 활력을 불어넣는 것처럼 컨디션과 기술 그리고 성공 피라미드를 구성하는 다른 모든 습관을 월등한 수준으로 끌어올리는 촉매다. 그 이유는 팀 정신이 팀원들에게 할 수 있는 모든 일을 해서 팀을 강하게 만들고 싶다는 강렬한 욕구를 마음속에 불러일으키기 때문이다.

팀 정신은 팀의 생산성을 기하급수적으로 높이는 잠재력이 있다. 팀 정신으로 뭉치면 팀원을 단순히 합해놓은 것보다 훨씬 위대해진다. 그리고 각 팀원은 개인의 영광보다는 팀 전체의 영광을 발견할 때 더 기뻐한다. "어떻게 하면 내가 잘 나갈 수 있을까?"라는 말 대신에 "오늘 우리 팀을 위해서 내가 할 수 있는 일이 무엇일까?"라고 묻게 된다(사실 내가 보기에 전자에 대한 답은 후자에 들어 있다).

사실 팀 정신을 선수들에게 가르치는 일은 매우 힘들었다. 요즘엔 더욱 그럴 것이다. 텔레비전은 많은 선수, 감독, 심판들을 스타로 만들어주었다. 비즈니스 분야도 마찬가지다. 최근 몇 년간 언론 때문에 유명인이 된 일부 CEO들은 자신이 이끌고 있는 조직보다 자신이 더 밝게 빛나는 스타라고 믿는 듯하다.

하지만 가장 빛나는 스타는 오직 하나 바로 팀이다. 나는 리더가 자신의 명예를 추구하며 팀을 희생시키는 조직에는 아무리 높은 연봉을 준다고 해도 들어가고 싶지 않다. 그런 태도는 유능한 리더와 위대한 팀에 대한 나 자신의 신념과 완전히 반대되기 때문이다. 마찬가지로 팀 전체의 성적보다는 자신의 성적에 더 관심이 많은 선수라면 차라리 상대 팀 선수였으면 좋겠다.

그런 선수가 팀에 있으면 경기에서 팀을 약하게 만들기 때문이다. 팀 정신은 눈으로는 못 보지만 분명히 느낄 수 있는 어떤 것이다. 볼 수는 없지만 분명히 느낄 수 있다. 팀 정신이 있는 조직은 그런 강력한 느낌을 발산한다.

"모든 성공한 팀의 스타는 어떤 개인이 아니라 바로 팀 자체다."

만약 이 책에서 꼭 기억해야 할 내용을 단 한 가지만 꼽으라고 한다면 이걸 꼽겠다. 경기에서 승리를 거두는 주체는 선수 개개인이 아니라 팀 전체다. 팀의 이익을 개인의 이익보다 앞세우는 성숙한 선수들은 팀을 위하는 일이 궁극적으로는 자기 자신을 위하는 일임을 잘 이해하고 있다.

88연승의 비밀

경쟁을 사랑하라

경기 때마다 최고 수준의 경쟁을 하는 데 익숙한 팀은 경쟁의 참된 희열을 사랑한다. 머릿속으로는 승리를 생각하고 있을지 몰라도 가슴속에는 최선을 다해서 경쟁하는 일 자체에 대한 사랑이 넘쳐흐른다. 유능한 리더는 팀원들에게 경쟁 자체를 즐기고 경기의 결과는 부산물로 생각하도록 유도한다. 경기 결과가 '중요한 부산물'이긴 하지만 그래도 여전히 부산물에 지나지 않는 것이다.

패배는 순식간이다

성공을 이루는 데는 몇 달 몇 년이 걸릴 수도 있다. 하지만 성공을 잃는 데는 불과 몇 분밖에 걸리지 않을 수 있음을 기억하라. 신체적·정신적·도덕적으로 좋은 컨디션을 유지하는 일은 매우 중요하다. 리더는 팀원에게 주인의식과 책임감의 중요성을 이해시켜야 한다.

성공의 정의를 다시 써라

성공에 대한 정의는 당신 자신만이 내릴 수 있고 또 그래야만 한다. 다른 사람들이 당신에게 자신의 잣대를 강요하려 할 것이다. 그럴 때는 가만 있지 마라. 당신 자신의 정의를 제대로 내려라. 그러면 성공은 저절로 따라올 것이다.

팀은 팀원의 단순한 총합 이상이다

팀을 팀원의 단순한 총합 이상으로 만드는 일은 어려운 과제다. 하지만 리더가 이 결정적인 목표를 달성하지 못한다면 어떤 팀도 계속해서 성공을 거두지 못한다.

영혼 속에 타오르는
불꽃을 느껴라

"성공은 당신의 능력을 최대한 발휘해 얻은 직접적인 만족감과
그 때문에 얻은 마음의 평화다."

지금까지 성공 피라미드 3단계를 살펴보았다. 모두 내가 신중하게 고른 습관들이다. 각 블록은 저마다 고유한 목적이 있다. 또 피라미드의 위치도 다 그럴 만한 논리적 이유가 있다. 근면과 열정은 피라미드의 맨 밑바닥의 양쪽 모서리에 놓았다. 근면과 열정은 다음에 올 자질들에 동력을 공급하기 때문이다. 두 가지가 없으면 어떤 일도 이룰 수 없다.

그 옆에 우정과 충성심과 협동심이라는 자질들을 더해 피라미드의 토대를 완성했다. 리더는 이 세 개의 자질을 통해 팀원과 강하고 정직한 유대감을 형성하게 된다. 팀원에게 우정과 충성심과 협동심을 보여줘라. 그러면 팀원도 리더인 당신에게 충성심과 협동심을 보여줄 것이다. 당신의 노력에 호응하지 않는 팀원이 있다면 강권해서라도 호응하도록 유도하라. 나는 이와 같은 튼튼한 토대인 근면성, 열정, 우정, 충성심, 협동심 위에 자제력, 기민함, 진취성, 집념이라는 네 가지 자질을 얹어놓았다. 이것들은 피라미드의 토대에 해당하는 다섯 개의 자질과 결합하면서 더욱 생산적이고 긍정적이며 지치지 않는 리더십 파워를 만들어낸다.

그 위가 피라미드의 중심부다. 여기에는 램버트 감독이 강조한 세 가지 주요 요소를 약간 수정해 컨디션, 기술, 팀 정신을 놓았다. 이 세 가지는 그 자체로도 훌륭한 덕목이다. 하지만 성공 피라미드에 더해지면 리더가 정상에 도달할 수 있도록 돕는 더 강한 촉매가 된다. 이는 팀에 기적과 같은 성공을 가져다줄 것이다.

지금까지 살펴본 12개의 자질 모두는 탁월한 성과를 거두기 위해서 반드시 필요한 것들이다. 하지만 그것들은 쉽게 얻을 수 있는 것들이 아니다. 노력 없이는 좋은 성과도 없다. 성공 피라미드도 마찬가지다. 당신이 성공 피라미드 3단계(중심부)를 제대로 쌓아올리기 위해서 최선을 다한다면 틀림없이 많은 결실을 거둘 것이다. 그리고 성공 피라미드의 나머지 단계도 수월하게 통과할 수 있을 것이다.

· 성공 피라미드 **중심부** ·

평정심 Poise,
침착하고 의연한 태도를 가져라

평정이란 '어떤 환경이나 상황에서도 당황하거나 흔들리거나 균형을 잃지 않는 냉철한 마음가짐'으로 정의할 수 있다. 말로만 생각하면 쉽다고 여겨질지 모르겠지만, 사실 힘든 시기에 평정을 유지하기란 매우 어렵다. 리더가 평정심을 잃고 압박을 느끼며 당황하면 조직이 공황상태에 빠진다.

또 평정은 상황과 관계없이 굳은 신념에 따라 행동하는 것을 뜻한다. 또한 겉치레나 가식을 피하고 자기 자신을 다른 사람과 비교하지 않으며 거짓된 행동을 하지 않는 것을 뜻한다. 어떤 상황에서도 용기를 잃지 않는 것을 뜻하기도 한다. 러디어드 키플링이 백 년 전에 아래와 같은 시를 쓰면서 말하고자 한 것이 당신에게도 있다고 느낀다면 당신도 평정심이 있는 셈이다.

당신이 승리와 패배를 만났을 때

그 두 사기꾼을 똑같이 대할 수만 있다면…….

이것이 바로 평정이다. 어떤 외부 상황에도 자기 믿음이나 평소의 태도를 잃지 않는 것이 평정이다. 경쟁이 치열한 환경에서 어려움이나 이해관계가 크면 클수록 리더의 침착하고 의연한 태도가 더 중요해진다. 특히 곤경에 처했을 때는 평정만큼 리더에게 꼭 필요한 자질은 없다. 사실 곤경에 처한 상황에서 팀원을 제대로 이끄는 것이 리더의 역할이다.

평정심은 두려움에 빠지지 않도록 붙잡아준다. 따라서 평정심이 있으면 당신은 자신의 역량을 최대한 발휘할 수 있다. 불리한 상황일 때도, 모두가 실패할 거라고 말할 때도, 평정만 있으면 자신이 할 일을 분명히 파악하고 행동에 옮길 수 있다.

그럼 어떻게 하면 평정을 얻을 수 있을까? 사실 평정은 지금까지 쌓아올린 다른 자질들로부터 자연스럽게 나오는 것이다. 그것은 당신이 성공 피라미드 꼭대기에 거의 다다랐을 때 거두어들이는 수확의 일부분이다.

나는 성공에 필요한 좋은 자질이 무엇일까를 두고 오랜 세월 고민하던 중에 피라미드 네 번째 층을 구성하는 자질들이 예상치 못한 순간에 저절로 찾아오는 것을 깨닫고 깜짝 놀랐다. 평정은 어느새 당신과 당신 리더십의 일부가 되어 있을 것이다. 평정은 성공 피라미드가 당신에게 주는 큰 선물인 셈이다. 또한 평정과 더불어 자신감이라는 선물도 주어진다. 결국 이 두 가지 자질이 피라미드의

4단계를 구성한다.

자신감 Confidence,
우리 자신의 준비 상태와 실력에만 집중하라

　자신감은 가지려고 노력해야만 가질 수 있다. 어떤 강철이라도 확고한 자신감만큼 강하지 않다. 당신과 당신의 팀을 완벽히 준비시킨 후에 생기는 자신감은 정말로 막강하다. 자신감은 억지로 얻을 수 없다. 당신 자신의 최고 능력에 도달하도록 도와주는 자질들을 끊임없이 실천해서 결과적으로 그것들을 얻었을 때만 저절로 찾아온다. 물론 그런 것들은 앞서 설명한 12개의 자질이다.

　그런데 자신감은 오만으로 변질하기 쉽다. 오만은 일종의 우월감으로 처음 성공을 거두었을 때만큼의 노력을 기울이지 않아도 계속 성공을 거둘 수 있을 것이라는 착각을 키운다. 나는 단 한 차례도 승리를 자신하면서 경기에 임하지 않았다. 상대 팀을 두려워하지도 않았지만 무시하지도 않았다. 선수들에게도 그렇게 하도록 가르쳤다. 사실 상대 팀의 실력이 어떻든 그것은 나 자신의 자신감과는 아무런 상관이 없다.

　상대 팀의 실력이 어떠한가는 내게 중요하지 않았다. 오히려 나와 선수들이 경기에서 최고 역량을 발휘할 수 있도록 최선을 다했는지 확신할 수 있느냐 없느냐가 중요했다. 그런 확신이 들 때 힘과 자신감이 나왔다. 상대 팀이 우리 팀보다 더 나을 수도 있고 그 반대일 수도 있다. 하지만 나는 다른 팀에 신경 쓰지 않았다. 그저 우리 자신의 준비 상태와 실력에만 집중했다.

성공하기 위해서는 평정과 자신감이 필요하다. 평정과 자신감은 만반의 준비를 한 사람에게만 찾아온다. 그 준비는 성공 피라미드를 구성하는 자질들을 자기 것으로 만들기 위해 노력하는 것이다. 당신은 자기 능력의 최고 수준에 도달하기 위해서 최선을 다해 준비할 때 성공 피라미드의 맨 위에 있는 블록, 즉 위대한 경쟁력을 얻게 될 것이다.

위대한 경쟁력 Competitive Greatness,
경쟁을 진심으로 즐겨라

'자신의 능력을 최고로 발휘해야 하는 치열한 전투에 대한 진정한 사랑.'

나는 반세기가 넘도록 위대한 경쟁력을 이렇게 정의해왔다. 내가 선수로 뛰면서 또는 감독으로서 만났던 진정한 승부사들의 공통점은 경쟁 그 자체에서 희열을 느낀다는 점이다. 그 이유는 최선의 노력을 기울일 때만 최고의 능력을 발휘할 기회를 주기 때문이다. 그렇게 도달한 개인의 최고 능력은 최종 점수나 결과와 무관하게 그 자체로 위대하다.

경쟁에 대한 사랑은 승패와 무관하다. 그것은 승리와 패배라는 두 '사기꾼'은 물론 사기의 공범이라고 할 수 있는 명성, 부, 권력과도 아무 상관이 없다. 오히려 그런 명성, 부, 권력을 얻기 전에 기울이는 노력 그 자체에 대한 사랑이라 할 수 있다.

'어려움이 닥치면 강해진다'는 옛말은 아주 틀린 말이 아니다. 나는 평생 이 옛말을 몸소 실천하고 선수들에게 가르치려고 노력했다. 어려움이 닥칠 경우, 위대한 경쟁력을 지닌 리더는 그것을 도전으로 받아들이고 즐긴다.

치열한 경쟁에 대한 사랑이야말로 리더가 팀원에게 가르칠 수 있는 가장 중요한 개념 중 하나다. 치열한 경쟁은 두려워할 대상이 아니라 환영해야 할 대상이다. 성공이란 경쟁 그 자체를 사랑하는 것이다. 따라서 우리는 점수나 결과가 아니라 자신의 최고 능력을 발휘하기 위해 100퍼센트의 노력을 기울이지 않는 것을 두려워해야 한다. 치열한 경쟁을 사랑하는 리더는 팀원에게도 경쟁을 사랑하라고 가르친다.

당신이 경쟁을 즐길 수 있다면 이제 자신과 팀을 위해 최고의 능력을 발휘할 준비를 한 채 정상에 도착한 셈이다. 경쟁 도중에 일어날 모든 상황에 대해 만반의 준비를 한 것이다. 다음은 그랜트랜드 라이스라는 한 스포츠 전문기자가 쓴 「위대한 경쟁자」라는 시다. 일부를 소개한다.

승리와 목표를 초월하고

영광과 명성을 초월하여
그는 자신의 영혼 속에서 타오르는 불꽃을 느낀다
오로지 경쟁에 대한 사랑에서 피어난 불꽃을
자신을 반대하는 신들이 세운 장벽 앞에서
그는 자신을 거스르는 운명과 끝없는 역경을 극복하는 데서
전율을 발견한다
사람들은 낯선 재난이 닥치면 쓰러지고 넘어지지만,
사람들은 장애물이 가로막으면 뒤처지고 비틀대지만,
그는 오히려 더욱 새롭고 강한 전율을 느끼며
위쪽으로 마구 달려간다
시험은 위대하고 말할 수 없이 기쁜 것이므로

    경쟁에서 최선을 다하면 승리의 기쁨이 배가 된다. 승부욕이 있는 리더는 경쟁을 진심으로 즐긴다. 리더는 그 즐거움을 팀원에게 알려줘야 할 책임이 있다. 나는 만약 내가 훌륭한 리더라면 경기 내내 관중석에 앉아 있더라도 선수들이 아무런 문제 없이 자기들끼리 알아서 경기를 잘 풀어나갈 거라고 진심으로 믿었다. 그렇게 되기 위해서는 우선 선수들에게 경쟁에 대한 사랑을 가르쳐야 한다.

믿음과 인내심 Faith and Patience,
노력 그 자체가 성공이다

당신은 성공을 향해 가는 여정에서 좌절감, 피로, 후퇴, 그리고 심각한 장애물들을 만나게 될 것이다. 하지만 리더는 흔들림 없는 자세를 유지해야만 한다. 따라서 나는 성공 피라미드 꼭대기에 믿음과 인내를 올려놓았다. 믿음과 인내가 다른 자질의 블록들을 튼튼하게 붙여주는 접착제 역할을 한다는 것을 보여주기 위해서다. 리더는 일이 잘 풀릴 것이라는 믿음, 즉 미래에 대한 무한한 믿음을 지녀야 한다.

현명한 리더는 중요한 일을 이루는 데는 시간이 걸린다는 사실을 잘 안다. 만약 어려운 목표를 금방 달성할 수 있다면 성공하는 사람들이 지금보다 훨씬 많을 것이다. 대다수 사람과 리더는 진정한 인내심의 중요성을 아주 잘 이해하고 있었다.

'천재는 남들보다 인내심이 더 많은 사람에 지나지 않는다.'

성공의 정의를 제대로 내리면 언제든지 성공할 수 있다. 다시 말하지만 성공에 대한 바른 정의는 '자신이 펼칠 수 있는 최고의 역량을 발휘하기 위해 노력하는 자세'다. 이 정의를 기준으로 삼고 있으면 당신은 절대 실패하지 않을 것이다. 피라미드를 구성하는 15개의 자질을 받아들이고 실천한다면 반드시 성공할 수 있다.

"우든 감독님, 어떻게 그리 여러 번 챔피언십 우승을 하실 수 있었습니까?"

"정확히 말하면, 내가 아니라 우리 팀이 우승한 거죠. 더구나 내가 성공한 것은 챔피언십 우승을 차지했기 때문이 아닙니다. 리더로서 내 최고 능력을 발휘하기 위해 최선을 다했기 때문입니다. 그런 노력 자체를 성공이라고 봅니다. 챔피언십 우승은 그 '부산물'이었을 뿐이죠."

나는 그렇게 대답하곤 했다. 사람들은 당신의 성공 여부를 다른 이와 비교하거나 최종 점수, 최종 결과, 챔피언십 우승 등과 연관 지어 판단할 것이다. 하지만 그런 것은 절대 엄격하고 생산적인 잣대가 아니다. 나는 감독으로 있는 동안 다른 사람들이 말하는 성공 기준에 휘둘리지 않았다. 나에게 성공 기준의 가장 높고 순수하면서 엄격한 잣대는 '위대한 경쟁력을 얻기 위해 얼마나 많은 노력을 기울였는가'다. 나는 오랜 감독 생활 내내 바로 이 잣대를 사용해서 나 자신과 선수들이 경쟁에서 최고 능력을 발휘할 수 있도록 했다.

나는 성공했나? 그렇다. 나는 거울 속에 비친 나를 바라보면서 자신 있게 '나는 내가 될 수 있는 최고의 사람이 되기 위해 100퍼센트에 가까운 노력을 기울였다'고 자신 있게 말할 수 있기 때문이다. 나는 내가 최선을 다했다는 것에 자부심을 느끼고 무엇과도 비교할 수 없는 큰 만족감을 얻는다. 나는 감독으로 일했던 수십 년의 세월을 돌이켜 볼 때 머리를 높이 들 수 있다. 그 옛날 내가 선수들에게 경기나 연습이 끝나고 나서 코트를 걸어나올 때 요구했던 바로 그 자세처럼 말이다. 내 리더십의 토대, 나아가 나 자신의 토대는 성공 피라미드에 있다.

성공 Success,
성공했는지는 자기 자신만 안다

내 목표는 선수들이 개인이자 팀원으로서 언제나 최고 능력을 발휘할 수 있도록 도와주는 것이었다. 내가 만든 성공 피라미드의 15가지 자질은 성공하기 위해서는 무엇이 필요한지를 분명하고 간결하게 보여주었다. 내가 팀원에게 무엇을 기대했는지, 반대로 그들이 나에게 무엇을 기대할 수 있었는지를 잘 보여준다.

"교사로서 나에게 피라미드는 교과서와 같다. 성공은 담당 과목이다."

나는 성공했나? 그렇다고 생각한다. 하지만 그 성공은 높은 점수를 기록했다든가, 좋은 타이틀을 얻었다든가, 챔피언십에서 우승했다든가 하는 게 아니다. 독자들도 이제는 알 것이다.

내가 이러한 세계관을 형성한 데는 아버지의 영향력이 컸다. 아버지는 어릴 때부터 "칭얼대지 말고 불평하지 말고 핑계도 대지 말고 가능한 한 최선을 다하라."고 가르쳤다. 그래서 나는 고등학교 3학년 때 1점차로 주 챔피언십에서 패했을 때도 울지 않았다. 물론 1점차로 진 것이 실망스럽기는 했지만 최선을 다한 경기였기 때문에 성공적인 경기였다고 생각했다. 아버지는 종종 다음과 같이 말씀하셨다.

"존, 네 형제들보다 더 잘되려고 하지 마라. 네 능력에 맞는 인물이 되도록 노력해라. 물론 넌 보통 사람보다 더 나은 인물이 될 거야. 하지만 그만큼 너보다 더 나은 사람도 많다는 사실을 받아들여야 한다. 물론 네게 주어진 능력만큼은 전부 다 써야 한다. 네가 네 능력에 따른 최선의 노력을 하지 않았다는 사실을 받아들이지 않도록 말이다."

나는 아버지가 가르쳐준 가르침을 선수들에게 전해주었다.

88연승의 비밀

성

신념 (기대를 품어라)

위대한
Competitive
경쟁을 진심

결연한 노력 투쟁

평정심
Poise
침착하고 의연한 태도를 가져라

적절한 때마다 기량

컨디션
Condition
무슨 일을 하든 절제와 균형을 유지하라.

기
Skill
최고의 리더는 평생

그 어떤 상황에서나 정중함

자제력
Self Control
자신의 감정을 통제하라

기민함
Alertness
끊임없이 관찰하고 받아들이고 배워라

숭고한 목표를 지향하는 야망

근면
Industriousness
어려운 일을 완수하는 데 쉬운 방법이란 없다

우정
Friendship
존경과 동료애를 추구하라

충성
Royalty
인간의 차원

성공

공

(민족소관을 위한 행동)
(신강이 결단다) 성실함

경쟁력
Greatness
으로 즐겨라

(순수한 의도) 열정

자신감
Confidence
우리 자신의 준비 상태와 실력에만 집중하라

(좋은 평판) 신뢰성

술
배움을 멈추지 않는다

팀 정신
Team Spirit
팀의 스타는 바로 팀 그 자체일 뿐이다

(생각과 행동에서 발현되는) 정직

진취성
Initiative
신속하게 판단하고 즉시 행동한다

집념
Intentness
목표를 향해 끝까지 흔들리지 마라

(변치않는 우정) 성의

심
높은 본성이다

협동심
Cooperation
다른 사람의 창의적인 생각을 수용하라

열정
Enthusiasm
자신이 하는 일에 마음이 가 있어야 한다

피라미드

2장

성공의 비밀

The Secrets of Success

좋은 가치관은
좋은 사람을 끌어들인다

좋은 가치관은 좋은 사람을 끌어들인다.

 감독 일을 막 시작했을 때다. 나는 부수입을 벌려고 인디애나 주에 있는 카우츠키라는 이름의 준프로 농구팀에서 주말마다 선수로 뛰었다. 그 농구팀을 만든 사람은 프랭크 카우츠키라는 착하고 점잖은 슈퍼마켓 주인이었다. 보수는 경기마다 50달러였다.
 당시 나는 자유투에 매우 능했다. 나는 수많은 경기에서 계속 자유투에 성공했고 결국 연속으로 100개를 넣었다. 100개째 성공했을 때 카우츠키 씨가 심판에게 다가가 경기를 잠시 중단해달라고 말했다. 그런 다음 코트로 들어오더니 자유투에 연속 100개 성공한 상으로 빳빳한 100달러짜리 지폐를 나에게 주겠다고 발표했다. 관중은 매우 환호했다. 내 아내 넬리 우든도 환호했다. 안전하게 보관

하겠다는 이유로 돈을 냉큼 챙겨갈 것이었기 때문이다. 내가 연속으로 100개 혹은 1,000개의 자유투에 성공했다고 해서 카우츠키 씨가 나에게 추가로 돈을 줄 의무는 전혀 없었다. 그런 내용은 계약서에 없었다. 나 역시 내 일에 최선을 다한 데 대한 특별 보너스 같은 것은 기대하지 않았다. 그러니까 그건 순전히 그의 인격에서 우러나온 일이었다.

헌신을 존중하라

그로부터 몇 년 후 나는 집에서 가까운 곳에 있는 팀으로 소속을 옮겼다. 보스는 50달러로 똑같았지만 오가는 데 걸리는 시간이 훨씬 줄어들었다. 그래서 나는 아내 넬리는 물론 두 아이와 더 많은 시간을 보낼 수 있었다. 우리 팀은 클리블랜드에서 경기할 예정이었다. 나는 자동차가 없는 팀 동료를 내 차에 태우고 그곳으로 가기로 했다.

그런데 도중에 심한 눈보라가 몰아쳤다. 우리는 얼음과 눈으로 뒤덮인 좁은 고속도로 위에서 시속 16킬로미터 정도로 느릿느릿 가야만 했다. 두어 시간을 힘겹게 운전한 뒤, 구단주에게 전화를 걸기 위해 주유소에 차를 멈췄다. 나는 우리의 상황을 설명했고 경기에 늦을지도 모르겠다고 말했다. 그러자 그가 이렇게 말했다.

"눈보라 속을 뚫고 오려다가 변을 당한 다른 두 선수보다 운이 좋기를 바라네."

"두 사람한테 무슨 일이 있었습니까?"

"지금 시체 보관소에 있네."

동료와 나는 어쨌든 계속 운전을 했고 간신히 체육관에 도착했다. 이미 전반전은 끝났고 중간 휴식시간 중이었다. 우리 팀은 몇 점 차로 뒤지고 있었다. 우리는 빨리 옷을 갈아입었다. 나는 후반전에서 열심히 뛰었고 승리하는 데 큰 몫을 했다. 경기가 끝나고 샤워를 마친 후 보수를 받기 위해 구단주에게 갔다. 그는 경기에 이겨서 싱글벙글한 표정이었다.

"잘했네, 존. 자네 덕분에 경기에서 이길 수 있었어."

그는 연신 칭찬을 늘어놓으며 봉투를 내밀었다. 열어봤더니 약속했던 보수의 절반인 25달러밖에 들어 있지 않았다. 나는 나머지 보수에 대해 물었다. 그는 한참 동안 나를 빤히 쳐다보더니 이렇게 말했다.

"이보게 우든, 늦게 도착해서 전반전은 아예 빠졌지 않나. 그래서 후반전에 대해서만 보수를 주는 거야. 25달러 말일세."

여기서 그는 본색을 드러냈다. 동료와 나는 목숨을 걸고 눈보라를 뚫고 달려왔으며 팀이 이기는 데 크게 이바지했다. 그러나 그가 나한테 25달러를 건넸을 때 알게 된 것처럼 그 모든 것이 그에게는 별 의미가 없었던 것이다. 그의 가치관은 나와 너무나 달랐다. 우리 팀은 다음날 한 경기가 더 남아 있었다.

나는 구단주에게 방금 경기에 대한 나머지 보수와 다음날 경기에 대한 50달러를 미리 달라고 요구했다. 그렇지 않으면 당장 집으로 돌아가겠다고 했다. 그는 잠시 망설였지만 내가 꼭 필요하다고 판단한 듯했다. 다음 경기에서 내가 빠지면 주전 선수가 모자란데다 관중의 열기까지 식을 것이 뻔했기 때문이다. 구단주는 못마땅한 표정이 역력했지만 내 요구를 들어주었다.

나는 다음 날 오후에 열린 경기에서 전후반전을 다 뛰었고 큰 어려움 없이 승리했다. 하지만 나는 그것으로 끝을 냈다. 그런 형편없는 사람을 위해서 더는 뛸 수 없었다. 나는 그 팀을 그만두었고 다시 카우츠키 팀에 들어갔다. 카우츠키 구단주는 괜찮은 가치관을 따르고 있었고 존경할 만한 사람이었다. 내가 그의 팀을 위해 바치는 헌신을 존중해주는 사람이었기 때문이다.

나는 클리블랜드에서 겪었던 일을 통해 값진 깨달음을 얻었다. 인격(옳은 일을 하는 성품)이 성공적인 리더십에 얼마나 중요한가를 깨닫게 되었던 것이다. 그러한 깨달음은 UCLA 농구팀을 비롯한 여러 농구팀 감독으로 일하면서 더욱 분명해졌다.

이기기 위해 무엇이든 하는 사람을 경계하라

리더는 사람들에게 자신의 지시를 따르라고 강요해서는 안 된다. 교도소 간수나 그렇게 한다. 좋은 리더는 팀원의 마음속에 리더 자신의 철학은 물론 조직과 사명에 대한 믿음을 불어넣는다. 가치관 없이 상대 팀을 이기거나 회계 장부상의 이윤을 올리는 등 최종 결과만을 중시하는 조직에 믿음을 불어넣기란 매우 어렵다.

분명히 해두자. 결과는 중요하다. 그것도 아주 중요하다. 하지만 그러다 보면 들어오는 사람들 또한 결과만 좋으면 된다고 생각하기 쉽다. 그런 사람들은 경기 자체보다는 경기에서 이기는 일에 더 관심이 있으며 정작 '이기기' 위해 필요한 '노력'은 소홀히 여기는 경향이 있다. 그런 사람들은 힘든 시기가 오면 미련없이 조직을 떠날 것이다. 또 돈을 더 벌 수 있거나 이길 기회가 더 많은 조직이 유혹하면 망설이지 않고 짐을 쌀 것이다. 그런 사람들의 조직에 대한 충성심과 헌신도는 종잇장처럼 얇다. 1달러짜리 지폐 두께밖에 되지 않는 충성심으로는 지속적이고 성공적인 팀을 구성하기가 어렵다.

승리가 우선순위인 사람은 이기기 위해서는 무엇이든지 한다. 그런 사람들은 조직에 위협적인 존재다. 멀리서 찾을 것도 없다. 매일 나오는 신문 머리기사만 보아도 충분히 알 수 있다. 가장 중요한 것은 인격이다. 인격을 갖추지 못했다면 아무리 재능 있는 사람이라도 잠재적인 위험 요소가 된다. 구단주, 감독, 코치뿐만 아니라 팀의 다른 구성원 모두에게 적용되는 사실이다.

나는 같은 가치관이나 기준을 가진 사람들과 함께 일하고 싶었다. 하지만 불행히도 항상 그럴 수는 없었다. 하지만 그렇게 하는 방법들이 있다. 그중 하나는 당신이 어떤 가치관을 따르고 있는지 분명히 보여주는 것이다. 그러면 비슷한 원칙, 규범, 행동 기준을 가진 사람들이 온다. 그 반대도 마찬가지다. 내가 클리블랜드에서 구단주가 팀에 대한 나의 헌신과 충성심보다 25달러를 더 중요시한다는 것을 알고 떠난 것처럼 말이다.

물론 내게는 성공 피라미드를 구성하는 자질이나 습관 자체가 농구와 인생에서 지켜야 할 기준이자 가치관이 되었다. 또한 나는 아버지의 '하지 말아야 할 여섯 가지'를 소중하게 생각했다. 그것은 아버지가 우리 형제들에게 인생을 사는 법을 가르치기 위해 만든 간단하지만 분명한 규칙들이다. 소개하자면 다음과 같다. 다음의 조언들은 기억하기는 쉬워도 실천하기는 어렵다. 그러나 나는 모든 선수에게 이것을 가르쳤고 실천하도록 했다.

1. 거짓말하지 마라.
2. 속이지 마라.
3. 훔치지 마라.
4. 엄살 부리지 마라.
5. 불평하지 마라.
6. 변명하지 마라.

당신의 가치관을 모든 사람에게 분명히 알리기 위해서 다양한 '광고'가 필요할지도 모른다. 흔히 행동이 말보다 중요하다지만 말 또한 중요하다. 사람들에게 당신이 어떤 가치관을 따르는지 분명히 알리기 위해서는 몇 가지 조처를 해야 한다. 나는 시즌이 시작될 때마다 선수들에게 '성공 피라미드'가 그려진 종이를 나누어주었다. 내 사무실 벽에도 대문짝만 하게 붙여놓았다. 당신이 하는 일과 조직의 성격에 맞는 적절한 광고 수단과 방법을 찾아라.

당신 조직에 들어오고자 하는 열망이 넘치는 사람을 찾아야 한다. 나는 늘 내 선발 방침이 옳다고 생각한다. 나의 방침은 선수 영입에 직접 나서지 않는 것이다. 이러한 방침은 무엇보다도 선수를 걸러내는 데 효과적이다. 선수를 영입할 때도 그 선수에게 우리 팀의 일원이 되고 싶은 열망이 있는지부터 파악하는 것이 우선이다. 당신의 조직에 들어오는 것이 얼마나 가치 있는지를 여러 번 설명하고 설득해야 하는 사람이라면 조직에 전혀 도움이 안 된다.

사람을 채용할 때는 그 사람의 동기가 무엇인지부터 세심히 살펴라. 그리고 당신의 조직을 어느 정도 이해하고 조직에 들어와서 헌신하고자 하는 열망을 진실하게 표현하는 사람을 채용하라. 채용은 쌍방향이어야 한다.

신념을 행동으로 알려라

내가 선수들의 가치관이나 인격을 다듬기 위해 어떻게 했는지 몇 가지 예를 소개하겠다. 아무리 사소한 습관일지라도 인생 전반에 영향을 미칠 수 있다는 믿음을 잘 보여주는 예다.

내가 UCLA 농구팀에서 감독으로 일할 때다. 많은 선수가 연습용 티셔츠를 기념품 삼아 집에 가져가서는 캠퍼스나 동네에서 입고 다니곤 했다. 어떤 이유인지는 몰라도 그 티셔츠는 매우 인기가 좋았다. 물론 그 선수들은 연습용 티셔츠를 집에 가져가는 행위가 절도라고 생각하지 않았을 것이다. 회사에서 아무런 거리낌 없이 종이나 펜과 같은 사무용품을 집에 가져가듯이 말이다. 하지만 자기 것이 아닌 물건을 집어가는 행위는 옳지 않다.

"티셔츠가 필요하면 나에게 와서 달라고 해라. 그러면 얼마든지 주겠다. 하지만 아무 말도 없이 그냥 가져가지는 마라. 그건 너희 것이 아니기 때문이다."

선수들의 평상시 행동은 중요한 문제였다. 아끼는 선수들이 나쁜 짓을 하는 동안 모른 척하고 있자니 기분이 별로 좋지 않았다. 비록 연습용 티셔츠에 지나지 않지만 남의 물건을 가져가는 것은 명백히 잘못된 행동이다. 그것은 나에게 중요한 문제였고 지금도 마찬가지다.

물론 내가 경고한 후에도 계속 티셔츠를 가져가는 선수들이 있었겠지만, 그것이 잘못된 행동이라는 것을 분명히 알도록 했다. 나는 일부를 제외한 나머지 선수들은 다시는 그런 행동을 하지 않았을 것이라고 확신한다. 또 선수들은 어떤 가치관을 따라야 하고 무엇을 중요하게 생각해야 하는지 알게 되었다.

"우리가 반복적으로 하는 행동이 바로 우리의 인격이 된다."

아리스토텔레스가 한 말이다. 인격, 우리 자신의 됨됨이를 드러내는 일상적인 습관과 가치관의 중요성을 강조하는 말이다. 나는 선수들이 농구 기술은 물론 인격을 성숙하게 하는 좋은 습관까지 기를 수 있도록 돕고 싶었다. 따라서 다 쓰고 난 수건을 정해진 통 안에 넣는 것과 같은 사소한 문제도 나에게는 원칙과 신념에 관련된 큰 문제였다.

물건을 쓰고 나서 아무 데나 던져놓는 바람에 매니저가 졸졸 따라다니면서 그 물건을 줍게 하는 선수는 이기적이고 지저분하고 건방지다. 이기적이고 지저분하고 건방진 것, 내가 특히 싫어하는 성격들이다. 그래서 나는 선수들에게 물건을 쓰고 나서는 항상 제자리에 갖다놓으라고 요구했다. 그 요구는 선수들이 농구 코트와 팀에서 올바른 행동을 하고 긍정적인 습관을 기르도록 북돋았다(나는 내 가르침이 대학 졸업 이후 선수들의 삶에도 좋은 영향을 끼치기를 바랐다).

나는 튀는 선수보다는 인격을 갖춘 선수를 원했다. 내가 생각하는 훌륭한 인격이란 자기 자신과 다른 사람 그리고 (농구든 야구든 그 어떤 것이든) 경기를 존중하는 태도다. 인격에는 물건을 쓰고 나서 제자리에 갖다놓는 것에서부터 남을 속이지 않는 것까지 모든 것이 광범위하게 포함된다.

인격이 훌륭한 리더는 그만큼 인격이 훌륭한 인재들을 끌어들인다. 팀원이 높은 이상과 기준을 준수할 때 얼마나 높은 수준에 도달할지 상상해보라. 또 반대로 인격 수양에 별로 관심이 없는 사람을 영입했을 때도 상상해보라. 마치 싱싱한 사과들 사이에 썩은 사과를 넣어두는 것과 같다. 리더는 절대로 그런 실수를 해서는 안 된다.

나는 신념이 중요하다고 생각하지만 행동은 그보다 훨씬 더 중요하다고 생각한다. 행동은 말을 이긴다. 당신이 팀원에게 영향을 끼치고 싶거나 누군가를 영입하고 싶다면 반드시 신념을 행동으로 알려야 한다. 남가주대USC 경영대학의 교수이자 리더십 연구소를 창립한 워런 베니스는 다음과 같이 말했다.

"성공적인 리더십은 팀원을 거칠게 다루느냐 부드럽게 다루느냐, 혹은 공격적으로 다루느냐 섬세하게 다루느냐의 문제가 아니다. 어떤 가치관을 갖느냐의 문제이다. 가장 중요한 것은 인격이다."

인격과 가치관에 대해서는 구구절절 설교를 늘어놓을 필요가 없다. 리더 스스로 본을 보여주는 것이 가장 효과적이다. 이것은 루이스 앨신더 주니어가 우리 UCLA에 끌렸던 이유 중의 하나다. 그는 직접 본을 보여주는 많은 사람을 통해서 자신의 가치관이 우리 학교와 일치한다는 사실을 알았다.

언제 한 번 매우 재능 있는 학생을 면접한 적이 있다. 그 학생은 농구 장학생으로 UCLA에 입학하고 싶어했다. 나는 그 학생을 만나보고 마음에 들면 면접 자리에서 장학금을 제안할 생각이었다. 면접에는 학생의 어머니도 함께했다. 내가 그 학생에게 어떤 말을 하자 그 어머니는 예의 바르게 질문을 했다. 그러자 그 학생이 바로 어머니를 쳐다보면서 이렇게 고함쳤다.

"엄마는 왜 그렇게 무식해요? 그냥 입 다물고 감독님 말씀이나 듣고 있으세요."

하지만 나는 '좋은 질문이었다'며 그 어머니를 안심시킨 후 친절하게 답변해주었다. 그러나 그 학생의 태도는 도저히 용납할 수 없었다. 어머니도 존경하지 못하는 사람이 어떻게 힘든 상황이 닥칠 때 나를 존경하겠는가? 나는 정중하게 면접을 마치고 자리에서 일어섰다. 물론 장학금 얘기는 아예 꺼내지도 않았다.

그 학생은 다른 대학교에 들어가서 좋은 성적을 거두었다. 사실 그가 들어간 대학 농구팀은 UCLA 농구팀에 여러 차례 패배의 쓴잔을 마시게 했다. 그럼에도 나는 너무 늦기 전에, 그러니까 그 학생의 그릇된 '가치관'이 우리 팀을 물들이기 전에 문제점을 발견했다는 것이 다행스러웠다.

리더의 행동이 팀 분위기를 좌우한다. 어떤 리더들은 '아무렇게나 행동하면 어때.' 하고 생각할지 모른다. 하지만 나는 성공 피라미드와 아버지가 가르쳐준 '하지 말아야 할 여섯 가지'에 따라 행동하려고 무척 애를 썼다.

"승리가 전부는 아니다. 단지 유일한 것일 뿐이다."

언젠가 한 기자가 빈스 롬바르디라는 감독이 한 말을 인용 보도한 적이 있었다. 이 말은 마치 롬바르디 감독이 어떤 대가를 치르더라도 이기기만 하면 된다고 선수들에게 주문한 것 같은 인상을 심어주었다. 하지만 그 말은 (내가 롬바르디 감독에 대해 알고 있는 한) 이기기 위해서 무슨 짓을 해도 된다는 것이 아니다. 경기에 자신이 가진 모든 것을 쏟아부으라는 의미였다.

거기에는 큰 차이가 있다. 롬바르디 감독은 좋은 가치관의 힘을 믿었고 나 역시 그러하다. 팀원이 어떤 가치관을 가졌든지 개의치 않는다면 그 팀은 지속적이고 장기적인 성공을 얻기 어려울 것이다. 내 철학은 여기서 한 걸음 더 나아간다. 좋은 리더는 팀원의 태도에 신경 쓴다. 인격과 가치관은 성공적인 팀을 만드는 데 매우 중요하다. 리더는 모범을 보임으로써 올바른 인격과 가치관을 팀원에게 제시해야 한다. 아래에 그 방법을 몇 가지 소개하겠다.

1. 농구코트나 집 안팎 어디에서나 신사적으로 행동하라. 자신의 명예를 더럽히는 행동은 하지 마라.
2. 개인일 때든, 팀원일 때든, 공격할 때든, 수비할 때든 항상 자부심을 느낄 만한 경기를 하라.
3. 최선을 다한 선수는 승자다. 반면 최선을 다하지 못한 선수는 패자다.
4. 경기에 대해 해박한 지식을 갖춘 선수가 돼라. 농구는 머리를 쓰는 경기이다. 몸싸움 50퍼센트와 노하우 50퍼센트로 구성된다.
5. 경기에 대한 지식, 컨디션, 투지에서 상대 팀보다 앞서 있다고 진심으로 믿어라. 그러면 어떤 팀에게도 쉽게 무너지지 않는다.

88연승의 비밀

인격을 가장 우선시하라

"우든 감독님, 제 아들 녀석 사람 좀 만들어주시겠습니까?"
몇몇 부모들이 나에게 요청했다. 하지만 나는 그럴 수 없다고 대답했다. 인격이 모자란 학생들에게 인격을 가르치려고 시도한 적이 여러 번 있었지만 실패했기 때문이다. 됨됨이가 모자란 성인에게 인격을 가르치기란 여간 어려운 일이 아니다. 아무리 대단한 재능을 가진 사람이라도 됨됨이가 형편없다면 '교화 프로젝트'를 실시하는 것에 대해 신중히 재고해볼 필요가 있다. 애초에 사람을 뽑을 때 다른 어떤 자질보다도 인격을 가장 우선하는 편이 현명하다.

사소하다고 잘못해도 되는 것은 아니다

앞서 소개한 연습용 티셔츠 얘기를 떠올려보자. 모든 리더는 특별히 관심을 기울일 몇 가지 사안을 정해야 한다. 예를 들어, 지각하지 않기라든가 프로젝트를 제시각에 마치기 따위 같은 것이다. 부장이 직원에게 말하는 방식처럼 다소 민감한 문제도 있다. 중요한 것은 사람들에게 당신이 원하는 행동 방식이나 가치관을 분명히 이해시키고 누군가 어기면 똑바로 알게 해야 한다는 점이다.

정직만으로는 모자르다

정직하지만 인격이 형편없는 사람이 있을 수 있다. 정직하더라도 이기적일 수 있으며, 정직하더라도 제멋대로일 수 있으며, 정직하지만 다른 사람을 무시할 수 있으며, 정직하지만 얼마든지 게으를 수 있다.
정직은 좋은 출발점이기는 하지만 거기서 멈춰서는 안 된다. 훌륭한 인격은 정직 외에 다른 자질도 필요로 한다.

어떻게 이겨야 하는가

수단과 방법을 가리지 않고 이기려고만 하면 큰 대가를 치르게 된다. 심지어 목숨까지 잃을 수도 있다. 좋은 가치관은 성공적인 리더십과 조직에 필수적이다. 따라서 이기기 위해서라면 어떤 일이라도 서슴지 않을 사람을 오히려 경계하라. 그것은 훌륭한 경쟁자의 태도가 아니다. 그 대신 경기 자체를 즐기며 규칙을 준수하는 사람을 찾아라.

섬세하게 생각하면서
열심히 일하라

"다른 사람보다 더 잘하려고 노력하지 않아도 좋다. 그저 당신이 잘할 수 있는 한에서
최고가 되도록 노력하라. 그것이 당신이 할 수 있는 일이다"

작고 사소한 사항에도 관심을 두고 완벽하게 만들려고 노력해야 높은 기량과 생산성을 달성할 수 있다. 그러나 스포츠팀을 비롯한 대부분 조직은 보통 이런 노력을 소홀히 한다. 소홀함의 원인은 리더인 당신에게 있다.

그러니 팀원을 탓하지는 마라. 리더는 팀원에게 작은 일들이 모여 큰일이 일어난다는 것을 가르쳐야 한다. 그리고 애초부터 큰일이란 따로 존재하지 않는다. 매우 높은 기준으로 수행한 작은 일들이 모인 귀납적 결과일 뿐이라는 사실부터 배워야 한다.

나는 사소하고 하찮은 일을 완벽하게 수행하는 과정에서 크나큰 만족을 느꼈다. 나는 이런 태도가 우리 팀이 궁극적인 목표를 달성하는 데 큰 보탬이 될 거라고 굳게 믿었다. 1페니짜리 동전이라도 꾸준히 모으면 부자가 될 수 있다. 작은 일이라도 완벽하게 하는 것은 은행 금고에 1페니짜리 동전을 차곡차곡 쌓는 것과 같다.

우리는 때때로 멀리 있는 목표에 관심을 기울이느라 '지금' 해야 할 사소하고 일상적인 일을 소홀히 한다. 하지만 나는 농구를 하는 데 필요한 세부적인 일들에 대해 비정상적으로 보일 정도로 관심을 쏟았다.

작은 일까지 주의를 기울이는 것은 그 어떤 일도 우연에 맡기지 않겠다는 의지의 표현이다. 챔피언 팀과 단순히 '훌륭한' 팀의 차이는 이런 태도에 있다. 챔피언 팀은 작고 사소한 일을 완벽하게 하는 팀이다.

많은 사람은 내가 정성 들여 다듬은 수백 개의 세부 사항을 우스꽝스럽게 여겼다. 하지만 나는 절대 그렇게 생각하지 않았다. 작은 일을 완벽하게 하는 것이 팀의 성공 기반임을 이미 알고 있었기 때문이다. 어떤 조직이라도 마찬가지다. 작은 일들이 모여 세상을 변화시키는 법이다.

양말부터 제대로 신어라

나는 작은 일부터 완벽하게 하고자 했다. 먼저 '발'부터 시작했다. 첫 번째 팀 미팅에서 선수들을 모아놓고 양말을 바르게 신는 방법을 손수 시범 보였다. 신발도 마찬가지였다. 나는 선수들에게 신발 크기를 묻지 않았다. 대신에 트레이너에게 선수들의 오른발과 왼발의 크기를 정확하게 재게 했다. 그다음 각자 발에 딱 맞는 신발을 새로 나눠주었다. 신발이 커서 미끄러지지 않도록 하기 위해서였다. 신발 끈조차 예외가 아니었다. 연습이나 경기 중에 신발 끈이 풀리지 않게 하려면 신발 끈을 구멍에 어떻게 끼워야 하는지, 매듭은 어떻게 짓는지를 바닥에 앉아 일일이 보여주었다.

우리는 양말, 신발, 신발 끈 같은 사소한 것에 주의를 기울임으로써 실전에서 일어날 수 있는 문제를 예방할 수 있었다. 나는 다른 일에도 세심한 주의를 기울였다. 예를 들어 나는 상대 팀과 비슷한 색의 유니폼을 싼 가격에 샀다. 상대 팀이 스탠퍼드면 빨간색을 사고 워싱턴 허스키스라면 보라색을 사는 식이었다. 그리고 연습경기를 하면서 한쪽 팀에 상대 팀과 비슷한 색의 유니폼을 입혔다. 과연 그렇게 하는 것이 실전에 보탬이 될까? 나는 당연히 그럴 수 있다고 생각했다. 조금이라도 가능성이 있다면 도전할 가치는 충분하다.

그뿐만 아니다. 나는 선수들에게 윗옷이 밖으로 삐져나오지 않도록 바지 안에 잘 집어넣으라고 말했다. 그렇게 하는 것이 자아 정체감과 단결력을 키우는 데 도움이 된다고 생각했기 때문이다. 나는 끊임없이 사소한 일에 관심을 기울임으로써 선수들에게 훈련 방침을 효과적으로 전달할 수 있었다.

내가 UCLA에 처음 왔을 때다. 연습용 유니폼은 낡고 지저분했다. 선수들은 집에서 대충 가져온 티셔츠와 신발을 신고 있었다. 당장

새 유니폼과 운동화를 주문했다. 선수들이 어중이떠중이 같은 모습으로 연습하는 것을 보고 싶지 않았기 때문이다. 선수들 서로가 단정치 못한 모습을 보는 것도 원하지 않았다. 새 유니폼과 운동화를 사고 윗옷을 바지에 집어넣는 것 같은 작은 일에 대한 관심이 많은 변화를 가져온다.

나는 우리 선수들이 UCLA 유니폼을 입는 그 순간부터 자신들이 특별한 팀의 일원이라고 느끼기를 바랐다. 머리끝에서 발끝까지 완벽하게 준비된, 특별한 팀의 일원 말이다. 다른 지역에서 열리는 경기에 참석하기 위해 버스를 타고 이동할 때도 마찬가지였다. 나는 선수들에게 셔츠와 넥타이와 코트와 바지를 갖춰 입게 해서 '프로'처럼 보이게 했다. 물론 그들이 대학의 대표이기 때문이지만 더 큰 이유는 따로 있었다. 정장을 입는 순간, 선수들에게 UCLA 농구팀원이라는 사실은 뭔가 특별하며 점잖게 행동해야 한다는 것을 일깨워주었기 때문이다.

"세상에 큰일이란 없습니다. 작은 일들을 사랑으로 할 뿐이죠."

마더 테레사 수녀가 언젠가 한 말이다. 참으로 옳은 말이다. 작은 일을 완벽하게 완성하는 일에 기쁨을 느끼고 그것을 당신 밑에서 일하는 사람들에게 가르칠 때 비로소 '큰일'이 이뤄진다. 이것이 성취자와 낙오자, 위대한 사람과 평범한 사람, 행동가와 몽상가를 구분하는 차이다. 물론 탁월한 성취자는 행동가이자 몽상가였다. 하지만 그들은 작은 일들을 '사랑으로' 했기 때문에 큰 성공을 거둘 수 있었다.

작은 일도 소홀히 하지 마라

나는 아무리 작은 일이라도 완벽하게 하려고 끝없이 노력했다. 하지만 나는 완벽한 사람이 아니다. 인간은 언젠가 반드시 죽는다. 따라서 완벽함이란 이룰 수 없는 종류의 일이라고 생각한다. 하지만 완벽해지기 위해 끊임없이 노력할 수는 있다. 또 완벽한 사람만이 팀의 기량을 올릴 방법을 찾아낼 수 있다고 생각하지 않는다. 중요한 것은 포기하지 않고 해보는 것이다. 나는 다양한 방법들이 생각날 때마다 끊임없이 실천에 옮겼다.

예를 들자면 휴식 시간마다 초콜릿을 나눠주던 관행을 중단했다. 초콜릿을 먹고 나면 목에 가래가 낀다는 사실을 알았기 때문이다. 대신에 나는 오렌지 조각을 나눠주었다. 오렌지 조각은 초콜릿과 같은 열량을 제공하면서도 목에 가래가 끼지 않았다. 가래가 끼는 것과 같은 사소한 일이 경기 집중력을 떨어뜨리고 결국에 전체 경기를 망친다. 또 먹고 난 오렌지 껍질을 아무 곳에나 버리지 못하게 하고 반드시 휴지통에 넣도록 했다.

부주의한 태도는 단정치 못한 태도와 마찬가지로 성공적인 조직에 필요한 태도가 아니다. 유능한 리더라면 둘 중 어느 하나도 용납해서는 안 된다. 나는 선수들이 오렌지 껍질을 휴지통에 넣는 작은 일에서 주의 깊고 단정한 행동을 하도록 하는 것은 시작한다고 믿었고 지금도 그렇게 믿고 있다. 물론 누군가 이런 나를 우스꽝스럽게 볼 수도 있다. 하지만 나에게는 매우 진지하고 중요한 문제였다.

주의를 쏟았던 작은 일은 그 외에도 많았다.

하나 더 예를 들어보겠다. 나는 식사 시간에 얼음을 뺀 미지근한 물을 준비하도록 주방에 주문했다. 찬물 때문에 위경련이 일어나는 것을 예방하기 위해서였다. 그것은 사소한 것에 주의를 기울임으로써 잠재된 문제를 예방한 사례 중 하나에 지나지 않는다. 양말, 신발 끈, 얼음, 오렌지, 단정함과 같은 것들이 하나둘 모여 결국에는 큰 차이점을 만들어낸다. 작은 문제라고 해서 꼭 중요하지 않다거나 부차적이지는 않다. 나는 우리 팀에 도움이 되는 것을 발견하면 아무리 작고 사소한 것일지라도 관심을 기울였다. 완벽한 사람이기에 할 수 있었던 일이 아니다. 어떻게 하면 팀의 기량을 향상할 수 있을까를 끊임없이 찾았기 때문에 가능했다.

'작고 사소하지만, 신경을 써야 하는 일'은 스포츠의 종목이나 조직의 종류에 따라 다르다. 그리고 시간이 흐르면서 어느 정도 바뀌기도 한다. 하지만 성공적인 리더십의 기본 요건상 절대로 달라지지 않는 것이 있다. 큰일은 작고 사소한 일에 관심을 기울이고 완벽하게 만들려고 노력할 때만 성취할 수 있다. 유능한 리더는 작지만 중요한 일을 정확히 찾아낼 줄 안다. 당장은 작고 사소해 보이지만 점차 큰 이익을 가져올 수 있는 세부적인 사항을 파악하는 능력 말이다.

물론 결코 쉬운 일은 아니다. 그러나 성공은 언제나 작은 일에서 비롯된다는 사실을 기억해야 한다. 여기서 주의할 점이 있다. 이런 일에 시간을 쓸 때 균형감 또한 매우 중요하다는 점이다. 리더는 모든 일을 질서정연하고 체계적으로 정리할 줄 알아야 한다. 또 우선순위를 잘 정해야 하며 여러 개의 작은 일 사이사이에 시간과 관심을 적절히 배분할 줄 알아야 한다.

마지막 순간에 책임을 지는 것은 결국 리더다. 그런 점에서 리더의 균형 감각이 매우 중요하다. 균형 감각을 잃는 것은 자칫 치명적인 결과를 낳을 수 있다. 예를 들면 이런 것이다. 몇 년 전 어떤 유명한 농구 감독은 경기에서 이기고 지는 데 자유투가 가장 중요하다고 생각했다. 그 팀의 선수들은 자유투를 하는 데 필요한 세부적인 훈련에 집중했고 다른 연습은 거의 하지 않았다.

그 팀의 자유투 실력이 느는 것은 당연한 결과였다. 그 팀의 선수들은 시즌 말이 되자 누구보다 자유투를 잘하는 선수가 되어 있었다. 그렇지만 그들은 경기에서 고전을 면치 못했다. 자유투를 완벽하게 연습하는 동안 수비, 슈팅, 속공 등은 전혀 연습하지 않았기 때문이다. 다시 말해 균형이 깨진 것이다. 자유투 말고 다른 부분에서는 최악이었던 것이다. 균형을 잃는 순간 조직은 더 약해진다. 위에 소개한 감독은 하나를 완벽하게 하려다가 나머지 모두를 잃고 말았다. 얼음 위를 걸을 때와 같다. 한번 발이 미끄러지기 시작하면 좀체 중심을 잡기 어려운 법이다.

세부사항에 신경 쓰느라 전체의 균형을 깨뜨리면 안 된다. 균형과 절제는 조직이 힘을 키우고 살아남기 위해 가장 중요한 요소다. 유능한 리더는 작지만 중요한 것들에 관심을 기울일 때도 전체적인 균형을 깨지 않는다. 당신이 복잡한 비즈니스 분야의 리더라면, 때때로 다른 사람에게 세부적인 일을 맡길 줄도 알아야 한다(물론 어떤 일을 다른 사람에게 맡겼다고 해서 그 일이 당신의 손을 떠난 것은 아니다).

옳고 정확한 방법을 찾아라

나는 세부적인 것 하나하나가 비행기 날개를 동체와 연결해주는 리벳과 같다고 여긴다. 비행기 날개는 리벳 하나가 빠져도 여전히 붙어 있지만 여러 개가 빠지면 결국 떨어져버릴 것이다.

나는 어느 것 하나 빠지지 않도록 항상 세심하게 주의를 기울였다. 연습에서든 경기에서든 모든 '리벳'은 제자리에 있어야 했고 단단하게 조여져 있어야 했다. 앞서 선수들의 발(양말, 신발, 신발 끈)에 관해 이야기했지만, 다른 신체부위도 예외는 아니었다.

예를 들어, 나는 턱수염과 머리를 길게 기르지 못하게 했다. 경기 중에 땀에 젖은 턱수염이나 머리를 쓸어 올리다가 손에 땀이 묻기 때문이다. 손에 땀이 묻으면 볼 핸들링이 나빠지고 패스를 실수하기 쉽다. 그래서 금지했다. 심지어 구레나룻조차 기르지 못하게 했다.

내가 실질적인 농구기술에는 관심을 두지 않는다고 의심할지도 모른다. 하지만 농구기술에 관한 관심은 훨씬 더 깊고 강했다. 나와 보조 코치들에게 '양말'은 출발점에 지나지 않았다.

신발 끈을 묶는 옳은 방법이 있다. 마찬가지로 농구의 모든 기술에도 옳은 방법이 있다. 물론 다른 조직의 일도 마찬가지일 것이다.

내 사전에 '대략적인' 점프 슛 방법은 없다. 오직 정확한 방법만이 있다. 골대에 정확히 공을 넣어 득점할 기회를 만드는 방법 말이다.

나는 선수들이 정확한 농구 기본기와 좋은 습관을 갖춘 탄탄한 실력자가 되도록 가르쳤다. 그리고 선수들이 시키는 대로만 움직이는 로봇 같은 존재가 아니기를 바랐다. 그렇게 해야만 상대 팀이 어떻게 압박하더라도 거기에 맞춰 자신의 기술을 적절하게 사용할 수 있다. 기본기가 확실히 갖춰진 선수는 갑작스럽게 변화가 닥치더라도 그 상황을 성공으로 이끌 가능성이 훨씬 높다.

나는 기본기를 정확히 익힌 뒤에 변화나 조정을 해야 한다고 생각했다. 가끔 결과가 평균보다 월등하게 좋을 때는 예외를 인정해주기도 했다. 자말 윌크스가 그런 예외 대상이었다. 그는 머리 뒤에서 공을 던졌다. 자유투 라인에 섰을 때 골대와 공 사이에 머리가 있는 모양새였다. 아예 눈을 감고 던지지 않는 한, 그보다 더 자유투에 성공하기 어려운 자세도 없다. 지나친 것은 모자람만 못하다. 선수들에게 너무 많은 것을 주려고 하지 말고 선수들의 자발성을 빼앗지 마라.

나는 선수가 몇 번의 자유투 실수를 하고 난 뒤에야 그 선수에게 정확한 자유투 방법을 알려주었다. 일단 여러 번 실수해봐야 문제점을 깨닫고 옳은 방법을 받아들이려고 하기 때문이다. 하지만 신기하게도 자말 윌크스는 좀처럼 실수하지 않았다. 장장 27년의 UCLA 농구팀 감독 생활 동안 82.7퍼센트라는 경이로운 자유투 성공률을 기록한 선수는 그 외에는 없었다. 그 시즌에도 그는 총 94

개의 자유투 기회를 잡아 82개를 넣었다. 시즌이 시작되고 2주 동안 자유투를 12개 이상 놓친 선수들에 한해 지도에 들어가는 것을 원칙으로 삼았던 나로서는 자말 윌크스가 자기 방식대로 하도록 내버려둘 수밖에 없었다.

나는 선수들이 자기 방식대로 하도록 내버려두는 것이 가끔은 최선임을 깨닫기도 했다. 물론 그 방법이 좋은 결과를 보일 때만 그랬다. 그럴 때는 굳이 선수에게 바꾸라고 강요하지 않았다. 유능한 리더는 상황에 따라 예외를 인정할 줄 알아야 한다. 나는 나머지 팀원들의 행동에 악영향을 끼치지 않는 범위 안에서 다양성과 예외를 인정했다.

하지만 그 외에는 정확한 방법을 가르치고 반드시 따르도록 했다. 정확한 방법을 가르치는 일은 농구의 모든 기술에 적용됐다. 나는 패스, 피벗, 리바운드, 균형 잡기, 페이크, 페인트, 가드, 슛, 달리는 방식 등 모든 것의 기본기를 정확하게 익히고 세부 사항을 다듬을 때 기량이 향상하고 궁극적으로 성공할 수 있다는 것을 굳게 믿었다. 예를 들어 리바운드를 정확히 하는 데 필요한 세부 사항은 다음과 같다.

1. 모든 슛이 들어가지는 않는다. 따라서 리바운드 기회는 반드시 생긴다고 가정한다.
2. 양손을 머리 위가 아닌 어깨높이로 올린다.

많은 감독이 머리 위로 올리라고 가르친다. 하지만 그런 자세에서는 공이 백보드나 골대에 맞고 튀어나올 때 능동적으로 대처할 수 없다. 그래서 나는 선수들이 어떤 상황에도 능동적으로 대처할 수 있도록 가르친 것이다. 오랜 세월에 걸쳐서 이 방법이 매우 효과적이라는 사실을 확인했다.

모든 것은 서로 연결되어 있다. 각각의 세부사항 또한 다른 세부사항과 전체 중 일부로서 서로 연결되어 있다. 예를 들면 양말을 구김 없이 쫙 펴서 신으면 물집이 잡히지 않는다. 그렇게 해서 발이 아프지 않으면 주의력도 산만해지지 않는다. 그러면 리바운드, 자유투, 수비를 훨씬 더 잘할 수 있다. 신발 끈도 마찬가지다. 단단하게 묶으면 속공에 성공할 확률이 높아진다.

나는 모든 영역에 걸쳐 필요한 세부 사항을 찾아내고 완벽하게 만들고자 했다. UCLA 농구팀의 경기 방식과 내용에 관한 일정한 기준을 세우기 위해서였다. 내가 선수들에게 제시한 기본기 기준은 매우 엄격했다. 리더는 팀원들의 탄탄한 기본기를 토대로 해서만 매우 생산적이며 높은 경쟁력을 갖춘 팀을 만들 수 있다.

만약 당신의 조직에 자신만의 독특한 방식을 추구하면서도 탁월한 기량을 보이는 사람이 있다면 비도덕적이나 부정적인 영향을 끼치지 않는 한 내버려둬라. 또 스포츠 감독은 경기 스타일, 내용, 도덕성 면에서 자신만의 방식을 추구하는 재능있는 선수의 영입 여부를 놓고 그 위험성과 이익을 끊임없이 따져봐야 한다. 재능만 보다가 더 중요한 면들을 놓치기 쉽다.

만사에 완벽을 추구하라

나와 다른 분야에서 일하는 리더가 신경 써야 할 세부 사항은 당연히 다르다. 그렇지만 모든 리더는 각자 챙겨야 할 세부사항을 찾아내고 완벽하게 만들어야 할 책임이 있다. 만약 그 일을 소홀히 한다면 신뢰를 저버리는 행위다. 리더는 작은 것들에 끊임없이 관심을 기울여야 한다. 큰일을 이루는 데 재능이 필요하다. 하지만 재능 하나만으로는 충분하지 않기 때문이다. 아무리 재능 있는 선수라도 작은 것을 소홀히 하지 않고 제대로 해내야 하는 분위기 속에서 훈련을 받아야 한다. 그래야 팀의 성공에 이바지할 수 있다.

UCLA 농구팀 선수들이 완벽한 수준에 도달하지는 못했다. 그러나 우리는 조금이라도 완벽에 가까워지기 위해 끊임없이 노력했다. 그래야 완벽에 다가갈 기회가 생긴다고 믿었기 때문이다. UCLA 농구팀은 내가 감독으로 있을 당시 네 번의 '완벽한' 시즌(30승 무패)을 기록했다. 그렇지만 완벽한 경기를 했다고는 생각하지 않는다. 그러나 그렇다고 해서 모든 부분에서 완벽해지기 위한 노력을 멈춘 적은 없다. 그 노력은 '양말 똑바로 신기'부터 시작되었다.

기준을 높게 잡아라

UCLA 농구팀이 우승할 수 있었던 데는 대인방어, 속공, 키, 컨디션과 같은 '큰 것'이 아니라 수백 개의 '작은 것'을 완벽하게 하기 위한 노력이 있었기 때문이다. 리더는 팀 성공에 반드시 필요한 세부 사항을 일일이 확인하고 그것을 실행하는 데 필요한 높은 기준을 세운 다음 팀원에게 가르쳐야 한다. 리더가 '평균'을 어느 정도로 잡느냐에 따라 팀의 평균 수준이 결정된다. 일반적인 수준을 평균으로 잡는 리더도 있다. 하지만 그보다 훨씬 높은 수준을 평균으로 잡는 리더도 있다.

세부 사항을 하나하나 다루다 보면 게을러지기 쉽다. 무슨 일이든지 대충하게 된다. 이런 태도는 경쟁력을 깎고 성공을 가로막는다. 모든 일에서 항상 보통보다 높은 기준을 설정하고 달성하는 능력은 유능한 리더로서 당신의 가능성과 팀의 생산성을 결정한다. 작은 것이 성공을 결정짓는다는 진리를 깨닫는 것은 유능한 리더가 되는 데 필요한 가장 귀중한 자산을 얻는 것이다.

기본에 충실하라

성공은 가장 기초적인 것에서부터 시작된다. 나는 이에 대해 남들이 뭐라고 하든 전혀 신경 쓰지 않았다. 성공하기를 원하는가? '양말 신기'부터 제대로 가르쳐라.

세상에 애초부터 큰 것은 없다

큰 것 또한 무수히 작은 것의 합이기 때문이다. 비행기 날개의 리벳을 계속 뽑으면 어느 순간 날개가 떨어져 나가고 없을 것이다. 꼭 필요한 리벳이 무엇인지, 각각의 리벳에 어느 정도 주의를 기울일지 결정하는 일은 리더의 몫이다. 리더가 그 일을 제대로 해내면 조직은 어떤 폭풍우에도 굴하지 않고 바다를 헤쳐나갈 수 있다.

세부사항에 완벽을 추구하라

꾸준히 성공하기 위해서는 작은 것들에 끊임없이 관심을 기울여야 한다. 재능은 중요하다. 하지만 그것만으로는 충분하지 않다. 스포츠와 비즈니스 세계의 재능 있는 팀과 개인이 작은 것을 소홀히 해서 실패하는 일은 셀 수 없이 많다는 것을 기억하라.

엉성함은 다른 엉성함을 낳는다

나는 UCLA 농구팀 감독 시절 시즌마다 첫날 첫 시간에 선수들을 불러 모았다. 그리고 우리 팀은 모든 것을 100퍼센트 옳은 방법으로 해야 한다고 힘주어 말했다. 어떤 일을 하더라도 마찬가지다. 작은 일이라고 대충하는 순간 전체적인 질이 떨어진다. 근본적인 태도를 바꾸지 않는다면 이런 악순환은 계속될 것이다.

매일을 최고의 날로 만들어라

"좋은 결과를 얻고 싶다면 꼼꼼한 구상과 실천이 필요하다.
그렇게 하지 않는 리더는 운동장에서 뛰어노는 어린아이와 다르지 않다."

경쟁적인 환경에서는 '충분한 시간'이란 항상 없게 마련이다. 따라서 리더는 시간 관리의 대가가 되어야 하며 다른 사람들도 그렇게 하도록 가르쳐야 한다. 시간을 효율적으로 관리하는 능력은 조직의 생존과 경쟁력에 지대한 영향을 끼친다.

시간은 제대로만 활용하면 가장 강력한 자산이다. 하지만 많은 리더는 그렇게 생각하지 않는 듯하다. 대부분 시간 개념을 막연하게 생각하고 관리를 소홀히 하기 때문이다. 결국 시간은 연기처럼 날아가 버리고 아무것도 이루지 못한다.

생산적인 조직의 리더는 시간을 금처럼 생각하고 다룬다. 그들은 시간은 금이며 지나가 버리면 되찾을 수 없다는 사실을 잘 알고 있다. 훌륭한 리더는 시간을 소홀히 하면 아무것도 이루지 못한다는 사실을 잘 안다.

'매일을 최고의 날로 만들어라.'

아버지는 이 격언을 인용하면서 언제나 시간을 현명하게 쓰라고 가르치셨다. 내가 시간에 대해 중요하게 생각하게 된 것은 아버지 때문이다. 아버지는 내가 시간의 가치와 잠재력을 이해하기를 바라셨고 시간을 현명하게 쓰고 낭비하지 않기를 바라셨다. 물론 아버지가 말한 시간이 일할 때의 시간만을 뜻하지는 않았다. 아버지의 시간에는 인생의 하루하루를 살아가는 방법과 신이 주신 시간을 알차게 사용하는 방법이 들어 있었다. 나는 아버지의 조언을 내 직업을 포함한 삶의 모든 영역에 적용하기 위해 노력했다.

당신은 1분 1분에 존재하는 잠재력이 얼마나 큰지 온전히 이해할 때 비로소 시간을 매우 소중하게 다루기 시작한다. 나는 단 1분이라도 소중하게 여기는 유능한 리더들을 자주 봐왔다. 그들은 성공하는 데 효율적인 시간 활용이 무엇보다 중요하다는 것을 잘 알고 있었다. 성공의 열쇠는 효율적인 시간 활용이다.

나는 감독이자 리더로 생활하면서 시간을 점점 더 소중하게 생각하게 되었다. 더불어 시간을 다루는 기술도 점점 향상되었다. 감독 시절, 모든 면에서 완벽한 상태에 도달하는 것이 불가능하다는 것을 알았다. 하지만 연습 시간 1분 1분을 최대한 알차게 쓰기 위해 노력했다. 미팅 때마다 최선을 다하고 연습 때마다 완벽을 추구했다. 우리가 하는 모든 연습에는 항상 일종의 긴박감이 감돌았다. 성급히 굴거나 서두르지는 않았지만 언제나 치열함이 있었다.

준비에 실패하는 것은
실패를 준비하는 것이다

나는 모든 분야를 막론하고 연습이 경기를 결정한다고 확신한다. 감독직을 수행하고 선수들의 기량을 최대한으로 끌어내는 데 주어진 시간이 얼마나 부족한지 잘 알고 있었다. 그래서 나는 반드시 대책을 세워야 한다고 결심했다.

UCLA 농구팀의 연습 시간은 하루 2시간씩 일주일에 5번 정도였다. 정규 시즌은 총 21주이므로 훈련 목표(각각 2시간 분량씩 105일의 연습)를 달성하기 위해 주어진 시간은 총 210시간이라는 계산이 나왔다. 210시간을 분으로 환산하면 12,600분이었다. 12,600분이라는 시간은 세심한 주의를 기울이지 않으면 순식간에 휙 날아가 버릴 수도 있었다. 다행히 나는 지금까지 살아오면서 부주의하다는 말은 들어본 적이 없었다.

나는 그 12,600분을 이루는 1분 1분에 엄청난 중요성을 부여했다. 우리 팀의 실력과 경쟁력을 향상하고 상대 팀을 물리치는 데 필요한 지식을 가르칠 수 있는 소중한 시간이었기 때문이다. 또 더 나은 팀을 만들고 동료 사이에 유대감을 키울 수 있는 잠재력 또한 키울 수 있었다. 따라서 단 1분이라도 낭비하는 것은 크나큰 고통이었다. 그것은 마치 금화를 바닷물 속에 빠뜨려 버리고 못 찾는 고통과도 같았다.

따라서 당신이 가진 것을 지금 당장 100퍼센트 발휘하라. 내일 110퍼센트를 발휘한다고 해서 오늘 발휘하지 못한 것이 보충되지 않는다. 당신은 110퍼센트를 가지고 있지 않다. 당신에게는 100퍼센트밖에 없다. 내가 지금 당장 요구하는 것은 바로 그 100퍼센트다.

시간을 어떻게 안배하고 활용하는가가 중요하다

내가 켄터키 주에 있는 데이턴 고등학교에서 감독으로 첫발을 내디뎠던 그날부터 UCLA 농구팀 감독에서 물러날 때까지 전혀 바꾸지 않았던 극소수의 규칙 중 하나가 있다.

'시간을 지켜라, 절대 농담이 아니다.'

모든 선수는 물론이고 심지어 보조 코치들까지 이 규칙을 어기면 그에 걸맞은 처분을 받아야 했다. 나는 팀의 모든 구성원에게 시간을 1분이라도 낭비하지 말라고 가르쳤다. 그들은 그러한 내 기대를 만족하기 위해 순간순간마다 자신이 가진 모든 것을 팀을 위해 내놓아야 했다.

그들이 정해진 시간을 지키지 않는 것은 감독인 나와 동료는 물론이고 시간 자체에 대해서도 전혀 존중감이 없다는 것을 뜻했다.

2장 성공의 비밀 The Secrets of Success   123

나는 세상에서 가장 귀중한 자원인 시간을 그렇게 함부로 대하는 태도를 용납하지 않았다. 선수들에게 시간을 지키라고 요구했다. 시간을 어기는 선수는 경기에 출전시키지 않았다. 또 이런 내 처사에 대해 누구도 왈가왈부하지 못하도록 못을 박았다.

물론 나는 미국에 있는 모든 농구 감독 또한 나와 똑같은 시간을 부여받았다는 사실을 잘 알고 있었다. 어떻게 보면 그것은 100미터 달리기와 비슷했다. 모든 주자가 정확히 똑같은 거리를 달리는 상황에서 한 발 한 발은 매우 중요하다. 한 발이라도 잘못 딛는 순간 모든 것을 잃을 수 있기 때문이다.

리더가 자신과 경쟁자에게 주어진 시간이 똑같다는 사실을 인지하는 일은 매우 중요하다. 주어진 시간은 똑같다. 따라서 경쟁의 승패는 주어진 시간을 어느 누가 가장 잘 활용하는가, 누가 순간순간을 헛되이 보내지 않고 생산적으로 이용하는가에 따라 결정된다. 그 '누구'는 당신이 될 것인가? 아니면 경쟁자가 될 것인가? 당신이 일주일 내내 하루 24시간 일한다 하더라도 경쟁력이 없다. 경쟁자도 그렇게 할 수 있기 때문이다. 그러므로 승패를 결정하는 것은 주어진 시간을 얼마나 잘 활용하느냐에 달려 있다.

효과적인 시간 관리는 감독으로서 나의 핵심 자산 중 하나였다. 사실 시간 관리가 나의 최대 강점이기도 했다. 나는 최고의 결과를 얻기 위해 시간을 어떻게 활용해야 하는지 잘 이해하고 있었다. 또 시간을 완벽하게 활용하는 방법을 점차 익혀 나갔다.

비즈니스에서도 철저한 시간 관리는 매우 중요하다. 시간은 한정

되어 있지만 그 잠재력은 무한하다. 시간을 어떻게 안배하고 활용하느냐가 성공 수준을 결정한다. 이 사실을 잘 알고 있었던 위대한 미국 시인 칼 샌드버그는 이런 시를 썼다.

'시간은 당신 인생의 동전이다. 그것은 당신에게 있는 유일한 동전이며 당신만이 그 동전을 어디에 쓸지 결정할 수 있다.'

유능한 리더는 시간을 현명하게 사용한다.

일을 작게 세분화해서
효율적으로 운영하라

나는 대학시절에 연습 시간을 효율적으로 운영하는 기술을 터득했다. 내가 다닌 대학 농구팀의 워드 램버트 감독님은 각 연습 세션을 작은 단위로 세분해서 매우 효율적으로 운영했다.

감독님은 연습 시간에 거의 시속 112킬로미터에 가까운 속도로 달리는 듯했다. 선수들과 늘 함께 달리면서 지시 사항과 정보와 조언을 전달했다. 즉 어떤 가르침을 전하기 위해 연습을 중단한 적은 거의 없었다. 따로 조언이 필요한 선수가 있으면 그 선수만 잠깐 불러내곤 했다. 나머지 선수는 계속 연습하게 했다.

한마디로 단 1분도 헛되이 낭비하지 않았다. 연습 시간에는 모든 선수가 뭔가 생산적인 일을 하고 있었다. 그러므로 연습 시간 동안 가만히 서서 잡담하는 일은 있을 수 없었다. 우리가 코트 위를 종횡

무진 달리면서 내는 소리와 램버트 감독님이 코트 가장자리를 뛰어다니면서 이렇게 해라, 저렇게 해라 내지르는 소리만이 체육관에 울려 퍼졌다.

내가 노트르담 대학교 근처의 사우스벤드센트럴 고등학교에서 일할 때다. 나는 전설적인 미식축구팀 감독 프랭크 레히의 연습을 지켜볼 기회를 잡았다. 외부인에게 연습 장면을 공개하는 일은 좀처럼 없었는데 운 좋게 허락을 받았다. 그때 내가 받았던 인상은 그 또한 시간 관리의 대가라는 것이었다.

그도 사소한 일들에 세심한 주의를 기울였으며 워드 램버트 감독님처럼 단 1분 1초도 낭비하지 않았다. 두 분 모두 각자의 종목에서 성공한 팀을 키워낸 명장이다. 두 분의 성공 요인이 엄격하고 효율적인 시간관리 덕분이었음은 너무나 자명했다. 나는 두 분을 통해서 성공과 효율적 시간 관리의 직접적 연관성을 분명히 느낄 수 있었다.

나는 오랜 세월 동안 영어를 가르치면서 시간 관리 기술을 자연스럽게 개발했다. 짧은 수업 시간 내에 문법, 셰익스피어, 철자법, 시 등을 모두 가르쳐야 했기 때문이다. 많은 내용을 짧은 시간 안에 효과적으로 가르치기 위해서는 수업 계획을 꼼꼼하게 짜야 했다. 지금도 그때의 기억이 생생하다. 특히 『햄릿』을 어린 학생들에게 가르치면서 효과적인 시간 관리에 대해 많이 배웠다. 이 기술은 훗날 농구 코트에도 그대로 적용되었다. 나는 이런 기술에다 프랭크 레히와 워드 램버트 등 유능한 감독들의 주옥같은 아이디어와 스타

일을 접목하기 시작했다.

나는 시간을 효율적으로 활용하기 위해 하루하루 연습 일정을 자세하게 기록한 작은 카드를 쓰기 시작했다. 나는 어디를 가든지 그 카드를 들고 다녔다. 덕분에 UCLA에서 내 별명은 '3×5인치 맨'이었다. 카드에는 그날의 연습 내용이 분 단위로 자세하게 기록되어 있었다. 누가 또는 무엇이, 언제, 어디서, 무엇을 한다는 내용이었다 (예를 들면, "연습 중 특정한 시각에 코트의 어디에 농구공 몇 개가 있어야 한다." 같은 내용). 그리고 그날 연습이 끝나고 어느 정도 시간이 지나면 3×5인치 카드에 적힌 내용을 다른 노트에 옮겨 적은 뒤 카드를 버렸다.

사우스벤드센트럴 고등학교 시절에는 그런 카드나 공책을 가지고 있지 않았다. 하지만 농구 연습 시간을 운영하는 방식 자체는 UCLA 시절과 별반 다르지 않았다. 영어를 가르치던 시절에도 마찬가지였다. 그때도 분 단위로 빡빡하게 수업 계획을 짰다. 사실 앞서도 말했지만, 영어 수업을 위해 세밀한 계획을 짜던 경험은 훗날 농구 연습 계획을 치밀하게 짜는 데 기초가 되었다.

나는 시간을 효율적으로 사용하는 것을 매우 중요하게 생각한다. 바쁘고 요란하게 움직이는 것은 자기 자신조차 속일 수 있다. 움직일 때는 반드시 먼저 분명한 목적과 목표를 세우고 그것에 맞는 동선을 짜야 한다. 그렇지 않으면 학교 운동장에서 뛰어노는 아이들과 전혀 다를 바가 없다. 아이들은 운동장을 계속 뛰어다니며 엄청나게 많은 활동을 하지만 성과물은 거의 없다.

나는 오랜 세월 동안 다른 감독들의 연습 장면을 수백 번 넘게 지켜보았다. 몇 분만 보면 시간을 잘 활용하는지 아닌지 바로 알 수 있었다. 유능한 리더가 이끄는 조직에는 항상 팽팽한 긴장감이 감돈다. 느슨하거나 게으르거나 그저 가만히 서 있는 팀원은 한 명도 없다. 돛에 비유하자면 산들바람에 파닥이는 돛이 아니라 강한 바람에 팽팽하게 부풀어 오른 돛이라고 할 수 있다.

보조 코치들 또한 같은 내용이 적힌 3×5인치 카드를 들고 다녔다. 우리는 마치 팀의 미래가 그 카드에 달린 듯(실제로 그랬다) 카드에 적힌 세부적인 일정을 기를 쓰고 그대로 지켰다. 우리는 연습 시간마다 무엇을 해야 하고 또 정확히 언제 해야 하는지 잘 알고 있었다. 카드에 적힌 내용은 연습 시간에 거의 빠짐없이 실행되었다. 단 1분도 헛되이 낭비하지 않았다. 감독과 코치가 다음에 무엇을 할지 생각하는 동안 선수들이 마냥 기다리는, 이른바 '공백 시간'은 없었다.

나는 연습 시작을 알리는 호루라기를 불기 전에(더 정확히 말하자면 첫 번째 선수가 신발 끈을 묶기 몇 시간 전) 보조 코치들과 함께 그 시간에 도달해야 할 목표와 그 목표를 이룰 방법을 상세하게 논의했다. 노트에 적힌 세부적인 내용은 날마다 바뀌었다. 하지만 일단 그날 오후 연습 일정을 적어놓으면 잘 뻗은 철도 위를 달리는 기차처럼 일사천리로 일정이 진행되었다. 누군가 그때 선수들에게 연습 시간에 대해 묻는다면 아주 빠른 속도로 정확한 시각에 맞춰 달리는 기차 같았다고 말할 것이다.

나는 연습이 있는 날 아침이면 보조 코치들과 만나서 그날의 계획을 논의했다. 미팅 동안 외부의 방해나 간섭은 전혀 없었다. 우리의 논의를 방해할 만한 전화벨 소리, 메시지, 방문객 등은 완전히 차단했다. 그 시간 동안 우리는 전날의 연습 내용을 검토하고 그날 오후에 할 연습 내용에 관해 얘기했다. 우리는 120분이라는 연습 시간 내 가능한 한 많은 내용을 담으려고 노력했다.

매일 꼼꼼하게
기록하고 비교 점검하라

내가 어느 정도로 꼼꼼한 사람이었는지 궁금한가? 나는 날마다 있던 코치 미팅에 앞서 1년 전 같은 날의 노트 기록을 꼼꼼히 살펴보았다. 이따금 더 오래전의 노트를 살펴볼 때도 있었다. 노트를 들여다보면 시간을 낭비하지 않는 방법을 찾을 수 있었다. 마음만 먹으면 10년, 15년, 심지어는 25년 전의 노트를 뒤져보면서 당시의 연습 내용을 정확히 확인할 수 있었다.

내가 이렇게 노트를 꼼꼼하게 읽은 이유는 비교를 위해서였다. 나는 노트를 통해 작년도 팀이나 그 이전 팀 또는 특정 선수에게 어떤 훈련이 어떤 부분에 효과가 있었는지 파악했다. 보완하거나 없앨 필요가 있는 훈련이 뭔가 알아보기도 했다. 하루하루의 연습 내용과 각 경기의 통계 수치 그리고 각 시즌의 결과를 빠짐없이 기록한 나의 3×5인치 카드와 노트 덕분에 가능했던 일이다. 내 노트는 많은 내용을 포괄적으로 다루고 있었다. 이는 몇 년 전의 거래 내용까지 사람들에게 1페니도 빠뜨리지 않고 보여줄 수 있는 은행 장부와 크게 다르지 않았다.

나는 돈의 흐름을 빠짐없이 기록하는 은행원처럼 시간의 흐름을 분 단위로 자세히 기록했다. 만약 그 일을 처음부터 다시 되풀이해야 한다면 그때처럼 똑같이 할 것이다. 다만, 그때는 좀 더 실수를 줄여가면서.

내가 이처럼 연습 일정을 세밀하게 짰던 이유는 시간을 매우 소중히 여겼기(지금도 그렇게 여기기) 때문이다. 내가 리더로서 성공할 수 있었던 가장 근본적인 이유도 시간을 현명하게 사용하는 습관 때문이다. 경쟁 팀이 짧은 시간 동안 더 많은 일을 하는 이유를 궁금해하면서 팔짱만 끼고 있는 사람은 좋은 리더가 아니다.

리더는 체계적인 계획과 실행으로 시간을 '늘릴' 수 있다. 예를 들어 1시간은 60분 이상으로 늘어날 수 있다. 체계적인 리더는 체계적이지 않은 리더가 이틀 동안에 하는 일보다 더 많은 양의 일을 불과 두 시간 안에 해낸다. 처음에 별것 아닌 것처럼 보이는 작은 노력이 몇 주 또는 몇 달이 지난 뒤 큰 차이를 만든다. 나는 농구 기술을 가장 잘 아는 감독이 아니었다. 하지만 나는 시간을 존중하고 활용하는 데 있어서 최고의 감독이었다고 자부한다. 시간을 존중해라. 그러면 시간도 당신을 존중할 것이다.

88연승의 비밀

승패는 시작 1분에 달려 있다

시간 관리에 능한 리더는 다른 리더가 커피포트가 어디에 있는지 찾을 동안에 커피를 4잔이나 마실 수 있다. 당신이 스포츠팀을 지도하건, 중요한 비즈니스 프로젝트를 진행하건 간에, 처음 몇 분이 궁극적인 성공을 좌우한다. 단 1분도 헛되이 낭비해서는 안 된다는 것을 명심하라.

시간은 시계 이상의 그 무엇이다

시간을 부주의하게 관리하는 리더는 팀원도 그렇게 하게 한다. 시간은 시계 이상의 그 무엇이다. 리더는 규율과 팽팽한 긴장감이 시간에 대해 느슨한 태도를 압도하는 분위기를 만들고 촉진해야 한다.

현재의 일을 상세하게 기록하라

나는 한 해도 빠뜨리지 않고 기록한 연습 일정 노트에서 시즌 중의 일정 기간에 어떤 연습이 어떤 효과를 거두었는지 살펴보았다. 그것은 내가 팀을 계속 발전시키는 데 보탬이 되었다. 과거의 경험으로부터 교훈을 얻은 셈이다. 연습 일정을 기록한 노트는 나에게 시간을 낭비하지 않는 방법을 알려주었다. 현재의 일을 상세하게 기록하라. 그러면 나중에 팀을 개선할 방법을 찾는 데 도움이 될 것이다.

혼자서는
큰 일을 할 수 없다

"무리의 힘이 한 마리 늑대의 힘이고 그 늑대의 힘이 곧 무리의 힘이다."
-러디어드 키플링

"어떻게 이런 일이 있을 수 있지? 어떻게 NBA의 최고 스타들로 이루어진 미국의 드림팀이 아르헨티나, 리투아니아, 푸에르토리코에 질 수 있지?"

2004년 아테네올림픽에서 금메달을 따는 데 실패하자 사람들이 물었다. 일리 있는 물음이었다. 미국 농구팀은 전원이 NBA 리그에 속해 있었다. 그중에서도 최고의 실력을 갖춘 스타 선수들이었기 때문이다. 그러나 다른 외국팀에는 NBA에 들어갈 만한 실력을 갖춘 선수가 두어 명밖에 없었다. 그런데 어떻게 다른 나라가 미국을 이길 수 있었을까?

답은 간단하다. 미국은 최고의 선수들을 출전시켰고 다른 나라는 최고의 팀을 출전시켰기 때문이다. 그때 대표팀 감독을 맡았던 래리 브라운을 탓하려는 뜻은 없다. 그가 이끄는 디트로이트 피스톤즈는 2004년 NBA 결승전에서 LA 레이커스를 꺾었다. LA 레이커스에는 샤킬 오닐, 코비 브라이언트, 칼 말론 등 농구 역사에 길이 남을 슈퍼스타들이 잔뜩 포진해 있었는데 말이다. 반면 디트로이트 피스톤즈에는 슈퍼스타가 한 명도 없었다.

그런데도 그런 일이 벌어진 것은 래리 브라운 감독의 뛰어난 지도로 팀플레이가 강해졌기 때문이다. 디트로이트 피스톤즈에는 단 한 명의 슈퍼스타도 없었다. 하지만 그들은 슈퍼 팀이었다. 그러나 올림픽팀을 맡았을 때 래리 브라운 감독은 NBA 선수들에게 '우리'가 '나'보다 더 중요하다는 사실을 가르칠 시간이 거의 없었다. 그렇게 보면 동메달을 딴 것만으로도 매우 값진 수확이라고 할 수 있겠다.

오늘날 프로 농구는 팀플레이보다는 개인기를 강조한다. 360도 회전 덩크나 엄청난 속도로 코트를 가르는 드리블이 대표적인 예다. 그러나 이것은 사실 눈요깃거리에 지나지 않는다. 그런 묘기 실력은 효율적이고 생산적이며 성공적인 팀을 만드는 것과는 아무 상관이 없다. 나도 눈요깃거리를 별로 중요하게 생각하지 않았다. 하지만 대학 시절의 감독이었던 '뚱보' 램버트 감독님은 팬들에게 재미를 주는 팀의 감독은 적어도 한 가지 좋은 점은 있다고 말씀하셨다. 경기에서 자주 이기지 못해도 팬들의 응원 때문에 감독 자리를 오래 지킬 수 있다는 것이다. 그렇지만 눈요깃거리를 제공하는 것은 나에게 여전히 농구의 본질이 아니다.

'나'보다 '우리'를 먼저 생각하라

리더는 팀원들이 '우리'가 '나'보다 중요하다는 사실을 믿도록 하는 어려운 과제를 달성해야 한다. 나는 새로운 시즌이 시작되는 10월 15일이면 15명의 선수, 보조코치, 매니저, 트레이너 더키 드레이크와 한자리에 모여서 사진을 찍곤 했다.

그 사진에는 "모든 팀원은 평등하다."라는 내 철학이 잘 반영되어 있었다. 재능, 나이, 득점 수, 언론 보도, 인종, 종교를 막론하고 모두가 똑같은 크기의 자리를 차지했다. 어떤 사람도 사진을 보고서 올 아메리칸에 선정된 선수와 벤치멤버를 구분할 수 없었다. 감독인 나도 수건을 나눠주는 일을 맡은 학생 매니저보다 더 큰 자리를 차지하진 않았다.

그 사진은 우리 팀의 스타는 특정한 선수가 아니라 팀 전체라는 것을 분명히 보여주었다. 나는 사진사가 돌아가고 연습이 시작될 때 선수들이 그 점을 분명히 기억하기를 바랐다. 하지만 예나 지금이나 그런 바람을 이루는 것은 매우 어렵다.

다양한 에고(자신만만한 선수와 의기소침한 선수, 강한 선수와 약한 선수)를 관리하는 일은 리더가 해결해야 하는 큰 과제 중 하나다. 이것은 이기적인 개인의 무리를 넘어선 '진정한 팀'을 만들고자 할 때도 매우 중요한 과제다. 코트에서 뛴 시간과 관계없이 모두 똑같은 책임감을 갖도록 가르쳐야 한다. 우리 팀은 주전과 후보를 나누지 않는다. 우리는 모두 한 팀이다.

리더는 팀원이 '나'가 아닌 '우리'의 관점에서 생각하도록 지도해야 한다. 물론 그러기 위해서는 리더가 먼저 그런 관점으로 사고하는 습관을 지녀야 한다. 개인보다 팀의 이익을 먼저 생각하라고 가르치는 일은 매우 어렵다. 인간은 자신을 제일 중요하게 생각하고 주기보다는 받기를 원하며 나누어주기보다는 혼자 쥐고 있기를 원하는 것이 본성 아니던가.

농구경기에서 이기려면 재빠르게 효과적으로 공을 주고받아야 한다. 예를 들어 가드는 자신이 직접 득점하고 싶다는 욕구를 억누르고 동료에게 공을 넘겨줄 수 있어야 한다. 매번 그렇게 하는 선수가 있다면 그 선수는 '나'에서 '우리'로의 힘겹고 어려운 전환에 성공한 것이며 진정한 팀플레이어가 된 것이다. 그런 선수는 팀에 큰 이익을 가져다준다.

농구에서의 '공'은 비즈니스와 다른 조직에서의 지식, 경험, 정보, 인맥, 새로운 아이디어에 해당할 것이다. 오늘날처럼 극도로 경쟁적인 세계에서 성공을 거두려면 조직원들 간에 '공'의 교환이 자유롭고 활발하게 이루어져야 한다.

'나 우선'인 사람은 팀을 항상 두 번째로 생각한다. 그리고 팀의 이익보다는 개인의 이익을 먼저 생각한다. 다른 사람과 공을 나누기보다는 혼자 쥐고 있으려고 하는 것이다. 절대로 받아들일 수 없는 행동이다. 나 또한 이런 태도를 절대로 허락하지 않았다. 팀원에게 '팀이 우선'이라는 사고방식을 심어줄 필요가 있다. 그러기 위해서는 팀원에게 팀에 이바지하는 방법을 가르쳐줘야 하고, 팀의 성공이 자신의 성공과 직결되어 있음을 느끼게 해줘야 한다.

어느 조직에나 중요한 역할을 하는 사람이 있게 마련이다. 하지만 실제로는 각 개인이 팀 전체의 성공에 이바지하고 있어야 한다. 또 비서부터 고위 간부까지 모든 사람은 자신이 팀에 꼭 필요한 존재라고 스스로 느껴야 한다. 하지만 무엇보다도 중요한 것은 자신의 성과가 어떻게 팀의 이익과 생존에 영향을 끼치는지 정확히 이해하는 것이다. 그러면 팀원은 자신을 조직의 일원으로 느끼며 자신의 역할과 조직 간의 관계를 더욱 폭넓게 이해하게 된다.

골을 넣으려면
열 개의 손이 필요하다

우리는 '1인' 플레이어나 '스타' 선수를 원하지 않는다. 우리는 모든 포지션을 소화할 수 있는 다섯 명의 멀티플레이어로 이루어진 팀을 원한다. 각 선수는 득점은 물론이고 상대 팀보다 더 높이 뛰고 더 영리하게 경기를 풀어갈 줄 알아야 한다. 또 상황에 따라서는 상대 팀이 득점을 하지 못하게 막을 줄도 알아야 한다.

어떤 쇠사슬도 그것의 가장 약한 부분보다 강하지는 않다. 어떤 팀도 그 팀의 가장 약한 선수보다 강하지 않다. 박수갈채를 노리는 선수 한 명 때문에 최강의 팀이 한순간에 무너질 수도 있다. 우리는 '모두를 위한 하나' 그리고 '하나를 위한 모두'가 되어야 한다. 팀이 우선이고 개인은 두 번째다. 이기주의, 자만심, 질투, 시기가 우리 팀에 설 자리는 없다.

우리는 자만하지 않고 겸손하며 몽둥이를 두려워하지 않는 투사가 되어야 한다. 열심히 노력하며 공정한 경기를 한다. 그리고 이기기 위한 경기를 한다. '이기려는 의지가 강한 팀은 절대 지지 않는다'는 말을 늘 기억하면서 '승자는 중간에 포기하는 법이 없으며 중간에 포기하는 사람은 절대로 이길 수 없다'는 사실을 믿는다.

경기에 나가기 전에 '우리는 반드시 이긴다. 상대 팀보다 더 영리하게 경기를 풀어갈 수 있고 더 치열하게 싸울 수 있다'고 다짐한다. 상대 팀을 이길 수 있다는 자신감이 있다면 그 누구도 쉽게 이기지 못할 강한 팀이 될 수 있을 것이다. 상대 팀이 우리보다 더 빠르고 덩치가 크고 실력이 좋을 수도 있다. 하지만 팀 정신, 투지, 의지, 야망, 인격에는 그 어떤 팀에도 지면 안 된다.

헐거워진 나사 하나로
큰 사고가 난다

나는 선수들에게 한 사람 한 사람의 역할과 기여가 팀에 얼마나 중요한지 가르치기 위해서 자동차 레이싱 팀의 비유를 자주 사용했다. 예를 들면 이렇다. 레이싱 팀이 우승했을 때를 생각하면 마치 레이서 혼자 힘으로 우승한 것 같다. 레이서에게 모든 박수갈채가 쏟아지기 때문이다. 여기서 레이서는 자말 윌크스라든가 데이브 마이어스 혹은 빌 월턴과 같은 우리 팀의 최다 득점자에 해당한다.

그러나 사실 '덜 중요한' 역할을 하는 나머지 팀원이 없다면 레이서는 아무것도 할 수 없다. 어떤 사람은 자동차가 피트인pit-in 했을 때 기름을 넣는다. 다른 사람이 타이어의 볼트를 풀면 또 한 사람은 구멍 난 타이어를 재빨리 갈아 끼운다. 만약의 사태에 대비해 소화기를 들고 옆에 서 있는 사람도 있다. 이 모든 일이 한 치의 오차도 없이 이루어져야 한다. 하찮아 보이는 일들이지만 정확하고 신속하게 해내지 않으면 레이서의 목숨이 위험할 수 있다.

회사도 마찬가지다. 전화를 받는 말단직원의 태도에 회사의 성공이 달려 있다. 직원들이 자신의 일과 조직의 관련성 그리고 조직에 이바지하는 바에 대해서 제대로 이해하고 있는가? 그들에게 잠재고객과의 첫 대면이 얼마나 중요한지 가르쳤는가? 자신과 주변 상황과의 관계를 전혀 이해하지 못한 채 일하도록 내버려두지는 않았는가?

전화받는 일처럼 '덜 중요한' 일을 하는 사람들이라도 조직에 없어서는 안 될 중요한 존재다. 리더는 한 사람의 기여가 회사 전체에 얼마나 큰 도움이 되는지 분명히 가르쳐야 한다. 그렇지 않으면 그들은 자신을 중요한 존재로 느끼지 못한다. 그렇게 느끼는 사람은 일도 대충대충 할 가능성이 크다. 레이서는 나사 조이는 일을 하찮게 여기는 사람을 팀원으로 원하지 않는다. 목숨이 위험할 수 있기 때문이다.

각 팀원은 제각각 그럴 만한 이유가 있어서 그 자리에 있다. 팀의 성공에 어떤 식으로든 이바지하는 이유 말이다. 만약 그렇지 않다면 애초에 왜 그들이 팀에 소속되었겠는가? 벤치 맨 끝자리를 지키는 선수나 헐거워진 나사를 죄는 사람 모두 팀의 성공에 커다란 이바지를 할 수 있다. 비록 나사 하나에 지나지 않는다고 해도 헐거워진 나사 하나 때문에 큰 사고가 날 수 있다. 나는 선수들이 자신의 역할을 과소평가한 나머지 경기에 최선을 다하지 않아서 팀이 패하는 모습을 되도록 보고 싶지 않았다.

팀원에게 각자 맡은 역할이 정확히 어떻게 조직 전체의 이익과 성공에 이바지하는지 설명해줘야 한다. 많은 매니저와 감독은 직원이나 선수가 자기가 맡은 역할이 조직에 어떤 이바지를 하는지 당연히 알고 있을 것으로 생각한다. 하지만 그렇지 않은 경우가 더 많다. 리더는 덜 중요한 역할을 하는 사람들 또한 팀 성공에 이바지하고 있다는 사실을 느끼도록 힘써야 한다. 그들의 노력에 감사하고 어떻게 조직에 이바지하는지를 설명하라. 팀원의 사기와 기량이 놀라울 정도로 올라가고 팀워크 또한 놀랄 정도로 좋아질 것이다.

어시스턴트 없이
슈퍼스타도 없다

나는 덜 중요한 역할을 맡은 사람들이 자부심을 갖도록 많은 노력을 기울였다. 그 노력의 하나로 중요한 슛을 어시스트해 준 선수, 중요한 수비를 담당한 선수, 혹은 결정적인 순간에 자유투에 성공한 선수들에게 다가가 칭찬을 아끼지 않았다.

나는 그런 선수들에게 더 많은 관심을 기울였다. 그들은 자신의 실력뿐만 아니라 다른 동료 선수들의 실력을 향상하기 위해 열심히 노력했기 때문이다. 그들은 빌 월턴과 루이스 앨신더 주니어(카림 압둘 자바)와 같이 올 아메리칸에 선정된 선수들이 빛을 발하도록 언제나 도와주었고 팀의 성공에 크게 이바지했다. 그러나 기자들은 스타에 대해서만 알고 싶어 했다.

"우든 감독님, 오늘 밤 빌 월턴의 놀라운 활약에 대해서 어떻게 생각하십니까?"

그러면 나는 얼른 화제를 돌렸다. 나는 승리에 이바지한 다른 선수들의 활약에 관심의 초점이 맞춰지도록 이끌었다. 슈퍼스타는 이미 충분한 관심을, 그것도 지나치게 많은 관심을 받고 있다. 그 어떤 슈퍼스타나 최우수 직원도 혼자서 뭔가를 하지는 못한다. 빌 월턴이 성공한 슛은 '열 개의 손'의 도움 없이는 불가능했다. 그 외 후보 선수, 보조 코치, 트레이너, 매니저, 감독 손의 도움도 있었다. 더 과장해서 말하자면 농구에서 팀워크가 없다면 슬램덩크는 사라질 것이다. 마찬가지로 비즈니스에서 팀워크가 없는 기업은 몰락할지도 모른다.

UCLA 농구팀의 선수 전원은 모든 득점과 블로킹에 어떤 식으로든 이바지했다. 늘 성공한 것은 아니지만 나는 모든 선수에게 이 사실을 충분히 이해시키기 위해 노력했다. '열 개의 손'은 운동선수나 회사원이 배울 수 있는 가장 중요한 개념 혹은 원리 중 하나다. 그뿐만 아니라 리더인 내가 더 열심히 가르쳐야 할 개념이기도 했다. 이 개념은 팀플레이를 중요시하는 선수가 스타 선수보다 더 낫다는 나 자신의 확고한 신념에서 비롯되었다.

동료가 슈퍼스타가 될 수 있도록 도와준 사람은 중요한 존재다. 그들은 자신이 팀의 이익과 성공에 크게 이바지했다고 느낄 필요가 있다. 그렇지 않으면 시기, 질투, 험담, 퇴보를 피할 수 없을 것이다. 모든 팀원은 팀에서 자신의 역할과 기여에 대해 잘 이해하고 있어야 한다. 만약 팀원 중 팀에 아무런 기여도 하지 않는 사람이 있다면 반드시 다음 질문들을 스스로 던져봐야 한다.

팀에 아무런 기여도 하지 않는데 어떻게 조직에 남아 있는 걸까?
저런 사람이 남아 있으면 다른 팀원에게 어떤 영향을 끼칠까?
저 사람의 팀 기여도를 높이기 위해서는 어떻게 해야 할까?

다른 역할을 맡기거나, 현재 맡은 일을 조정하거나, 팀 기여도를 높일 수 있는 다른 근본적인 변화를 주면 어떨까?

저 사람을 우리 팀에서 퇴출해야 할까?

하지만 이런 질문을 받을 만한 사람은 극히 드물다. 그래서 나는 이름도 없이 열심히 일하는 대다수 사람의 노고를 연습시간이나 공적인 자리에서 인정해주려고 애썼다.

그런 선수들을 늘 인정해주고 스스로 가치 있는 존재로 느끼도록 한다는 방침을 도표로 만들기도 했다. 몇 년 전 한 기관에서 내가 연습시간에 팀원들에게 건넨 칭찬의 양을 측정했다. 그 결과 비교적 덜 중요한 역할을 맡았던 선수에게 한 칭찬, 지지, 인정의 빈도수가 소위 슈퍼스타에게 한 칭찬보다 월등히 많은 것으로 나타났다. 내 의도와 정확히 맞아떨어지는 것이었다.

한편 그 조사 결과를 본 몇몇 사람들은 오히려 나를 비난했다. 내가 많은 득점을 기록한 선수들의 팀 기여도, 영향, 노고를 무시한 것이 아니냐는 지적이었다. 그것은 사실이 아니었다. 나는 팀 기여도가 높은 뛰어난 선수들에 대해서는 다른 선수들이 보지 않는 곳에 따로 불러 엄청나게 많은 칭찬을 했던 것이다. 루이스 앨신더 주니어와 같이 뛰어난 선수가 무시당했다고 느끼는 건 있을 수 없는 일이다. 이미 넘칠 정도로 칭찬을 받고 있는 상황에 나까지 가세하면 오히려 부작용을 낳을 것으로 생각했을 뿐이다. 그런 때 따로 불러서 칭찬을 해주곤 했다.

물론 나에게 루이스 앨신더 주니어와 빌 월턴처럼 '팀 우선'의 철학을 믿는 선수가 있었던 것은 큰 행운이었다. 예를 들어 루이스 앨신더 주니어는 대학 농구 역사상 최다 득점자가 될 수도 있었다. 하지만 그는 팀을 위해서 개인의 영광을 기꺼이 희생했다. 빌 월턴도 마찬가지였다. 두 선수는 자신보다 팀에 관한 기사가 신문에 실리는 것을 더 중요하게 생각했다. 최고의 실적을 올리는 팀원이 이런 식으로 행동할 때 리더의 임무는 훨씬 쉬워지고 조직도 훨씬 강해진다. 반대로 자신의 이익을 팀보다 우선시하는 사람들이 많은 조직은 효율성과 생산성이 감소할 수밖에 없다.

최고의 성과를 거둔 사람을 굳이 공개적으로 칭찬할 필요는 없다. 그런 사람은 다른 사람이 없는 자리에서 칭찬하는 것이 더 좋다. 다른 사람의 시기와 질투를 피하면서 슈퍼스타에 걸맞은 칭찬을 해줄 수 있기 때문이다. 반대로 비교적 덜 중요한 역할을 맡은 사람은 공개적으로 칭찬하는 편이 더 효과가 크다.

때론 당근 대신 채찍질도 필요하다

재능 있는 선수에게 자기희생이 필요한 팀플레이의 중요성을 이해시키려면 약간의 채찍질도 필요하다. 예를 들어 나중에 올 아메리칸에 선정된 시드니 웍스와 같은 선수는 처음에 자신의 개인 기록에 지나치게 집중했다. 그 결과, 어떤 선수들과 한 팀이 되어도 그의 개인 기록은 올라가지만 다른 선수들의 기록은 내려가는 추세가 계속되었다. 그가 팀의 이익보다는 자신의 개인 기록에 더 초점을 맞췄기 때문이다. 그래서 나는 팀을 먼저 생각하는 선수가 되도록 자극을 주기 위해 선발 선수 명단에서 계속 제외했다.

시드니는 나의 철학을 이해하고 받아들이고 태도가 180도 달라졌다. 그는 UCLA 농구팀에 들어온 뒤 맞은 두 번째 시즌에 미국 대학 농구에서 최고의 포워드로 부상했다. '골 하나를 넣는 데 열 개의 손이 필요하다'는 내 철학을 받아들이는 훌륭한 팀플레이어가 된 것이다.

하나 더 덧붙이자면, 농구팀에 들어온 첫해에 시드니는 선발 선수가 되기를 갈망했다. 하지만 그는 선발 선수 명단에서 제외됐을 때 원망하지 않았다. 나는 어떤 결정을 내릴 때 인격 모독, 조롱, 적대감을 전혀 드러내지 않았으며 지극히 사무적이고 건조하게 결정 내용을 전달하려고 노력했기 때문이다. 그는 멋진 유머 감각을 지닌 선수였다. 그는 어떤 고달픈 상황에서도 유머 감각을 잃지 않았다. 그런 그가 하루는 포장지로 둘둘 싼 선물을 들고 내 앞에 나타났다. 그는 나에게 선물을 건네면서 이렇게 말했다.

"감독님, 사모님께 드리는 선물입니다. 아마 사모님께서는 이걸 거실에 걸어두고 싶어하실 겁니다."

나는 시드니의 따뜻한 마음에 감동했다. 그날 밤 저녁을 먹고 나서 아내와 함께 선물을 풀어보고 낄낄대지 않을 수 없었다. 그 안에는 당시 대표적인 반체제 문화 혁명가들의 대형 사진이 들어 있었다. 그는 비범한 선수였고 우리 모두와 마찬가지로 자신만의 개성이 있었다. 나는 그가 '나 우선'에서 '팀 우선'으로 사고를 전환하는 힘든 과정을 겪을 때 옆길로 새지 않고 좋은 열매를 맺을 수 있도록 도와준 일을 지금도 기쁘게 생각한다. 만약 내가 그때 가르치는 기술이 부족해 그와 같은 재능 있는 선수를 잃었다면 마음이 무척 아팠을 것이다. 어떤 분야에 속해 있든지 진정한 리더라면 가르치는 기술이 있어야 한다.

공을 나누고 팀 정신으로 뭉쳐라

'하나를 위한 모두, 모두를 위한 하나.'

그 구호는 나에게 빈말이 아니었다. 나는 '팀 우선'의 선수들로 구성된 최고의 팀을 만드는 일에만 마음을 쏟았다. 선수가 흑인인지, 백인인지, 정치적 성향과 종교가 무엇인지는 전혀 따지지 않았다.

나는 굳이 과학적 증거를 들지 않아도 러디어드 키플링이 『정글북』에서 말한 명언 '무리의 힘이 한 마리 늑대의 힘이고 그 늑대의 힘이 곧 무리의 힘이다.'라는 말이 옳다는 사실을 안다. 이것은 개인과 조직, 선수와 팀 간의 관계를 뜻한다. 농구에서 필드 골을 하나 넣으려면 많은 사람의 손이 필요하다. 각자가 자신의 역할을 다하지 않으면 어떤 슛도 블로킹할 수 없고 어떤 패스도 성공할 수 없다. 그러면 어떤 경기도 이길 수 없게 된다. 그러므로 누구라도 모두의 노력으로 얻은 공로를 혼자서 독차지할 수 없다.

나는 그런 이유로 과시나 현란한 몸동작 등의 개인주의를 철저히 배격했다. 관중의 시선을 받으려고 일부러 과장된 몸짓을 하는 것은 자기 자신을 비하할 뿐만 아니라 나머지 팀원의 노력까지 모독하는 행동이다. 골을 넣은 뒤에 주먹으로 자기 가슴을 치는 행위도 자기 스스로 덜 된 사람이라고 얘기하는 것이다. 나는 선수들에게 득점했을 때는 어시스트한 동료에게 고개를 끄덕이거나 엄지손가락을 들어 보이라고 주문했다. 그렇게 해야 다음에 또 골을 넣을 수 있다는 것을 이미 알고 있었기 때문이다.

나는 자신의 이익만을 위해 뛰는 개별 선수의 집합체가 아닌, 진정한 의미의 '한 팀'이라는 관점으로 생각하고 행동하라고 가르쳤다. 득점한 선수에게 어시스트를 한 동료의 공로를 인정하는 몸짓을 보여주라고 주장한 것은 어시스트한 선수에게 득점 과정에 자신도 이바지했다는 느낌을 강하게 갖게 하기 위해서였다.

어떤 조직에서든 공로를 나누는 것은 팀의 기량을 올리는 확실한 방법이다. 그렇게 하면 서로서로 돕기 시작하기 때문이다. 나는 우리 팀에도 그런 분위기를 만들려고 노력했다. 정기적으로 통계 수치를 점검하면서 모든 포지션이 공격에 골고루 참여할 방법을 모색하곤 했다.

한번은 과거 20시즌 동안의 통계수치를 들여다본 적이 있다. 나는 그것을 통해 UCLA 농구팀의 포지션별 득점 수를 파악할 수 있었다. 총 39,135득점 중에 가드가 올린 득점은 16,131점, 포워드는 15,355점, 센터는 7,649점이었다. 일반적으로 한 시즌 동안에 가드와 포워드는 경기당 거의 비슷한 수의 슛에 성공했다는 결론이 나왔다. 내가 목표한 바와 정확히 일치했다. 이럴 때 상대 팀이 한 선수만 집중적으로 방어하더라도 팀이 무력화되는 일은 벌어지지 않는다. 이처럼 균형 있는 득점을 보장하는 유일한 방법은 모든 선수를 득점 과정에 참여시키는 것이다. 리더가 선수들에게 '나 우선'이 아닌 '팀 우선'으로 생각하도록 가르칠 수 있을 때 가능한 일이다.

팀 전원이 팀의 이익을 최우선으로 생각하는 조직은 누구도 쉽게 넘보지 못한다. 나는 골 하나를 넣기 위해서는 열 개의 손이 필요하다는 사실을 팀 전원이 진정으로 믿을 때 어떤 기적이 일어날지를 잘 알고 있었다. 기적은 내가 UCLA 농구팀의 감독으로 일한 지 열여섯 번째 되던 시즌에 일어났다.

1964년 UCLA 농구팀은 학교 역사상 처음으로 NCAA 챔피언십 결승전에 올랐다. 결승전에 오르기까지 한 번도 진 적이 없다. 하지만 대부분 비평가는 우리의 우승 확률을 낮게 잡았고 승리를 비관했다. 듀크대학교 농구팀이 평균 신장이 더 크고 재능 있는 선수도 더 많은 것은 사실이다. 하지만 우리에게는 듀크에 없는 귀한 자산이 있었다.

몇 주에 걸쳐 출전한 팀들의 실력을 분석한 한 외국 감독도 그 점을 인정했다. 결승전이 있던 날 아침에 유고슬라비아에서 온 알렉산

더 니콜릭 감독은 UCLA 농구팀이 듀크대학교 농구팀을 물리칠 것이라고 기자들에게 말했다. 기자들은 무척 놀란 표정으로 물었다.

"왜죠?"

알렉산더 니콜릭 감독은 오른손을 들어 올린 후 다섯 손가락을 모두 폈다. 그리고는 다섯 손가락을 다시 오므려 주먹을 꼭 쥐면서 자신 있게 말했다.

"UCLA는 팀입니다! 하나로 똘똘 뭉친 '팀' 말입니다!"

그날 밤 결승전에서 듀크대학교를 맞아 열심히 싸운 UCLA 선수들은 그의 말대로 진정한 팀이었다. 골 하나를 넣기 위해서는 '열 개의 손'이 필요하다는 사실을 이해한 '진정한 팀' 말이다. 덕분에 우리는 전문가들을 놀라게 했고 UCLA 농구팀 역사상 처음으로 NCAA 챔피언십 우승을 차지했다.

우리 팀이 그때 거둔 성과는 다른 조직에도 똑같이 적용할 수 있다. 물론 그러기 위해서는 전제 조건이 필요하다. 리더는 선수들이 서로의 공로를 나누고 자신을 희생하는 진정한 팀 정신을 가지도록 해야 한다. 팀원이 자기 자신보다 팀을 먼저 생각하는 것이 자기 자신에게도 가장 이롭다는 사실을 믿을 때 최고의 결과는 자연히 뒤따라오게 된다.

88연승의 비밀

팀의 스타는 팀이다

리더는 '팀이 우선'이라는 메시지를 꾸준하고 끈질기게 전달해야 한다. 스타 선수는 다른 팀원의 도움 없이는 좋은 점수를 기록할 수 없다는 것을 확실히 이해해야 한다. 개별적으로 상이나 칭찬을 받는 것도 나쁘지는 않다. 하지만 그것이 절대로 팀의 빛을 가려서는 안 된다. 빌 월턴과 루이스 앨신더 주니어를 떠올려 보라. 그들은 매우 재능 있는 선수들이었지만 자신보다는 언제나 팀의 영광을 우선으로 생각했다.

모두 공유하라

리더는 팀원 누구라도 자료, 정보, 아이디어를 독점할 수 없다고 가르쳐야 한다. 비즈니스 분야에서도 마찬가지다. 직원들끼리 서로 아이디어를 공유하고 그것을 실천에 옮길 때 최고의 생산성을 기록할 수 있다.

눈에 띄지 않는 팀원을 독려하라

매우 중요한 역할을 하면서도 눈에 잘 띄지 않는 사람들이 있다. 이런 사람들은 어느 조직에나 있게 마련이다. 그들 대부분은 남이 보지 않는 곳에서 매우 열심히 한다. 비록 노력이 눈에 띄지 않지만, 그런 사람들 때문에 기차가 제시간에 달릴 수 있다. 그들은 충분히 칭찬받을 자격이 있는 사람들이다.

최고의 팀 플레이어를 찾아라

유능한 리더는 팀과 조직에 조화가 얼마나 중요한지 잘 안다. 가장 재능이 뛰어난 사람이 팀과 잘 어울리지 못하고 문제를 일으키는 일은 다반사다. 리더는 전체적인 조화에 관심을 기울여야 한다. 올 아메리칸에 선정된 시드니 윅스 같은 선수도 팀을 자신보다 중요하게 여기게 된 뒤에야 개인적인 성공을 거두었다는 사실을 명심하라.

당근이 채찍보다 강하다

"벌은 두려움을 불러일으킨다.
나는 팀원들에게 두려움이 아닌 자부심을 불어넣어 주고 싶었다."

어린 시절 나는 인디애나 주 센터턴 시에 있는 초등학교에 다녔다. 그 학교의 교장 선생님인 얼 워리너는 학생들에게 동기를 부여하기 위해 회초리를 사용했다. 학교를 둘러싼 울타리에서 나뭇가지를 꺾어 가시를 모두 없애 만든 회초리는 잘못을 저지른 학생에게 매우 강력한 동기부여 수단이었다.

어느 날 아침, 교가를 부르는 시간이었다. 나와 친구 네 명은 교장 선생님을 골려주기로 마음먹었다. 우리는 교가를 부르지 않고 입만 벙긋벙긋 했다. 교장 선생님은 우리의 장난을 금방 눈치채셨다. 웃음을 참지 못하고 낄낄거리는 바람에 들통이 난 것이다. 교장 선생님은 바로 교가를 중단하게 한 다음에 교탁으로 천천히 걸어가

회초리를 꺼냈다. 그리고 우리 다섯 명을 불러내 한 줄로 세우고는 한 명 한 명에게 조용히 물었다.

"노래를 부를 거니?"

나는 맨 끝에 서 있었다. 맨 앞에 서 있던 아이는 금방 기가 죽어서 교장 선생님께서 미처 질문을 끝내기도 전에 대답했다.

"네. 부를게요. 교장 선생님!"

두 번째 아이는 대답을 하지 않고 버티다가 뒤로 돌아서 엎드리라는 말을 들었다. 그러자 금세 굴복했다. 세 번째 아이는 끝까지 버티다가 매를 한 대 맞았다. 이제 내 차례였다.

"존, 너는 어떻게 할래? 노래를 부르겠니?"

교장 선생님께서 물으셨다.

"아니요."

다시 물으셨다.

"정말이야?"

나는 고개를 끄덕였다. 확신에 차 있었고 그래서 매를 맞았다.

"이제 노래를 부를 거니?"

또다시 물으셨지만, 나는 고개를 가로저으면서 대답했다.

"아니요!"

다시 매를 맞았는데 몹시 아팠다. 결심이 흔들렸지만, 반항적인 태도를 완전히 버리지 못하고 볼멘소리로 대답했다.

"노력해 보겠습니다."

또 매를 맞았다.

"알았어요, 알았어요, 노래를 부를게요. 교장 선생님!"

내가 소리치자 내 옆에 있던 아이도 이렇게 외쳤다.

"저도요, 교장 선생님. 노래를 부르고 싶습니다!"

교가를 그때만큼 힘차게 불렀던 적은 없었다. 우리 다섯 악동이 교실이 떠나가라 열정적으로 불렀던 교가는 지금도 귀에 생생하다.

위대한 경쟁력은 어떻게 만들어지는가

처벌이 효과적일 때도 있다. 하지만 한계가 있다. 리더가 처벌에 의지하는 것은 두려움이 아닌 자부심으로 동기부여하는 방법을 모르기 때문이다. 리더에게는 팀원이 팀을 위해 항상 최선을 다하도록 동기를 부여할 사명이 있다. 사명을 이룰 수 있는지, 만약 이룰 수 있다면 어디까지 이룰 수 있는지는 동기부여 기술에 달려 있다.

나는 잘 고른 당근이 채찍보다 더 강하고 오래간다는 결론에 항상 도달했다. 사실 당근은 그냥 들고 있는 것만으로도 가장 강력한 동기부여 수단인 동시에 벌이 될 수 있다. 당근을 거부하면 그것을 갖고 싶은 욕망과 갈등이 생겨난다. 그렇게 되면 당근은 채찍으로 변하는 것이다.

전통적인 '당근'에는 돈, 승진, 상, 고급 사무실, 알짜 직책 등이 있다. 당근의 형태는 매우 다양하며 반드시 물질적이거나 눈에 보일 필요는 없다. 그런 점에서 아마도 진심으로 존경하는 사람으로부터 받는 칭찬보다 더 나은 당근은 없을 듯하다. 존경하는 사람의 인정, 윙크, 등 두드리기는 가장 강하고 의미 있는 당근이다. 적어도 내 경험으로는 그렇다.

가장 중요한 것은 진심 어린 칭찬이다. 진심 어린 칭찬은 자부심을 불어넣어 준다. 반면 처벌은 두려움을 불러일으킨다. 나는 내 팀의 모든 구성원이 두려움이 아닌 자부심으로 가득한 팀이기를 원했다. 팀에 대한 자부심과 사명에 대한 헌신은 위대한 경쟁력의 근본이기 때문이다. 당근과 채찍을 적절하게 섞어서 활용한다면 팀에 대한 자부심과 헌신을 쉽게 불어넣을 수 있다.

선수들의 불만을 없애는 방법
1. 누구의 잘못인지는 중요하지 않다. 무엇이 잘못되었는지 파악하고 모든 관련 사실을 수집한다.
2. 침착하게 해결책을 모색하고 감정이 끼어들지 않도록 한다.
3. 선수 한 사람의 문제를 지적할 때는 따로 불러내서 말한다.
4. 문제를 지적하기 전이나 후에 반드시 칭찬하고 선수의 체면을 살려준다.
5. 건설적인 비판을 한다. 비판의 목적은 잘못을 바로잡도록 돕고 더 나아지게 하는 것이다.
6. 모든 선수를 존중하고 인격적으로 대한다.

리더는 팀원의 기량을
향상시켜야 한다

존경하는 사람의 칭찬이나 인정은 효과가 있다. 하지만 습관적이거나 지나친 칭찬은 효과가 떨어진다. 빈번하게 남발하는 근거 없는 칭찬은 진심 어린 칭찬의 가치를 떨어뜨린다. 아무런 생각 없이 칭찬을 남발하는 리더는 가장 강력한 동기부여 수단인 '격려(등 두드려주기)'를 희생하는 셈이다(물론 등을 두드려 줄 때마다 강도를 달리할 필요는 있다). 가식적인 칭찬은 아예 하지 마라.

예를 들어, 나는 "대단해!"라는 말을 하지 않았다. 대신에 "좋아, 아주 좋아. 점점 좋아지고 있어." 혹은 "바로 그거야. 이제 점점 목표에 다가가고 있군, 좋아."라고 말했다. 나는 정보 그 자체만큼 정보를 전달하는 방식도 중요함을 늘 명심했다. 나는 어조와 태도에 항상 신경을 썼고 진심 어린 말만 하려고 노력했다.

농구에서 당근은 경기에 나가게 하는 것이다. 반대로 가장 두려운 채찍은 벤치에 앉아 있게 하는 것이다. 비즈니스에서의 채찍은 여러 가지 형태가 있다. 승진에서 제외하거나 특권과 특혜를 주지 않는 행위가 대표적이다. 집단에서 몰아내는 것, 즉 '퇴출'은 최후에 쓰는 채찍인데 팀원의 정신을 번쩍 들게 할 수 있다. 하지만 자신이 채용한 사람을 퇴출하면 자칫 리더로서의 역량 부족을 인정하는 꼴이 될 수 있다. 그러므로 퇴출은 조심스럽게 결정해야 한다. 애초에 그 사람을 채용한 리더의 능력이 부족한 것은 아닌지, 일을 잘하도록 이끄는 능력이 모자란 것은 아닌지 의심을 살 수 있기 때문이다.

유능한 리더는 당근과 채찍을 적절하게 사용한다. 리더의 임무는 자기 밑에 있는 사람들의 잘못을 교정하고 돕고 기량을 향상하는 것이지 처벌이 아니다. 물론 독재자 스타일의 리더라도 높은 경지에 오를 수는 있다. 당근 없이 채찍만 쓰더라도 말이다. 하지만 위협, 처벌, 욕설로 두려움을 불러일으키는 방식은 자부심을 불어넣는 방식보다 효과가 훨씬 떨어진다. 누군가를 적대시하고 따돌리면서 동시에 그 사람에게 장기적으로 좋은 영향을 주기란 매우 어렵다. 그뿐만 아니라 일단 사람을 화나게 하고 적대감을 불러일으킨 경우, 다시 달래고 사태를 무마하는 데 많은 시간을 낭비하게 된다.

강한 권고와 명시하지 않은 처벌을 써라

나는 감독으로서 첫발을 내디뎠을 때 수많은 규율과 약간의 권고를 하고 있었다. 나는 그 규율을 인쇄해서 선수들에게 나눠주었고 어기면 반드시 처벌했다. 종종 가혹한 처벌을 하기도 했다. 그 시절 나는 매우 엄격한 감독이었다. 담배를 피우다 들키면 바로 쫓아냈다. 이유조차 묻지 않았다. 사우스벤드센트럴 고등학교에서 근무할 때는 담배를 피웠다는 이유로 팀에서 가장 뛰어난 선수를 내쫓기도 했다. 그 학생이 규율을 어겼기 때문이다. 그 시절 나는 그것이 가장 합리적인 선택이라고 생각했다.

하지만 나는 주변 상황과 내 행동의 결과를 전혀 생각하지 않았다. 농구부에서 쫓겨난 학생은 불만을 품고 얼마 뒤 학교를 자퇴했다. 게다가 그 학생은 그 때문에 대학 장학금마저 놓쳤다. 담배를 피웠다는 이유로 어린 학생이 대학 교육을 받을 기회까지 잃게 한 것은 분명히 잘못된 행동이었다.

결국 내가 내린 결론은 처벌 시기와 내용에 융통성이 필요하다는 것이었다. 그래서 '수많은 규율과 약간의 권고'에서 '약간의 규율과 수많은 권고'로 방향을 바꿨다. '구체적인 규율과 처벌' 대신에 '강한 권고와 명시하지 않은 처벌'로 대체했다. 그리하여 나는 훨씬 더 많은 재량권을 얻었고 잘못을 저지른 선수에게 훨씬 더 융통성 있게 대응할 수 있었다.

나는 선수가 어떤 행동에 어떤 처벌을 받는지를 정확히 알도록 했다. 그래야 그 행동을 했을 때 얻을 만족과 참았을 때의 보상을 비교할 수 있다. 하지만 만족이 보상보다 더 크다고 판단하면 모험을 감행할 여지도 있다. 하지만 어떤 행동에 대한 처벌을 미리 정해놓지 않으면 모험을 강행하는 것을 예방할 수 있다. 행동에 대한 만족과 참았을 때의 보상을 애초에 비교할 수 없기 때문이다.

엄격한 규율보다는 강한 권고를 선호하기를 당부한다. 리더는 서로 다른 개인과 상황을 다루는 데 융통성이 있어야 한다. 리더가 엄격한 규율 대신 권고와 가르침을 이용하면 팀원들과 훨씬 더 생산적인 관계를 맺을 수 있다.

나는 처벌 내용은 될 수 있는 대로 숨기는 것이 좋다고 생각한다. 여기에 그런 내 생각의 요점을 잘 보여주는 이야기가 있다. 어느 카우보이의 이야기다. 술집 앞에 카우보이가 나타났다. 카우보이는 바깥에 말을 매어 놓고 안으로 들어갔고 차가운 맥주를 주문해서 마셨다. 그런데 맥주를 마시고 나오니 아끼던 말이 사라지고 없었다. 카우보이는 술집 문을 다시 박차고 들어가 카운터를 주먹으로 내려치며 이렇게 고함쳤다.

"여기 있는 녀석 중 누군가 내 말을 훔쳐갔다. 지금 나는 맥주 한 잔을 더 주문해서 마실 것이다. 맥주를 다 마시고 밖으로 천천히 걸어나갈 때까지 말을 제자리에 매어놓아라. 그렇게 하지 않으면 얼마 전 내가 텍사스에서 한 방식 그대로 하겠다. 다시 한번 말한다. 텍사스에서 한 방식 그대로 하겠다."

카우보이는 맥주를 한 잔 더 마셨고 밖으로 천천히 걸어나갔다. 그러자 놀랍게도 그의 말이 제자리에 매여 있었다. 카우보이가 말에 올라타 길을 떠나려 하자 바텐더가 뛰어나와 물었다.

"이보시오 카우보이 양반, 좀 전에는 매우 인상적이었소. 궁금해서 그런데 텍사스에서 말을 잃어버렸을 때 한 행동이 대체 뭐요?"

카우보이가 바텐더를 내려다보며 말했다.

"집으로 걸어갔소."

밑에 있는 사람들은—술집에 있던 모든 카우보이처럼—알려진 내용보다 알려지지 않은 내용을 더 두려워한다. 나는 코치 기술이

2장 성공의 비밀 The Secrets of Success

더욱 숙련됨에 따라 강력한 권고를 하되 그것을 어길 때 가해지는 처벌 내용은 밝히지 않는 방법에 점점 더 의지하게 되었다.

UCLA 시절, 대학은 물론 온 나라에 히피 바람이 불었다. 나는 선수들에게 담배를 피우거나 술을 마시지 말라고 강조했다. 그리고 술을 마시고 팀의 명예를 더럽히면 모종의 조처를 하겠다고 경고했다. 하지만 구체적인 조처의 내용에 대해서는 밝히지 않았다. 나는 초임 감독 시절과 달리 여러 가능성을 열어두었다. 조처한 뒤의 결과를 생각하고 정상을 참작한 다음 결정하는 융통성이 필요하다.

어떤 선수가 문제를 일으켜서 야단을 쳐야 할 필요가 있을 때는 반드시 따로 불러서 야단을 쳤고 적대적인 감정은 싣지 않았다. 나는 엄한 감독이었다. 하지만 선수 개인을 모욕하고 경멸하고 비난하지 않았다. 물론 그렇게 하지 못할 때도 있었다. 일부러 어떤 효과를 노리고 감정을 드러낸 적도 있었다. 나 또한 실수하는, 어쩔 수 없는 인간이라 그런 적도 있었다.

비판할 때 상처 주지 않도록 주의하라

나는 선수에게 잘못에 대해 어떤 조처를 하고 나면 그것으로 끝을 냈다. 분노나 적대감 같은 감정의 찌꺼기, 다시 말해 뒤끝을 남기지 않고 바로 다음 일로 넘어갔다. 나는 그렇게 하려고 많은 노력을 기울였다.

　선수에게 창피를 주거나 모욕감을 주고 싶은 마음은 전혀 없었다. 비판이나 징벌의 목적은 잘못된 행동을 바로잡도록 가르쳐서 긍정적인 변화를 이끄는 것이다. 감정을 상하게 하거나 적대감, 분노, 증오심을 일으키지 않으면서 잘못된 행동을 바로잡으려면 대단한 기술이 필요하다. 그런 기술이 부족한 리더는 건설적인 비판을 하려다가 도리어 파괴적인 비판을 하고 만다. 한 명 또는 그 이상의 팀원이 마음에 상처를 입고 의욕이 떨어지면 팀 전체에 악영향을 끼치게 된다.

　따라서 비판을 할 때는 마음에 깊은 상처를 주지 않도록 해야 한다. 사람들이 보는 앞에서 모욕을 당할 때 특히 큰 상처를 받을 수 있으니 조심해야 한다. 물론 권고를 늘리고 규칙을 줄이는 방침은 바르게 살고자 하며 실제로 그렇게 사는 팀원들이 많을 때 가장 효과적이다.

　또 비판은 분위기가 좋을 때 해야 한다. 경기에서 이기거나 연습에서 좋은 플레이를 했을 때 말이다. 긍정적인 분위기 속에서는 비판을 열린 마음으로 받아들일 수 있다. 한편, 칭찬은 개인이나 단체가 어려움에 부닥쳐 주변 사람들의 강한 지지가 필요할 때 해야 가장 효과적이다.

　나는 가능하면 칭찬과 비판을 섞어서 하려고 노력했다. 대다수 사람은 자신에게 도움이 된다 하더라도 비판받는 것을 좋아하지 않는다. 하지만 비판에 칭찬을 끼워 넣으면 반발심이 줄어든다. 예를 들면 다음과 같다.

"아까 수비할 때 보인 공격적인 태도는 아주 좋았어, 골대로 돌진할 때도 그런 모습을 보여주면 좋겠다."

이런 식의 말은 진심으로 칭찬하면서도 문제점과 문제점을 고치는 방법을 알려줄 수 있다. 또 이런 말은 대개 생산적인 결과를 낳는다. 비즈니스 분야에서도 칭찬과 비판을 결합할 기회는 많다. 예를 들면 이렇게 표현할 수 있을 것이다.

"이번 분기는 판매 실적이 좋군요. 이 기세를 몰아서 연간 판매 실적 목표치를 달성할 수 있는 더 좋은 방법이 없겠습니까?"

"당신이 처음으로 고용한 사람을 6개월 만에 해고해야 했던 일은 매우 유감스럽게 생각합니다. 하지만 이번 일을 프로답게 아주 잘 처리했다는 점은 높이 사고 싶군요."

서로 비판하거나 조롱하지 마라

적은 우리를 무너뜨리기 위해 열심히 노력하고 있다. 따라서 우리끼리 서로 헐뜯고 상처를 입힌다면 적을 도와주는 꼴이 된다. 시즌 초마다 선수들을 불러놓고 리더 외에는 아무도 비판할 수 없다고 말했다. 선수끼리 서로 비판하거나 조롱하지 말라는 경고였다. 선수끼리 또는 직원끼리 서로 비판하는 것은 조직 전체에 매우 파괴적인 영향을 끼칠 수 있다. 나는 언제 어떻게 칭찬과 비판을 해야 피해를 최소화하면서 효과를 극대화할 수 있는지 장장 수십 년을 연구했다. 수십 년을 훈련해야 제대로 할 수 있는 일을 우연에 맡겨 둔다거나 선수들에게 허락할 수 없었다. 그래서 그런 행동은 절대 용납하지 않았다.

나는 선수 한두 명이 다른 선수를 비난하는 장면을 보면 일단 지켜보았다. 그리고 나중에 탈의실에 다 모였을 때 로마제국의 멸망에 대해 말해주었다. 로마제국은 외부의 공격이 아니라 내부 문제, 즉 내분, 중상모략, 유혈 사태로 붕괴했음을 알려주었다. 그리고는 다음과 같이 조언했다.

"똑같은 일이 우리에게도 일어날 수 있다. 팀원끼리 갈라진 팀은 절대로 성공할 수 없다."

그렇게 말했는데도 비난하는 선수가 있으면 따로 불러서 얘기했다. 선수끼리 서로 헐뜯는 행위를 용납하지 않았다. 하지만 자신이 득점하는 데 도움을 준 동료에게는 고개를 끄덕이든가 해서 인정하라고 가르쳤다. 아마 그런 것을 가르친 감독은 당시로써는 내가 최초일 것이다.

친구, 가족, 미디어 등 조직의 바깥에서도 칭찬과 비판을 할 수 있다. 그러나 나는 그런 칭찬과 비판이 주는 피해의 잠재력을 잘 알고 있었다. 그래서 선수들에게 되도록 그런 글이나 말을 무시하라고 말했다. 칭찬을 받으면 기분이 들뜨고 비판을 받으면 화가 나게 마련이다. 어느 쪽이든 무시해라. 그런 칭찬이나 비판이 여러분에게 영향을 끼치고, 결국 팀 전체에 해가 되게 마련이다.

나는 선수들이 보조 코치와 내가 하는 칭찬과 비판에만 귀를 기울여야 한다고 생각했다. 나머지 외부에서 오는 칭찬이나 비판은 되도록 한 귀로 듣고 한 귀로 흘리라고 요구했다. 조직 안에서 이루어지는 칭찬과 비판이 효과적이라는 것은 나의 어린 시절 경험 때문이다. 아버지는 나와 형제들이 잘못을 저지르면 가차 없이 매를 드는 사람이었다. 하지만 나는 매보다 아버지를 기쁘게 해드리고 싶은 욕구가 더 큰 동기부여가 됐다. 나는 매보다 아버지를 실망시켜드리는 것이 더 두려웠다.

훗날 나의 존경의 대상은 감독님들로 바뀌었다. 감독님의 칭찬은 나에게 금과 같았다. 아니 그보다 더 소중했다. 나는 시간이 흐르고 감독이 되었을 때 새로운 사실을 깨달았다. 선수들은 존경하는 감독의 칭찬을 받고 싶어한다는 것. 존경은 리더가 가질 수 있는 가장 강력한 도구다. 내 말은 선수들의 존경을 받을 때 엄청난 무게감이 실린다. 나는 그 사실을 알고서 그러한 존경심을 얻기 위해 열심히 노력했다. 덕분에 나의 인정과 칭찬은 가장 강력한 당근이 되었다.

88연승의 비밀

자부심이 최강의 팀을 만든다

유능한 리더는 이 사실을 바로 이해하고 있다. 벌칙과 처벌을 두려워하는 팀이 자부심이 가득한 팀을 이기기란 어렵다. 특히 장기간의 경쟁에서는 더욱 그렇다.

진심 어린 적절한 칭찬만 해라

진심이 담기지 않은 칭찬은 인격모독만큼이나 해롭다. 진심 어린 칭찬, 믿음이 담긴 칭찬만이 효력을 발휘한다. 그렇지 않은 칭찬은 오히려 역효과를 낳는다.

팀원들 간의 비판과 독설을 금하라

팀원을 비판하는 일은 오로지 리더의 몫이다. 비판의 목적은 잘못을 바로잡는 것이지 모욕을 주는 것이 아니다. 비판은 대단한 기술과 판단력이 요구되는 일이므로 반드시 능력 있는 관리자의 손에 맡겨야 한다.

처벌 내용을 미리 확정하지 마라

유능한 리더는 언제나 선택의 여지를 남겨둔다. 그래야 상황에 따라 융통성 있게 대처할 수 있기 때문이다. 단, 가장 중요한 규칙에 관해서는 처벌 내용을 분명하게 기술해두어야 한다. 또 벌칙은 누구라도 이해할 수 있을 만큼 보편타당해야 한다.

운명을 지배하라

"운명을 받아들임으로써 운명과 한 몸이 된다.
운명과 한 몸이 되어야만 운명이 당신을 지배하지 않고
바로 당신이 운명을 지배하게 될 것이다."

-루이저 린저

제2차 세계대전에 참전했을 때다. 그때 나는 U.S.S 프랭클린 호에 탑승해 출전하기로 되어 있었다. 하지만 출전을 며칠 앞두고 맹장염에 걸렸고 아이오와 시에 있는 응급실에 실려 가야 했다. 내가 거기에서 수술을 받고 회복하는 동안 U.S.S 프랭클린 호는 출항했다. 나를 대신해 배에 오른 사람은 사교클럽 멤버이자 퍼듀대학교 축구팀의 선수였던 프레디 스텔컵이었다.

그로부터 몇 주 후 전해 들은 소식은 충격적이었다. 정찰 중이던 U.S.S 프랭클린 호가 일본 가미카제 특공기의 공격을 받아 남태평양 어딘가에서 침몰했다는 것이다. 내가 맹장염에 걸리지 않았다면 타고 있었을 그 배는 특공기와 정면으로 충돌하여 산산이 부서졌다. 친구 또한 즉사했다고 한다.

우리는 이런 비극을 통해 운명에 대해 다시 생각하게 된다. 그때 운명의 여신은 나에게는 미소 지었지만 친구의 목숨은 앗아갔다. 내가 깨달은 것은 운명이란 너무나 자주 우리의 통제를 벗어난다는 점이다. 운명을 통제할 수는 없지만, 운명을 대하는 우리의 반응을 통제하기 위해 가능한 모든 것을 해야 한다.

운명에 어떻게 맞서는가는 매우 중요한 문제다. 우리가 하는 많은 일에 큰 영향을 끼치기 때문이다. 예측하거나 이해할 수 없는 일, 또는 원치 않았던 일들이 예고 없이 사람과 조직 사이에 들이닥칠 수 있다. 실제로 일어나는 현상이다. 이런 일은 비일비재하다.

우리는 예기치 못한 행운이 찾아왔을 때 너무나 당연한 듯 그 행운을 받아들이곤 한다. 하지만 반대로 어려운 일이 닥치면, 운명의 여신이 부당한 시련을 안겨준다고 불평하면서 금세 실망하거나 포기한다. 조지 모리아티는 이렇게 썼다.

> 우리가 계속 운명만 탓하고 있을 때
> 운명은 분명히 우리를 비웃으리라
> 우리가 승리할 수 없는 단 한 가지 이유는
> 운명이 과녁을 빗나갔기 때문이다

하지만 '과녁을 맞히지 못한' 것은 운명이 아니라 '아, 슬프다'고 되뇌면서 불행 앞에서 용기를 내지 않는 나약한 리더 자신이다.

'아, 슬프다'가 당신의 애창곡이 되지 않도록 하라. 그것은 약한 리더들이나 부르는 노래다.

셰익스피어는 자신의 작품에서 이런 진리를 잘 그려냈다. 아버지를 살해한 사람이 꾸민 결투에서 햄릿이 죽을 위기에 처했을 때다. 친구 호레이쇼는 햄릿에게 도망치거나 숨거나 대결을 피하라고 말했다. 그러나 그는 거절했다.

"참새 한 마리가 떨어지는 데도 신의 섭리가 있다네."

햄릿은 모든 일이 일어나는 데는 그만한 이유가 있다고 믿었다. 햄릿은 모든 일에 신의 인도와 보살핌이 있음을 깨닫고 용기와 능력을 발휘해 자신 앞에 놓여 있는 운명과 맞서기로 한다.

나 역시 그렇게 믿는다. 나는 운명(신의 섭리)이 내 인생에서 벌이는 어떤 일이라도 최대한 활용하라고 배웠다. 그러한 믿음은 내게 커다란 혜택을 주었고 남들을 이끄는 처지에서는 더욱 그랬다.

불행을 탓하지 말고 긍정하라

어린 시절 내 아버지는 오염된 백신 때문에 돼지와 농장을 잃었다. 하지만 아버지는 운명도 백신을 판 상인도 탓하지 않았다. 큰 불행이었지만 아버지는 굳건했고 불평하지 않았으며 낙관적인 태도를 유지하셨다.

아버지는 그 후 그토록 사랑하던 땅을 버리고 마틴스빌로 이사했다. 그리고 그곳 요양소에 취직해 가족을 부양했다. 아버지에게 어려운 결정이었을 것이다. 나는 아버지가 화내거나 비통함에 젖거나 불행 때문에 낙담하는 모습을 단 한 번도 본 적이 없다. 아버지는 운이 좋은 사람을 부러워하거나 자신을 다른 사람과 비교하지 않았다. 아버지는 현실을 그대로 받아들이고 그 상황을 최대한 활용했다. 그러한 모습은 내게 좋은 본보기가 되었다.

사람들은 감당할 수 없는 불행이 찾아왔을 때 실패를 운명의 탓으로 돌리고 체념한다. 하지만 유능한 리더는 다르다. 그는 운명을 탓하지 않고 낙담과 환멸과 패배주의를 단호하게 뿌리친다. 고난은 우리를 더 강하고 더 똑똑하고 더 나은 사람으로 만들어준다. 당신이 고생을 불운 탓으로 돌리면 더욱 약해지게 된다. 경쟁적인 세계에서 가장 가치 있는 것들은 대개 고난이라는 포장지로 싸여 있다. 훌륭한 리더는 이 점을 잘 이해하고 있다. 그들은 아논이 쓴 시가 전하는 메시지의 진실을 꿰뚫어볼 줄 안다.

> 뒤돌아보면
> 모든 불행과 고통은
> 그 고통이 끝났을 때
> 나를 전보다 더 강하게 만들어 놓았다

인생에 우여곡절이 생기는 것은 달갑지 않다. 그리고 우리는 모든 일을 다 통제할 수 없다. 그러나 어려웠던 시절의 나는 통제할 수 있는 일에 대해서만 걱정하라는 아버지의 말씀과 실제로 그것을 실천하신 모습을 통해 힘을 얻었다. 우리는 운명을 통제할 수 없다. 오직 운명에 대한 반응만 통제할 수 있을 뿐이다.

주어진 카드로 게임을 하여라

1946년 인디애나 주립교육대학의 감독으로서 대학 농구에 들어온 지 얼마 되지 않았을 때다. 운명은 내게 정말 잔혹한 장난을 쳤다. 그것도 몇 번씩이나. 두 번째 시즌 중에 UCLA와 미네소타 대학교 양쪽으로부터 감독 제안을 받았다. 그 당시 UCLA는 내게 아무런 의미도 없는 네 글자의 알파벳에 지나지 않았다. 하지만 미네소타는 빅 10 콘퍼런스에 포함된 대학이라 이야기가 전혀 달랐다. 나는 퍼듀대학교에서 농구를 했기에 빅 10에 애정을 가지고 있었다.

물론 더 실질적인 이유도 있었다. 나는 그쪽 고교 팀 감독을 많이 알고 있었고 아는 사람만 수백 명에 달했다. 그들은 내가 개발한 프로그램을 채택할 수 있었다. 이는 우수한 농구 프로그램을 개발하고 유지하려면 무시할 수 없는 중요한 매력이었다. 그것은 감독에게 엄청난 자산과도 같았다. 나는 그런 자산을 간절히 원했다.

가족 문제도 한몫했다. 아내와 아이들은 인디애나 주에서 멀리 떨어진 곳으로 이사하는 것을 싫어했다. 나 또한 그랬다. 우리는 겨울 날씨를 포함해서 중서부 지방의 모든 점을 사랑했다. 나는 여러 이유로 쌍둥이 도시(Twin Cities, 미네소타 주에 있는 두 도시 미니애폴리스와 세인트폴)로 가서 미네소타 대학교 농구팀의 감독으로 활동하고 싶었다.

그래도 내가 UCLA를 방문한 것은 퍼듀대학교 농구팀에서 함께 뛰었던 친구이자 UCLA 미식축구팀 감독인 더치 페링에 대한 호의 때문이다. 그와 지역 방송인인 밥 켈리가 나를 선정위원회에 추천했다. 위원회는 나를 초대했다. 하지만 나는 UCLA에 대해 그다지 좋은 첫인상을 가지지 못했다. 인디애나 주로 돌아오자마자 나는 아내에게 이렇게 말했다.

"미네소타 주로 가기로 했어."

하지만 그건 섣부른 판단이었다. 최종 결정은 운명의 여신에게 맡겨져 있었다. 나와 미네소타 대학교 농구팀 관계자들은 한 가지를 제외한 모든 조항에 합의했다. 내가 합의하지 않은 한 가지는 현재 감독인 데이브 맥밀런이 보조 코치로 팀에 남는 것이었다. 나는 싫었다. 맥밀런과 나, 두 사람 모두에게 불공평한 조치였기 때문이다. 사람마다 각자의 방식과 원칙이 있다. 나와 다른 플레이 방식과 지도 철학을 가지고 있는 사람의 의견을 사사건건 듣는 것은 무척 괴로운 일이다.

몇 주 동안 전화가 오고 간 후 미네소타 대학교는 다음 주 토요일에 최종 결정이 내려질 예정이라며 그날 오후 6시 정각에 전화로 결과를 알려주겠다고 했다. 결정을 기다리는 동안, 나는 UCLA에 전화해 내가 제안을 받아들일 가능성이 희박하다고 말했다. 나는 미네소타 대학교 사람들이 내 요청을 받아들이고 보조 코치를 내 손으로 임명할 수 있게 될 것이라고 기대했다. 하지만 예상치 못하게 일이 꼬였다. 나는 결국 UCLA에 전화를 걸어 그들의 제안을 받아들이고 농구팀 감독이 되겠다고 전해야 했다. 이런 일이 벌어지지 않기를 속으로 얼마나 바랐는지 모른다. 하지만 어쩔 수 없었다.

토요일 저녁, 나는 아내와 테레호트에 있는 우리 집 거실에 앉아 미네소타 대학교의 전화를 기다렸다. 하지만 6시가 지나고 30분을 넘겨도 전화가 오지 않았다. 점점 걱정되었다. 7시가 되자 드디어 전화벨이 울렸다. 우리는 안심했고 미네소타로부터의 전화이기를 기대했다. 하지만 불행하게도 캘리포니아에서 걸려온 전화였다. 전화를 건 사람은 UCLA의 운동부 담당자인 윌버 존스였다.

"우든 감독, 어떻게 결정하셨습니까?"

나는 애써 실망을 감춘 채 대답했다.

"미네소타에서 연락이 없네요. 아마 제 요청을 받아들이지 않을 모양입니다. 제의를 수락하겠습니다."

후에 안 사실이지만, 그날 미네소타 대학교는 오랜 토의 끝에 내 요청을 받아들였다. 보조 코치 임명권을 부여하기로 했으며 데이브 맥밀런에게 다른 자리를 소개해 주기로 했다고 한다. 하지만 그 사실을 전화로 내게 알리려고 했을 때 하필이면 전화가 불통이었던 것이다. 봄철까지 이어진 극심한 눈보라가 쌍둥이 도시의 전화선을 모두 망가뜨려 놓았던 것이다. 서비스가 복구되어 7시 30분에 다시 전화를 걸었을 때는 너무 늦어버렸다. 나는 이미 UCLA 농구팀의 감독이 되겠다고 말해버렸기 때문이다.

'윌버 존스에게 왜 그 말을 했을까?'

나는 몹시 후회했지만 한번 내뱉은 약속을 되돌릴 수는 없었다. 나는 자기가 한 말을 대수롭지 않게 여기는 사람은 인격에 문제가 있다고 생각했다. '거짓말하지 말고 속이지 말고 훔치지 마라. 엄살 부리지 말고 불평하지 말고 변명하지 마라'는 아버지의 조언 '하지 말아야 할 여섯 가지'를 기억해냈다.

나는 운명적인 눈보라가 캘리포니아 방향으로 움직여놓은 그날 저녁, 아버지의 충고를 따랐다. 만약 비슷한 상황에 부닥쳤다면 아버지도 똑같이 행동하셨을 것이다. 농장을 잃었을 때 그랬듯이 운명을 달게 받아들이고 친구로 삼으셨으리라.

리더로서 마음에 들지 않는 카드라 해도 운명이 자기에게 얼굴을 찌푸릴지라도 주어진 카드로 게임을 해야 한다. 몇 달 후 우리 가족은 캘리포니아로 이사했다. 나는 UCLA 농구팀의 새 감독으로 일하게 되었다. 이때 다시 한 번 운명이 끼어들어 행운을 불행으로 바꾸어놓았다.

UCLA 농구팀의 홈경기를 보러 온 관중이 남학생 체육관의 비좁은 3층에 밀려들기 시작했다. 그때 학교의 방화 책임자가 나타났다. 그는 당장 짐을 싸서 다른 데서 경기를 치르라고 말했다. 그 후 우리는 베니스 고등학교, 롱비치 시립강당, 롱비치 시립대학, 팬 퍼시픽 대강당, 산타모니카 시립대학 등을 전전했다. 심지어 LA에서 160킬로미터나 떨어진 베이커즈필드 전문대까지 가서 홈경기를 치른 적도 있다. 우리는 수년 동안 홈 코트의 이점을 누릴 수 없었다. 나는 이 불리함을 유리함으로 바꾸려고 운명(방화 책임자)이 부여한 상황에서 최선을 다했다. 나는 선수들에게 이렇게 말했다.

"장소를 옮겨 가면서 홈경기를 치르면 원정경기에 강해질 것이다. 다른 곳에서 시합할 때의 산만함과 혼란스러움에 익숙할 테니까."

사실 그랬다. 선수들은 운명을 친구로 만들었다. 사실 나는 UCLA에 도착했을 때 남학생 체육관은 곧 헐릴 것이며 널찍한 시설이 들어서리라고 확신했다. 하지만 17년이 지나고서야 비로소 그 꿈이 이루어졌다.

1965~1966년 시즌에 또다시 불행이 찾아왔다. 우리 팀은 전년도 우승팀으로서 방어전 연습을 하고 있었다. 나는 7개월 전 NCAA 챔피언십에서 우승을 차지한 팀보다 더 탄탄한 팀으로 한 해를 시작한다고 생각하고 있었다. 경험이 많고 재능이 뛰어난 선수들이 대거 복귀했기 때문이다. 하지만 재능과 경험은 운명보다 막강하지 않았다.

시즌이 시작하자마자 부상과 질병이 팀을 괴롭히기 시작했다. 에드거 레이시는 무릎뼈가 부러졌고 프레디 고스는 독감으로 고생했다. 케니 워싱턴은 사타구니를 다쳤는데 시간이 흐른 다음에도 완전히 회복하지 못했다. 고작 몇 주 동안 운명이 일으킨 재난은 지난 2년 동안의 재난을 뛰어넘는 것이었다.

우리 팀은 10승 4패라는 저조한 성적을 기록했고 챔피언 자리를 지키지 못했을 뿐만 아니라 지역 리그 타이틀까지 놓쳤다. 우리의 통제 범위를 넘어서는 많은 일이 우리를 힘겹게 했다. 그래도 나는 주어진 상황에서 최선을 다해야 한다고 생각했다. 지난 두 시즌 동안 운명이 우리 팀에게 미소를 지어줬다는 사실을 떠올렸다.

시련을 통해 더 강해질 수 있다

1967년에 NBA 사무국은 덩크를 반칙으로 규정했다. 선수들이 골대의 림에 매달리고 가끔 백보드를 부수는 사례를 막으려는 것이었다. 그러나 이 규정은 루이스 앨신더 주니어에게 큰 타격이었다. 그의 강력한 무기인 덩크가 사라졌기 때문이다. 그런 상황에 직면하면 누구나 불만을 품게 마련이다.

덩크가 사람들의 이목을 끌고 자신을 뽐내는 수단으로 전락했다는 사실 등 여러 이유로 나 또한 덩크를 반칙으로 지정하는 데 찬성했다. 하지만 루이스 앨신더 주니어는 이 규정이 자신을 표적으로 삼아 만들어진 것이 아닌가 생각했다. 나는 그에게 말했다.

"루이스, 자네는 다른 기술을 개발할 더 좋은 기회를 맞이했어. 자네는 더 좋은 선수가 될 거야. 걱정하지 말게. NBA에 갈 즈음에도 여전히 덩크 하는 법은 기억하고 있을 테니까."

내 말이 맞았다. 루이스는 NBA에서 가장 훌륭한 공격 무기로 손꼽힌 '스카이 훅'을 개발했다. 그는 부정적인 상황을 긍정적으로 바꿨고 불리함을 유리함으로 바꿨다(루이스 앨신더 주니어와 빌 월턴이 대학 농구를 떠나고 몇 년 후 덩크는 다시 허용되었다).

모든 일에는 반드시 이유가 있다

내가 겪었던 장애물과 실패를 언급한 것은 남보다 더 큰 고생을 했다거나 운명이 내게만 부당한 대우를 했다는 것을 말하기 위함이 아니다. 사실 그 반대다. 리더십은 어느 상황에서든 고난을 겪게 마련이다. 운명은 때때로 리더를 지목해 시련을 주는 것 같다. 리더가 그 자리를 지킬 수 있을 만큼 강인한지, 회복력이 있는지 알아내려는 것처럼 보이기도 한다.

나는 일찍부터 인생에서 일어나는 모든 일에는 반드시 어떤 이유가 있다고 믿어 왔다. 이런 신념 때문인지, 아버지의 본보기 때문인지, 또는 나 자신의 경험 때문인지 정확한 이유는 모르겠다. 하지만 나는 운명을 있는 그대로 받아들이고 그 상황을 최대한 활용하려고 노력하기 시작했다. 낙관과 의지로 무장하고 좋든 싫든 주어진 카드로 게임을 하며 나아갔다.

나는 그토록 바랐던 미네소타 대학교의 감독이 될 기회를 잃고 홈 경기장 하나 없이 이곳저곳을 전전하며 경기를 치렀고 챔피언십 우승을 바라보는 팀이 질병과 부상으로 무너지는 모습을 바라보았다.

감독과 리더는 날마다 이런 문제에 직면한다. 리더에게 월급은 그런 운명을 상대하는 대가다. 승리하는 사람은 운명을 똑바로 바라보면서 '환영한다'고 말한다. 불평, 불만, 변명하지 않고 나아간다. 운명 자체를 통제할 순 없다. 하지만 운명에 대한 우리의 반응은 통제할 수 있다. 리더가 운명에 어떻게 대처하는지를 보고 팀원도 똑같이 따라 하므로 리더의 반응은 절대적으로 중요하다.

리더인 당신이 고삐를 늦추거나 포기할 변명거리를 찾는다면 당신이 이끄는 팀도 똑같아진다. 힘든 상황일지라도 열정을 가지고 버티며 나아간다면 (좋은 사람을 골라 잘 가르쳤다면) 모두가 당신의 뒤를 따라 싸워나갈 것이다. '포기한다'와 '맞서 싸운다' 사이에서 팀을 위해 결정을 내릴 사람은 바로 리더인 당신이다.

나는 내가 통제할 수 없는 일들이 통제할 수 있는 일들에 영향을 끼치는 것을 극도로 경계했다. 나는 90년을 넘게 살았지만 아직도 운명을 통제할 수 없다. 당신도 마찬가지일 거라 확신한다.

당신의 능력을 최대한 발휘할 준비를 해라. 당신의 팀 또한 그렇게 하도록 가르쳐라. 자기 연민에만 빠지지 않는다면, 고난은 당신과 당신의 팀을 더욱 강하게 만들어줄 뿐이다. 이 점을 분명히 인식하고 운명 따위는 무시하라. 불운이나 실패 같은 경쟁적 상황에서 발생하는 예상치 못한 변화를 어떻게 다루느냐가 바로 챔피언과 나머지 선수들을 구분하는 핵심적인 차이다. 현실적인 낙관주의자가 되어라. 주어진 현실을 최대한 활용하는 사람에게 최선의 결과가 나온다. 명심해라.

항상 고난을 예상하라

리더와 조직은 다양한 시기에 다양한 방식으로 불운과 불행의 공격을 받는다. 유능한 리더는 이 사실을 잘 알고 있기에 공격을 받아도 흔들리지 않는다. 그들은 불행이 닥쳤을 때 낙담하지 않고 견뎌내면 같은 상황에서 쩔쩔매는 다른 리더와 구별된다는 사실을 잘 알고 있다. 그러므로 어려운 시기를 예상하고 이 시기를 통해 더욱 강해지려고 노력하라.

'아, 슬프다'를 애창곡으로 삼지 마라

리더는 자기 연민에 빠져서는 안 된다. 정확한 자기 평가와 팀 평가만이 성공의 열쇠다. 이는 불행을 탓하고 자기 연민에 빠져 있으면 불가능하다. 주어진 상황을 최대한 활용하라. 즉 주어진 카드로 게임을 하라.
"고난만한 교육은 없다."
월트 디즈니가 한 말이다. 교육을 받으려면 고난이 당신을 이기지 않고 도리어 당신이 고난을 이겨낼 만큼 강인해져야 한다.

실패를 운명 탓으로 돌리지 마라

당신은 비틀거리고 넘어지고 잘못하고 실수할 수 있다. 하지만 운명이나 남의 탓을 하기 전까지는 실패자가 아니다. 부정적인 일 이면에는 언제나 긍정적인 면이 있다는 사실을 믿어라. 대부분의 일은 이해는 할 수 없지만 다 그럴 만한 이유가 있어서 일어난다. "참새 한 마리가 떨어지는 데도 신의 섭리가 있다"는 말을 기억하라.

3장
성공을 넘어서
Beyond Success

리더는 교사와 같다

"말이나 글만으로는 팀원들이 최고의 팀을 이룰 수 있도록 가르칠 수 없다."

사람들은 명함에 적힌 직함을 보고 당신이 어떤 일을 하는지 파악한다. 그러나 직함에 홀려서는 안 된다. 직함을 알리기 위해 명함을 건네지 마라. 명함의 원래 목적은 당신이 어떤 전문적인 일을 하는지 누군가에게 알려주는 것이다.

대부분 사람은 나를 우든 '감독'으로 알고 있다. 하지만 감독이 내 첫 번째 장래희망은 아니었다. 어릴 때부터 나의 장래희망은 다른 사람을 가르치는 것이었다. 또 그런 일을 나의 첫 번째 직업으로 삼고 싶다고 생각했다. 나는 교사가 되고 싶었다.

리더는 무엇보다도 훌륭한 교사가 되어야 한다고 믿는다. 리더는 말하자면 교육에 몸담은 사람이다. 교실에서든 농구 코트에서든 내가 하는 일은 항상 같았다. 사람들에게 어떻게 하면 자신의 최고 능력을 발휘해서 팀의 목표 달성에 이바지하게 할 것인가를 가르치는 일이었다. 어떤 조직의 리더라도 나와 같은 일을 한다고 생각한다.

스포츠 분야의 노련한 리더들이 각자 가지고 있는 해당 종목에 대한 기술적 지식은 서로 큰 차이가 없다. 게다가 그들은 기본적으로 같은 내용의 정보를 평가하고 하나의 인재 집단에서 선수를 뽑는다. 재정적 어려움에 시달리는 것도 비슷하다. 항상 그런 것은 아니지만 대개 그렇다. 따라서 리더의 경쟁력을 결정하는 것은 이기는 데 필요한 것들을 효과적으로 가르치는 능력이다.

지금 리더이거나 리더를 꿈꾼다면 직업이 무엇이냐는 질문에 앞으로는 '교사'라고 대답하라. 명함에도 그 말을 인쇄해서 항상 가지고 다니고 마음에 새겨라. 그러나 교사라고 스스로 말하는 것만으로는 부족하다. 가르치는 방법도 잘 알아야 한다.

1933년에 나는 아내와 함께 켄터키 주로 갔다. 영어교사와 농구 감독 일을 하게 되었기 때문이다. 나는 자신감이 넘쳤다. 특히 농구를 가르치는 일에 대해서는 더 그랬다. 나는 NCAA 챔피언십 우승을 차지한 퍼듀대학교 농구팀 수비수였고 심사위원 모두의 지지를 받아 세 번이나 올 아메리칸에 뽑힌 선수였기 때문이다. 대학교 3학년 때는 주장을 맡기도 했다. 마틴스빌 고등학교에 다닐 때는 고등학교 농구 토너먼트 결승전에 세 번이나 잇달아 출전했으며 1927년에는 우승을 했다. 프로팀인 보스턴 셀틱스가 나를 뽑기 위해 5,000달러를 제시했을 정도였다. 나는 인정받는 선수였다.

나는 선수로서 그런 경험과 노하우 때문에 농구를 아주 잘 알고 있다고 생각했다. 실제로도 그랬다. 하지만 불행하게도 농구를 가르치는 방법에 대해서는 전혀 몰랐다.

감독은 자신이 교사임을 반드시 기억해야 한다. 감독은 연습장에 와야 하고(출석), 봐야 하고(분석), 어려움을 극복해야 한다(교정). 또 감독은 끊임없이 자기계발을 해야 한다. 그래야만 선수들을 더 나아가게 할 수 있고 도움이 되는 모든 사람과 지식을 기꺼이 받아들일 수 있다. 다른 사람도 생각할 줄 안다는 것을 명심해야 한다.

나는 데이턴 고등학교 농구팀의 감독으로서 처음 경기에 출전한 날을 아직도 생생히 기억한다. 나는 가르치는 법을 몰랐지만 '모른다는' 사실조차 전혀 깨닫지 못하고 있었다. 가르치는 법을 모르는 리더는 팀을 제대로 이끌지 못한다. 결국 우리 팀은 좋은 성적을 거두지 못했다. 나는 농구에 관한 수많은 경험, 수상 경력, 지식이 있었지만 첫 시즌에서 쓴잔을 마셔야 했다.

사실 우리 팀을 물리친 상대 팀 중 하나는 바로 내 모교인 마틴스빌 고등학교였다. 그 팀의 리더는 나를 가르쳤던 글렌 커티스 감독이었다. 그분과 나의 농구지식에 대한 차이는 없었다고 생각한다. 하지만 농구를 가르치는 방법에는 많은 차이가 있었다. 그때의 나처럼 지식은 풍부하지만 가르치는 법을 모르는 리더 때문에 패배한 팀은 헤아릴 수도 없이 많다. 농구뿐만 아니라 비즈니스 조직을 비롯한 다른 어떤 조직에서도 마찬가지다.

물론 지식은 절대적으로 중요하다. 그래서 나는 성공 피라미드의 중간에 '기술'이라는 이름으로 지식을 끼워 넣었다. 하지만 그것만으로는 부족하다. 리더는 자신이 알고 있는 지식을 팀원에게 효과적으로 전달할 줄 알아야 한다. 단순히 기초적인 사실을 전달하는 데 그쳐서는 안 된다. 리더 자신의 기준, 가치관, 이상, 믿음, 업무 처리 방식 또한 함께 전달해야 한다.

무엇보다도 리더는 진정한 팀은 같은 리더 아래에서 일하는 개인의 집합 이상의 그 무엇이라는 점을 팀원에게 이해시켜야 한다. 이를 위해서 리더는 효과적으로 가르치는 방법을 알고 있어야 한다.

내가 감독으로 있는 동안 UCLA 농구팀이 성공을 구가할 수 있었던 단 하나의 이유는 효과적으로 가르치는 방법을 잘 터득했기 때문이다. 지식만으로는 충분하지 않다. 효과적인 가르침은 효과적인 리더십의 기본이다. 그것은 성공적인 팀을 만들고 유지하는 비결이다. 내가 아는 한 위대한 팀의 리더는 반드시 위대한 교사였다.

고리가 많은 모자를 써라

농구에 대한 지식과 경험은 나를 오히려 방해했다. 나는 선수 시절에 뭐든지 빨리 배우는 편이었다. 감독이 어떻게 말하더라도 실수 없이 멋지게 곧바로 해낼 수 있었다. 그때는 모든 게 너무 쉬웠다. 그래서 나는 가르치고 배우기가 아주 쉽다고 생각했던 것 같다. 선수 시절의 나처럼 학생에게 이렇게 또는 저렇게 하라고 말하면 '그 학생도 금방 따라 하겠지.'라고 생각한 것이다. 하지만 그것은 내 착각이었다.

리더는 그저 무엇을 하라고 '말하는' 것만으로는 제대로 팀을 이끌어 나가기 어렵다. '무엇'을 하라고 지시하기에 앞서 '어떻게' 하는지를 가르쳐줘야만 한다. 그런데 이 과정에는 인내심이 필요하다. 특정한 과제를 수행할 때는 물론이고 리더의 철학, 가치관, 행동 규범을 익힐 때도 어떤 식으로 해야 하는지 가르쳐줘야 한다. 그렇게 하려면 가르치는 방법을 잘 알아야 한다.

나는 감독 시절 초기에 꽤 성격이 급했다. 인내심이 얼마나 중요한지를 전혀 몰랐다. 그 탓에 선수들의 더딘 학습 곡선에 질렸고 금세 좌절하곤 했다. 사실 그때 나는 '학습 곡선'이란 것이 있다는 것조차 몰랐다. 결국 무조건 밀어붙이고 고함치는 것이 유일한 교수법이었다. 그 방법이 먹히지 않자 선수들의 문제점, 더딘 발전, 무능함을 불평하기 시작했다.

하지만 문제는 선수들이 아니라 나에게 있었다. 내 급한 성격이 좋은 수업을 방해한 것이다. 나는 밝히기조차 부끄럽지만, 데이턴 고등학교의 미식축구부를 가르치기 시작한 지 2주째에 접어들었을 무렵 선수 한 명과 한바탕 싸움을 벌였다. 가르치는 실력과 인내심 모두 턱없이 모자랐기 때문에 생긴 일이었다. 나는 설명, 시범, 모방, 필요할 때 교정, 반복이라는 학습의 법칙을 신뢰한다. 가르침의 법칙도 물론 학습 법칙과 똑같다. 둘 다 시간이 걸리는 법칙으로 엄청난 인내심이 필요하다.

리더가 가르쳐주는 것을 유독 빠르게 배우는 팀원이 있다. 하지만 그렇지 못한 팀원도 반드시 있게 마련이다. 좋은 가르침과 효과적인 리더십에 인내심이 꼭 필요한 요소라는 사실을 이해했다. 그러자 그 뒤로는 선수들의 학습 속도가 저마다 달라도 그것을 편하게 수용할 수 있었고 차이까지 조정할 수 있게 되었다. 나는 좋은 일에는 시간이 걸린다는 것을 겨우 이해하게 됐다.

리더는 인내심을 가져야 하며 앞으로도 더 많은 실수가 나올 것을 예상하고 있어야 한다. 하지만 늘 실수를 최소화하기 위해 반복 학습을 시켜야 한다. 열심히 뛰면서 속공을 펼치는 팀은 더 많은 슛을 시도하기 때문에 종종 상대 팀보다 더 많은 실수를 범한다. 하지만 더 많은 것을 얻게 된다.

유능한 교사에게는 고리가 많은 모자걸이가 필요하다. 감독 생활을 오래 하다 보니 여러 종류의 모자를 쓰는 데도 익숙해졌다. 교사의 모자는 물론이고 그 외에 훈련, 시범 조교, 카운슬러, 롤모델, 심리학자, 동기부여자, 시간 기록원, 실력관리 전문가, 인재 감식가, 심판 등의 모자도 쓰게 된 것이다.

처음으로 UCLA에 왔을 때는 체육관 청소부 모자를 쓰기도 했다. 내가 통의 따뜻한 물을 손에 묻힌 다음 코트에 뿌리면 보조 코치인 에디 파월이 내 뒤를 따라오면서 대걸레로 바닥을 닦았다. 마치 농장에 있는 닭에게 모이를 주는 것 같은 모양새였다. 하지만 체육관 청소부는 내가 썼던 수많은 모자 중 하나에 지나지 않았다.

좋은 리더는 언제 어떻게 다른 사람에게 권한을 위임하는지도 알아야 한다. 하지만 동시에 스스로 많은 역할을 떠맡을 줄도, 즉 많은 모자를 쓸 줄도 알아야 한다. 내가 쓰지 않았던 모자는 딱 하나, 바로 선수의 모자였다. 나는 40여 년 감독 인생에서 한 번도 슛을 하거나 상대 팀 선수의 슛을 막아본 적이 없다. 내 일은 선수들에게 슛하거나 막는 방법을 가르치는 것이기 때문이다.

당신이 스포츠나 비즈니스 또는 다른 어떤 분야에 종사하든 높은 득점(좋은 실적)을 목표로 한다. 따라서 리더로서 당신은 높은 득점을 올리는 방법을 팀원에게 가르칠 책임이 있다. 그 과정에서 당신은 많은 모자를 쓰게 될 것이다. 그 모자는 모두 당신에게 딱 맞아야 한다. 불행히도 감독을 막 시작할 때의 나에게는 호루라기와 모자가 각 하나씩밖에 없었다. 호루라기는 하나로도 충분하지만 모자는 하나로는 모자란다.

말보다 시범이 더 강력하다

스포츠에서 시범은 이른바 학습의 다섯 가지 법칙인 설명, 시범, 모방, 교정, 반복 중 두 번째에 해당한다. 말로만 설명하는 것보다 시범을 통해 리더가 직접 행동으로 보여주는 것이 더 효과적이다. 말보다 시범이 더 강력하기 때문이다. 어떤 분야에도 두루 통한다. 리더라면 말보다는 직접 행동으로 보여줘라.

팀원을 가장 효과적으로 가르치는 방법은 리더 자신의 행동, 즉

'시범'을 보여주는 것이다. 다른 사람에게 예의를 갖추는 것이든, 지각하지 않는 것이든, 자유투를 하는 것이든, 자제력이든 간에 모두 마찬가지다. 행동이 말보다 더 큰 목소리를 낸다. 내가 오랫동안 외우고 다닌 짤막한 시를 한 편 소개한다. 살짝 바꾸기는 했지만, 의미는 그대로다.

<blockquote>
어떤 문서로도 어떤 말로도
팀원에게 당신의 가르침을 전달할 수 없다네.
세상의 그 어떤 곳의 그 어떤 책도 그렇게 할 수 없다네.
그렇게 할 수 있는 건 오직 리더 자신뿐이라네
</blockquote>

나는 사우스벤드센트럴 고등학교에서 농구를 가르칠 때 담배를 피웠다. 하지만 농구 시즌 동안에는 절대로 피우지 않았다. 선수들에게 좋은 본을 보이기 위해서였다. 그러나 시즌이 아닐 때 담배를 피우는 것 또한 선수들에게 나쁜 본을 보이는 것임을 곧 깨달았다. 행동이 말보다 훨씬 더 영향력이 크다는 사실을 뒤늦게 안 것이다.

나는 주로 시범을 보임으로써 선수들에게 성공 피라미드를 가르쳤다. 물론 시즌 초에 피라미드를 그린 인쇄물을 나눠주고 토론을 하기도 했다. 하지만 팀원이 리더이자 감독인 나의 행동에서 직접 성공 피라미드의 증거를 보지 못한다면 소용이 없었기 때문이다.

성공 피라미드의 법칙대로 살아가기에 대해 아무리 많은 설명을 한다 해도 학습의 제2법칙인 '시범' 없이는 아무런 소용이 없었다.

리더가 직접 시범을 보여주는 것이 가장 강력한 리더십 도구다. 그러므로 그 도구를 잘 활용하라. 그들이 바라는 모습을 직접 보여주는 리더가 돼라.

소화불량을 일으키지 마라

내가 UCLA 농구팀의 감독이 되었을 때다. 나는 많은 양의 운동 지침, 규칙, 그리고 내 나름의 지혜를 가득 모았다. 거기에는 훈련, 플레이, 학과 성적, 슈팅과 패스, 수비의 구체적인 방법, 균형, 리바운드, 태도, 복장 규정 등이 모두 포함되어 있었다.

나는 그것들을 바탕으로 파란색의 커다란 안내서를 만들었다. 그리고 해마다 시즌 초가 되면 선수 전원에게 나누어주었다. 그것은 정보의 진수성찬이었다. 하지만 나는 얼마 못 가서 깨달았다. 내가 제공한 정보가 선수들을 짓누른 것이다. 그들이 한 번에 소화하기에 너무 많은 양이었다. 그래서 전략을 바꾸기로 했다. 잔치 음식처럼 한꺼번에 주기보다는 쉽게 소화하고 이해하고 활용할 수 있을 정도의 크기로 정보를 잘게 나누어 먹이기 시작했다.

보조 코치들과 나는 선수들에게 꼭 필요하다고 생각되는 정보를 시즌 중간마다 선수들에게 조금씩 제공해주었다. 엄청난 양의 정보로 가득한 안내서가 선수들에게 소화불량을 일으켰던 경험에서 교훈을 얻었기 때문이다.

"가장 훌륭한 진수성찬이라도 한 번에 한 입씩 먹어야 한다. 한 번에 전부 삼키면 소화불량이 일어난다. 나는 이것이 가르침에도 똑같이 적용된다는 것을 깨달았다. 효율성을 아는 리더는 정보를 주더라도 소화할 수 있을 만큼 작은 크기로 나누어서 준다."

코치 법

1. 교사가 돼라. 그리고 학습의 법칙(설명, 시범, 모방, 모방에 대한 비판, 습관으로 자리 잡힐 때까지 반복 학습)을 따르라.
2. 강의, 사진, 영화, 도표, 인쇄물 등을 활용해서 연습을 보충하라.
3. 시간을 꼭 지키고 적절한 복장을 착용하도록 강조하라.
4. 선수들에게 항상 주의를 기울이라고 말하라.
5. 코트에서 장난을 허락하지 마라. 연습은 경기를 위한 진지한 준비다.
6. 인내심을 보여줘라.
7. 연습 초반에 새로운 내용을 알려주고 선수들이 그것을 완전히 익힐 때까지 날마다 반복하게 하라.
8. 다른 선수들이 보는 앞에서 특정 선수를 가혹하게 비난하지 마라. 비난보다는 적극적인 칭찬을 해라.
9. 팀워크와 희생정신을 북돋아라.
10. 선수를 개별 지도하는 데 신경 써라.
11. 팀워크가 강한 팀을 만들어라.
12. 연습계획을 확실하게 세워라. 그리고 그대로 하라.

늘 배우는 자세를 잃지 마라

나는 행운아였다. 진정한 대가들에게 농구를 배웠기 때문이다. 그 대가는 마틴스빌 고등학교의 커티스 감독과 퍼듀대학교의 '뚱보' 램버트 감독이었다. 나는 두 분의 가르침을 통해 농구에 대한 포괄적인 지식을 얻었다. 아마 농구 기술에 관해서 박사학위를 딸 수 있을 정도의 양이었을 것이다.

감독으로 첫발을 내디뎠을 때 교사로서 가르치는 실력은 분명 모자랐다. 하지만 농구 기술에 대해서는 누구보다도 잘 이해했다고 생각한다. 어떤 전문적인 분야에서 일하더라도 해당 분야에 대해 완전히 꿰뚫고 있어야 한다. 그렇지 못하면 팀원의 존경을 받기 어렵다.

대가들을 농구 스승으로 모신 것은 큰 행운이었다. 그분들은 시대를 앞서 갔으며 농구를 가르치는 일을 사랑했다. 이 책을 읽는 독자 여러분도 인생을 살아가면서 훌륭한 스승을 얼마든지 만날 수 있다. 스승을 찾아 나서라. 그리고 스승을 만났으면 그들의 말에 귀를 기울여라. 그들의 지식을 받아들이고 활용하라.

지식이란 절대로 고정되거나 완결된 것이 아니다. 배우기를 끝내면 리더로서의 생명도 끝난다. 리더는 결코 자신의 능력이나 지식수준에 만족해서는 안 된다. 나는 시즌이 끝날 때마다 농구의 한 분야를 택해서 집중적으로 공부했다. 예를 들어 속공을 공부하기로 했다면 책과 신문과 잡지에서 정보를 끌어모았다. 또 여러 전문가, 그러니까 다른 감독들이 속공을 어떻게 가르치는지 주의 깊게 살폈다.

그 가운데 특히 놀라웠던 것은 휴버트 브라운 감독이 가르친 팀들의 속공이었다. 프레드 테일러 감독이 이끈 팀도 어느 경기에서 사이드라인을 따라 멋진 속공을 선보였다. 정말 최고의 속공이었다. 나는 위의 감독들을 비롯한 다른 감독들에게도 전화를 걸어 내가 선택한 주제를 토론하기도 했다. 토론을 통해 그 주제에 대한 내 생각을 바꾸기도 했다. 물론 바꾸지 않을 때도 있었다. 어쨌든 전화 토론은 농구에 대한 지식을 넓히고자 하는 나의 끊임없는 열정에서 비롯된 것이었다.

리더의 자리에 있으면 해이해지기 쉽다. 자신이 모든 답을 알고 있는 것 같은 착각에도 빠지기 쉽다. 경기에서 몇 번 이기고 나면 더욱 그렇다. 사람들은 세상에서 가장 똑똑한 리더라고 당신을 치켜세울 것이다. 하지만 당신이 그런 말을 진심으로 믿는다면 세상에서 가장 멍청한 사람이다. 일단 정상에 오르면 남의 말에 귀를 기울이거나 배우는 것을 중단하기 십상이다. 바로 그런 이유 때문에 정상의 자리를 계속해서 지키는 것이 그토록 어려운 것이다.

성공했을 때 훨씬 더 열심히 노력해야 한다. 더 노력하지 않더라도 같은 성공이 앞으로 계속되리라는 허황한 믿음에 빠지지 않도록 조심해야 한다. 리더는 절대로 만족하는 법이 없어야 한다. 필요한 지식은 모두 알고 있으니까 더는 배울 게 없다고 자만해서도 안 된다. 인간의 본성을 이해하는 일도 마찬가지다. 세상에 똑같은 사람은 단 한 명도 없다. 각각의 개인은 모두 독특한 존재다. 따라서 모든 사람에게 똑같이 적용되는 공식은 없다. 압박이 필요한 사람이 있지만 자상하게 이끌어줘야 할 사람도 있다. 이 같은 개개인의 차이를 알려면 먼저 인간 본성을 잘 이해해야 한다. 그러면 팀원의 최고능력을 끌어내는 것은 물론 유대감과 팀플레이도 강화할 수 있다.

"우든 감독님, 인간 본성에 대해서 배우려면 어떻게 하면 될까요?"

나는 다음과 같이 대답했다.

"나이를 먹으면 저절로 알게 됩니다."

물론 경험의 중요성, 그러니까 오랜 시간 동안 세상을 살아가면서 얻는 지식의 중요성을 고려한 대답이다. 그러나 사실 더 빠른 방법이 있다. 그 정보를 가진 사람에게 직접 물어보는 것이다.

내가 다른 감독들에게 의견을 구한 것도 바로 그런 이유 때문이다. 그들 중에는 위대한 스승도 있었고 말 그대로 그냥 교사인 사람도 있었다. 하지만 모두 내게 도움이 될 만한 경험과 지식을 가지고 있었다. 나는 좋은 교사가 되기 위해서 그들이 하는 말에 귀를 기울였다. 10대 때는 수줍음이 무척 많은 소년이었다. 하지만 성인이 된 후로는 좋은 아이디어, 의견, 지식을 구하는 데 있어서만큼은 누구보다 대담한 사람이 되었다.

나는 모든 유능한 리더들이 훌륭한 스승이라고 믿는다. 또 그들이 진정으로 가르치는 것을 사랑한다고 생각한다. 농구계에서 은퇴한 뒤 가장 그리웠던 것은 가르치는 일이었다. 나는 나 스스로 가르치는 데 꽤 소질이 있는 감독이었다고 믿고 싶다. 다음에 소개하는 몇 가지 제안들은 당신이 계속해서 발전할 수 있도록 도와줄 것이다.

88연승의 비밀

리더십도 학습이 필요하다

어떤 분야라도 지식과 가르치는 능력은 상관이 없다. 뛰어난 영업사원이라 해도 다른 사람에게 영업 전략을 가르치는 것은 서투를 수 있다. 농구선수도 마찬가지다. 농구를 잘하지만 가르치는 것은 못할 수도 있다. 따라서 우선 자기 분야에 대한 지식을 늘리기 위해 꾸준히 노력하고, 더불어 더 좋은 교사가 되기 위해서 남을 가르치는 기술을 연마해야 한다.

궁금함을 참지 마라

성공에 이르는 길은 항상 배울 게 남아 있다는 사실을 깨닫는 데 있다. 팀원이 팀에 도움이 될 만한 지식을 끊임없이 추구하며 잘 모르는 것은 두려워하지 않고 물어볼 수 있는 분위기를 만들어라. 최고의 CEO 대부분은 직원들을 가르치는 데도 심혈을 기울인다.

분위기를 만들기 위한 현실적인 조치도 취해야 한다. 다른 회사의 매니저를 초청해서 직원들을 대상으로 연설을 부탁하는 것도 한 방법이다. 필요한 강좌를 수강하도록 장려하는 것도 좋다. 하지만 무엇보다 중요한 것은 리더가 직접 본을 보이는 것이다. 리더 스스로 끊임없이 배우는 자세를 보이고 본받게 하는 것이 중요하다.

NCAA 챔피언십 우승을 네 번이나 차지했던 전설적인 농구 감독 아돌프 럽은 우리 팀과 맞붙은 두 번의 경기에서 모두 이겼다. 그래서 나는 기꺼이 그에게 전화를 걸어 농구를 주제로 토론했다. 그런데 아돌프 럽 감독 또한 캔자스 대학교의 또 다른 전설적인 농구 감독 포그 앨런에게 농구를 배웠다고 털어놓았다. 이렇듯 좋은 리더란 다른 훌륭한 리더에게도 배울 점이 많다는 사실을 인정한다.

좋은 시범은 백 번의 설명보다 낫다

스포츠 분야에서 가장 분명한 대목이지만, 다른 분야에도 똑같이 적용된다. 메모와 토론 그리고 말로 가르치는 것도 좋다. 하지만 많은 경우에 선수들의 변화를 이끌어내는 데 가장 효과적인 것은 역시 시범이기 때문이다.

리더는 부모와 같다

"나는 여러분 모두를 똑같이 좋아하지는 않을 것이다.
하지만 모두를 똑같이 사랑할 수는 있다."

어느 날 나는 훌륭한 부모가 리더에게 가장 좋은 모델이라는 것을 깨달았다. 감독이나 교사나 리더는 근본적으로 부모 역할을 한다. 자식에게 부모 역할이 세상에서 가장 중요하듯이 리더 역할 역시 그렇다. 내가 존경하는 리더 역할은 사람들에게 기회와 의무를 주는 것이다. 다시 말해 다른 사람의 삶을 바꾸고 더 나은 길로 갈 수 있도록 돕는 것이다. 그런 점에서 리더십은 일종의 신성한 책임이라고 생각한다.

모든 분야의 리더는 훌륭한 부모와 같은 마음가짐으로 팀원을 대해야 한다. 그리고 다음과 같은 성품을 갖춰야 한다. 인격, 일관성, 신뢰감, 책임감, 지식, 판단력, 희생적인 태도, 존경심, 용기, 절제,

공정함, 체계성이다. 만약 이러한 성품들을 고루 갖추고 있다면, 충분히 '좋은' 리더가 될 수 있다. 하지만 '위대한' 리더가 되기 위해서는 한 가지가 더 필요하다.

아마 스포츠나 비즈니스의 거칠고 각박한 환경에 전혀 어울리지 않아 보이지만 가장 중요한 바로 그 한 가지는 팀원을 향한 당신의 '사랑'이다. 부모에게 무엇보다 중요한 것이 가족이듯이 좋은 리더에게 팀은 일종의 확대가족이다. 당신이 이끄는 팀원은 사무실에 들어와서 출근 도장만 찍고 때가 되면 급여를 챙겨가는 사람들의 집단이 아니다. 적어도 그렇게 되어서는 안 된다.

나는 '팀원은 언제든지 갈아 끼울 수 있는 부품'이라고 단 한 번도 생각하지 않았다. 경기에서 몇 점을 올리냐에 따라 개인의 가치를 매기지도 않았다. 맹세코 한 번도 그런 적이 없다. 사실 그들은 살과 피를 나눈 내 가족 다음으로 나와 가장 가까운 사람들이었다. 그러니까 나의 확대가족인 셈이었다.

모든 단란한 가족에는 사랑이 있다. 리더는 팀원의 삶과 행복에 진심으로 마음을 쏟아야 하며 한 명 한 명에게 관심을 갖고 돌봐주어야 한다. 하지만 말처럼 쉽지는 않다. 나 또한 팀원에 대한 사랑이 얼마나 중요한지, 그들을 사랑하는 마음을 어떻게 나만의 방식으로 나타내야 하는지를 뒤늦게 깨달았기 때문이다.

모두를 똑같이
좋아할 수는 없다

내가 감독으로서 첫발을 내디뎠을 때다. 나는 켄터키 주에 있는 데이턴 고등학교와 인디애나 주에 있는 사우스벤드센트럴 고등학교에서 농구를 가르쳤다. 나는 시즌 초, 모든 선수를 모아놓고 팀원 모두를 똑같이 좋아할 것이라고 말했다.

"내가 너희 모두를 똑같이 좋아하지는 않을 것이다. 하지만 나는 너희를 똑같이 사랑할 것이다. 공정하게 판단할 것이며 그 판단에 개인적인 감정은 절대 개입되지 않을 것이다. 그건 확실히 약속한다."

하지만 끝끝내 그 약속을 지킬 수가 없었다. 해마다 참기 어려울 만큼 마음에 안 드는 선수가 몇 명 있었기 때문이다. 나는 감독이란 모든 선수에게 애정을 주어야 하며 친구가 되어야 한다고 믿었기에 자괴감에 빠졌다.

나는 모든 선수를 똑같은 마음으로 좋아하고 싶었다. 그 이유는 선수 시절의 경험 때문이다. 퍼듀대학교 농구팀의 워드 램버트 감독님은 모든 선수를 똑같이 좋아하는 듯했다. 나도 그를 진정한 친구로 생각했다. 다른 선수들도 나와 같은 느낌을 받은 듯했다. 그 이전에 마틴스빌 고등학교에서 뛰었을 때도 마찬가지였다.

그러나 막상 감독이 되고 보니 실상은 전혀 달랐다. 몇몇 선수와는 친해지는 것 자체가 어려웠다. 나는 그것이 바람직하지 않다고 생각했고 많은 고민을 했다. 하지만 나는 시카고의 전설적인 미식축구 감독 아모스 알론조 스태그가 한 말을 우연히 알게 된 후, 리더와 팀원의 관계에 대해 깊은 통찰을 얻었다. 그는 다음과 같이 말했다.

"나는 선수들을 모두 똑같이 사랑했다. 하지만 똑같이 좋아하지는 못했다."

모든 팀원을 사랑했다. 하지만 솔직히 고백하자면 일부에게는 호감이 가지 않았다. UCLA 농구팀에 감독으로 들어갔을 무렵에는 시즌 초마다 선수들에게 전하는 메시지가 그전과 조금 달라졌다. 모든 선수에게 호감을 느끼고 친구가 되어주는 것은 아니라는 생각을 하게 되었다. 그 점을 선수들에게 이해시켰다. 부모라도 가끔은 한 아이를 다른 아이보다 더 좋아할 수 있다. 그러나 두 아이에 대한 부모의 사랑은 언제나 변함이 없는 것과 같은 이치다.

나는 감독으로 일하면서 선수들이 모두 똑같이 나를 좋아하지는 않는다는 사실을 깨달았다. 물론 당연히 그럴 수 있었다. 한 예로 UCLA 농구팀의 후보 선수였던 앤디 힐은 학교를 졸업하고 27년이 지나도록 나와 한 마디도 말을 하지 않으려 했다. 그는 당시에 내가 내린 결정을 못마땅하게 생각했기 때문이다. 그것이 어떤 결정이었냐고? 그는 내가 자신을 주전 선수로 뽑지 않은 것에 화를 냈다.

앤디는 고등학교 시절에 뛰어난 선수였다. 하지만 UCLA 농구팀의 주전 선수 명단에는 이름을 올릴 수 없었다. 그로서는 받아들이기 어려웠을 것이다. 내가 그를 벤치에 앉혀놓기로 한 것에 대해 매우 분노했다. 아마 나를 몹시 증오했을 것이다. 부모가 스스로 최선이라고 생각하는 길로 자식을 이끌어도 원망받을 수 있다.

하지만 세월이 흐른 뒤, 뒤늦게 부모의 배려를 깨닫고 감정을 회복하는 일도 있다. 앤디처럼 말이다. 학교를 졸업한 지 27년이 지난 후, 앤디는 한 늙은 감독이 자신을 위해 옳은 결정을 했다는 것을 깨달았다. 그리고 내게 전화를 걸어 그 결정이 옳았다고 말했다. 나는 27년 만에 걸려온 앤디의 전화를 받고 무척 기뻤다. 오랜 방황 끝에 집으로 돌아온 아들을 반기는 아버지의 마음이었다. 수화기를 귀에 대자 맞은편에서 목소리가 들렸다.

"우든 감독님, 저 앤디 힐입니다. 저를 기억하시겠습니까?"

나는 이렇게 말했다.

"물론이지. 앤디, 그동안 어디에 있었니?"

리더에게는 각각의 팀원을 위해 '옳은 결정'을 내리는 일이 가장 어렵다. 리더는 팀원 중 일부가 리더의 판단과 결정에 반발하거나 심지어 화를 낼 수도 있다는 것을 예상해야 한다. 그러나 이것은 리더를 외롭게 만드는 많은 일 중 하나에 지나지 않는다. 리더는 어려운 최종 결정을 내려야 할 책임을 진다. 반면 다른 대부분은 옆에서 지켜보면서 불평만 늘어놓기 때문이다.

아무리 화목한 가정이라도 감당하기 어려운 감정들은 생기게 마련이다. 하지만 사랑이 있으면 화목한 가족은 유지된다. 팀 역시 하나의 가족이다. 사랑은 팀원을 하나로 묶어주는 끈이며 그 사랑은 리더로부터 시작돼야 한다.

물론 사랑으로 '모든 것'을 극복할 수는 없다. 하지만 사랑은 '많은 것'을 극복할 수 있다. 리더는 팀원에 대한 사랑을 가슴속에 품어야 한다. 그럼 다른 리더보다 내부에 일어나는 여러 문제에 잘 대처할 수 있다.

사랑 없이 자식들에게 훌륭한 부모가 될 수 있을까? 아마도 힘들 것이다. 조직을 이끄는 리더도 마찬가지다. 나는 UCLA, 인디애나주립교육대학교, 사우스벤드센트럴 고등학교, 데이턴 고등학교의 농구팀에서 감독으로 일했고 수백 명을 가르쳤다. 나는 그들 모두를 확대가족으로 대했다.

나는 감독으로 일하면서 선수 선발규정을 어긴 적이 한 번도 없었다. 그러나 UCLA에서는 몇 차례 규정을 지키지 못했다. 학생들에게 사랑과 관심을 베풀기 위해서는 어쩔 수 없는 일이었다. 나와 넬리는 추수감사절이나 크리스마스와 같은 명절에 고향에 가지 못하는 학생들을 저녁 식사에 초대했다. 이것이 미국대학체육협회 NCAA 규정을 어기는 것임을 잘 알고 있었다.

하지만 명절을 외롭게 보내는 젊은 학생들에게 가족처럼 따뜻한 정을 나눠주고 싶었기에 망설이지 않고 규정을 어겼다. 가벼운 교통법규위반으로 구치소에 있는 학생들을 보석으로 빼내기도 했다. 사소한 일로 소중한 주말을 감옥에서 보내는 게 의미 없어 보였기 때문이다. 비록 미국대학체육협회 NCAA 규정에 위반되지만, 내 자식처럼 선수들을 아꼈기에 도왔다.

1950년 경기를 앞둔 어느 날, 우리 팀 주장 에디 셸드레이크의 아내가 병에 걸렸다. 생명이 위험할 정도는 아니었지만 상태가 매우 심각했다. 에디는 평소에 책임감이 강한 선수였다. 그는 다가오는 원정 경기에 불참하고 아내 곁을 지키는 것이 불성실한 태도라고 생각했다. 나는 에디가 병든 아내를 곁에서 돌보는 것이 더 바람직하다고 판단했다. 그래서 그에게 원정 경기에 출전하지 않을 것을 권했다. 내 말을 들은 에디는 그제야 안도의 한숨을 내쉬었다.

선수들에 대한 나의 관심과 걱정은 그다지 내세울 만한 것이 없다. 하지만 내가 그들에게 보여줄 수 있는 진심 어린 사랑의 표현이기에 여기에 언급하는 것이다. 이처럼 리더는 팀원에게 자신이 그들을 진정으로 걱정하고 사랑한다는 사실을 알게 해야 한다. 다른 조직의 리더처럼 스포츠팀의 감독도 팀원과 교육적·정서적·정신적으로 깊은 관계를 맺는다. 비즈니스 분야에서는 앞의 세 가지 요소뿐만 아니라 재정적인 요소도 추가된다.

아내와 자식이 아닌 남과 우리는 얼마나 가까워질 수 있을까? 우리 선수들은 나에게 가족과도 같다. 내 가슴은 그들이 농구 선수로서 활동할 때나 학교를 졸업하고 다른 길로 가서 성취했을 때 뿌듯했다.

리더가 팀원을 가족으로 여기지 않는다면 팀원이 리더를 가장으로 여길 이유가 어디 있겠는가? 내가 이 교훈을 깨닫는 데는 오랜 시간이 걸렸다. 팀원이 최선을 다하게 하려면 리더는 그들을 사랑하고 존경해야 한다. 우리는 냉소적인 시대에 살고 있다. 하지만 냉소주의 때문에 팀원에 대한 사랑이 가로막혀서는 안 된다. 또 팀원을 언제든지 갈아 끼울 수 있는 부품으로 여겨서도 안 된다.

감독과 선수의 관계
1. 선수들과 개인적으로 가깝게 지내라. 다만 감독에 대한 존경심을 가지게 하라. 감독에게 편한 마음으로 다가올 수 있도록 따뜻하게 대하고 개인적인 문제에도 관심을 둬라.
2. 선수들을 적절히 통제하라. 단 독단적인 행동은 하지 마라. 공정함을 유지하고 강압적인 지시보다는 먼저 나서서 본을 보여라.
3. 선수들을 유심히 관찰하고 개성을 존중하며 각자의 성향에 따라 인격적으로 대하라.
4. 모든 선수가 동기와 높은 책임감을 가질 수 있도록 노력하라.
5. 선수가 수업에 빠져야만 하는 상황일 때는 교수님께 미리 말씀드리도록 지시하라.
6. 칭찬과 인정은 개인에게 동기를 부여하는 탁월한 방법이다. 심한 비판을 하고 난 뒤에는 어깨를 토닥이며 달래주어라.
7. 선수들이 하나하나의 일마다 성실하고 정직한 태도를 보이도록 지도하고 타인의 권리를 존중하도록 가르친다면 팀의 분위기가 좋아지고 협동심이 강해질 것이다. 이와 반대로 시기, 질투, 비판, 이기적인 태도, 서로에 대한 조롱은 팀 정신과 협동심을 해칠 수 있기에 제거하도록 한다.
8. 팀의 발전에 최우선의 가치를 두어라. 선수를 희생하면서까지

자신의 뜻을 관철하지 마라.

단호해야 할 때와 유연해야 할 때

나는 감독 생활의 햇수가 늘어남에 따라 선수들에게 사랑과 진심 어린 관심을 두어야 하지만 동시에 적당한 '거리 두기'도 해야 한다는 사실을 깨달았다. 선수들과 그저 친한 친구처럼 지내다 보면 팀의 이익을 최우선시해야 할 때 그렇게 하기 어렵기 때문이다. 사랑이 있어도 얼마든지 '거리 두기'를 할 수 있다는 것을 알게 되자 더 편안한 마음으로 결정을 내릴 수 있었다. 누군가에게 원망의 눈초리를 받거나 미움을 살 수 있는 일이라도 이전과는 달리 훨씬 가벼운 마음으로 결정할 수 있었다.

언젠가 팀원을 모두 소집하여 그들 모두를 똑같이 대하겠다고 말한 적이 있다. 나의 두 아이에게도 같은 말을 했다. 모든 사람을 똑같이 대하는 것이 공정하다고 생각했기 때문이다. 그러나 점차 그런 행동이 전혀 공정하지 않을 수 있다는 생각이 들었다. 그래서 선수들에게 앞으로는 똑같이 대하지 않고 각자에게 알맞은 대우를 하겠다고 선언했다. 선수들 처지에서 '나를 다른 이들과 차별하고 편파적으로 대하는 게 아닐까' 생각할 수 있지만 결코 그렇지는 않다.

팀을 위해서 열심히 노력하는 선수를 그렇지 못한 선수와 똑같이 대우해서는 안 된다. 팀원은 저마다 역할과 임무가 있다. 그중에는 언제나 다른 사람들보다 더 부지런히 움직이며 뛰어난 성과를 내는 사람들이 있게 마련이다. 팀의 슈퍼스타, 즉 가장 좋은 성과를 내는 사람에게 '약간의 특혜'도 베풀면 안 된다는 생각은 어리석은 생각이다.

더 노력하는 사람에게 더 나은 대우를 하는 것은 이중잣대가 아니다. 당연히 인정해야 하는 현실의 법칙이다. 물론 그런 작은 특혜가 리더의 기본 원칙과 가치관에 영향을 끼쳐서는 안 된다. 만약 그렇게 된다면 편애와 차별 대우를 당연히 여기는 리더가 될 것이다.

내가 가르쳤던 한 학생이 이런 농담을 한 적이 있다. 국가대표인 올 아메리칸에 선정된 사람은 통금 시간을 지키지 않아도 될 거라고. 내가 다른 선수들은 다 벌해도 올 아메리칸에 선정된 선수는 제재하지 않을 것이라는 말이었다. 물론 그것은 사실이 아니다. 하지만 적어도 내가 선수들을 똑같이 대우하지는 않는다는 것을 반영하고 있었다.

아마도 그 학생은 올 아메리칸에 선정된 빌 월턴이라는 선수를 염두에 두고 그런 농담을 한 듯하다. 실제로 빌 월턴은 내가 그의 행동을 어디까지 받아들일 수 있는지 끊임없이 시험한 선수였다. 예를 들어, 남가주대USC에서 열리는 중요한 경기를 앞둔 어느 날, 빌 월턴은 지저분한 모습으로 나타났다. 나는 원정 경기에 나설 때마다 선수들에게 코트와 넥타이와 정장 바지 차림에 머리를 단정하게 깎으라고 말했으나 나중에는 '깨끗하고 단정한 모습'을 하라고 이전보다 느슨한 요구를 했다.

그날 빌 월턴은 '깨끗하고 단정한 모습'이 아닌 상태로 버스에 오르려 했다. 그는 마치 히피 같았다. 나는 그를 버스에 타지 못하게 한 뒤 집으로 돌려보냈다. 팀 전체에 영향을 미치는 중요한 규정을 어겼기 때문이다. 만약 그때 빌 월턴의 복장을 받아들였다면 '빌 월턴은 팀에서 아주 중요한 선수이기 때문에 특별대우를 하겠다'는 의도하지 않은 그릇된 메시지를 팀원에게 전했을 것이다. 그러한 메시지는 팀의 분열을 조장할 뿐 아니라 다른 선수들에게도 악영향을 미쳤을 것이다. 결국에는 모든 선수가 규정을 중요하게 여기지 않게 되고 자기가 원하는 대로 할 수 있다는 잘못된 생각이 가득했을 것이다.

또 어느 땐가 빌 월턴이 채식주의자가 되기로 한 적이 있었다. 그는 식사 시간에 나오는 (스테이크가 포함된) 음식을 모두 먹어야 한다는 규정에서 자신을 제외해달라고 부탁했다. 당시 경기를 앞둔 나는 선수들의 음식에 많은 신경을 쓰고 있었다. 나는 스테이크의 크기와 요리법까지 직접 지시할 정도였지만 빌 월턴의 부탁을 들어주었다.

그때 빌 월턴을 버스에 타게 했다면 다른 선수들에게 나쁜 영향을 끼치고 팀 전체에도 큰 해가 되었을 것이다. 그렇지만 스테이크 대신 콩과 요구르트만 먹겠다는 빌의 부탁을 들어준 것은 어떤 선수들의 생각처럼 편애가 아니라 편의를 봐준 것이다. 만약 독자들이 내 입장이었다면 다른 결정을 내렸을지도 모르겠다. 나는 얼핏 사소해 보이는 문제일지라도 그런 일들이 리더십에 큰 영향을 미친다고 생각한다.

나는 중요한 문제일수록 누구도 특별대우를 하지 않으려고 또는 그런 인상을 주지 않으려고 신경 썼다. 반면 중요하지 않은 문제에 대해서는 유연한 자세를 유지하려고 했다. 만약 다른 선수들이 스테이크를 먹지 않겠다고 요구했다면 각각의 상황을 평가한 다음 그에 알맞은 결정을 내렸을 것이다. 그러나 다른 선수들이 지저분한 차림으로 나타나 버스를 타려고 했다면 빌 월턴에게 했던 것처럼 원칙을 그대로 적용했을 것이다.

나는 막 감독이 되었을 때보다 지금 더 규정을 만들고 실행하는 데 한층 현명해졌다. 부모가 현명하게 자식을 사랑하는 방식처럼 말이다. 언제 자유를 줘야 할까? 언제 단호하게 대해야 할까? 그런 것들을 잘 구별해야 한다. 감독 생활을 하는 동안 자주 발견했던 사실은 조직과 가정에서 일어나는 복잡한 문제들과 해답들이 서로 비슷하다는 점이다. 당신의 가슴 속에 팀원을 향한 사랑이 있을 때 모두 쉽게 성공할 수 있다.

사랑은 아주 중요한 덕목이다. 리더십을 포함한 삶의 모든 영역에서 옳은 일을 하도록 우리를 이끌기 때문이다. 나는 한때 영어 교사이기도 해서 낱말의 뜻에 무척 관심이 많은 편이다. 사랑이란 무엇인가? 여기서 사랑에 대한 정의를 소개해보겠다.

'사랑은 참고 기다립니다. 사랑은 친절합니다. 사랑은 시기하지 않고 뽐내지 않으며 교만하지 않습니다. 사랑은 무례하지 않고 자기 이익을 추구하지 않으며 성을 내지 않고 앙심을 품지 않습니다.

사랑은 불의에 기뻐하지 않고 진실을 두고 함께 기뻐합니다. 사랑은 모든 것을 덮어주고 모든 것을 믿으며 모든 것을 바라고 모든 것을 견뎌냅니다.'

이런 사랑을 마음에 간직한 리더는 팀에 강한 영향을 끼치며 굳건한 조직을 만들어낼 잠재력이 있다. 짐작했겠지만 나는 내 아버지와 워드 램버트 감독님, 에이브러햄 링컨, 이집트의 피라미드를 비롯한 다양한 사람과 대상으로부터 영감을 얻고 어떤 방향으로 인생을 살아가야 할지를 배웠다. 위에서 소개한 사랑에 대한 정의 역시 『성경』에 나오는 말이다.

리더가 팀원에 대한 사랑 없이 조직을 이끌어 가다가는 어느 날 문득 뒤를 돌아보고 자신을 따르는 이가 아무도 없음을 알게 될 것이다. 가족들이 모두 자기 곁을 떠나버리고 없는 느낌일 것이다. 사랑은 경쟁에서 승리하기 위해, 팀원을 위해, 리더와 팀원이 함께하는 긴 여정을 위해 꼭 필요한 습관이다.

88연승의 비밀

사랑으로 이끌어라

훌륭한 조직은 팀 내부에 강한 유대감이 있다. 나는 그 유대감이 진정한 사랑에서 생겨난 것이라고 믿었고 전혀 의심하지 않았다. 나는 내 일과 내가 지도하는 선수들에게 오롯이 마음을 바쳤다. 팀 구성원을 한 가족처럼 여기는 조직에는 굉장한 힘과 위기를 극복하는 능력이 있다. 스포츠와 비즈니스의 영역에서 좋은 가족의 의미로 만들어진 조직에는 반드시 사랑이 있다. 좋은 가족을 이루려면 사랑 외에도 튼튼한 체계, 적당한 규율, 개인의 희생이 있어야 한다.

특별대우하지 마라

팀원 중 특히 더 마음에 드는 사람이 있을 것이다. 하지만 절대로 특별대우하지 말고 공정하게 대하라. 공정한 대우란 모든 사람을 똑같이 대하는 것이 아니라 각자에게 알맞은 대우를 하는 것이다.

당신의 관심을 표현해라

진심 어린 관심의 표현, 도움, 인정과 같은 작은 배려가 때때로 상대에게 엄청난 의미가 될 수도 있다. 나는 내 직업과 사생활에 경계를 두지 않았고 필요하면 선수와 코치들을 집으로 초대하곤 했다. 그뿐만 아니라 그들의 가족에 대해서, 그리고 그들이 농구 코트를 떠난 후 사회생활을 하면서 어떤 어려움을 겪었는지도 잘 알고 있었다. 다시 한번 말하지만, 때때로 가장 중요한 것은 팀원 개개인에 관한 관심과 배려이다.

적절한 때를 잘 구별하라

유능한 리더는 규정을 정하고 실행하는 데 융통성이 있다. 때에 따라서 탄력적으로 적용할 수 있는 규정과 엄격하게 원칙을 적용해야 할 규정을 구별하라. 예를 들면 복장 규정은 엄격하게 다뤄야 할 규정이지만, 스테이크 대신에 콩과 요구르트를 먹는 것은 유연하게 대처해도 될 문제다. 유연해야 할 때와 엄격해야 할 때를 구별하는 것은 매우 까다로운 작업이다. 하지만 훌륭한 리더라면 잘 구별할 수 있어야 한다.

감정을 통제하라

"열정은 당신을 강하게 만들지만
감정은 당신을 약하게 만든다."

스위스 알프스에는 장엄한 봉우리와 멋진 계곡이 많다. 봉우리와 계곡이 반복되는 광경은 보는 사람을 감탄하게 한다. 이에 빗대 말하고 싶은 것이 있다. 그런 알프스가 아무리 멋지더라도 리더의 감정이 그래서는 안 된다는 점이다. 다시 말해 알프스의 봉우리와 계곡처럼 감정에 기복이 있어서는 안 된다는 말이다. 감정은 리더의 적이다.

나는 열정은 높이 사지만 감정적인 태도는 경계한다. 일관적이고 뛰어난 임무 수행 능력과 생산성은 효과적이고 성공적인 조직의 특징이자 그 조직을 이끄는 리더의 특징이다. 이 일관성을 깨는 것이 바로 감정적인 태도다. 리더가 감정적이면 선수들의 기량이 들쭉날

쭉하게 된다. 마치 롤러코스터를 타고 있는 것 같다. 그러면 팀원의 노력과 집중력을 예측하거나 신뢰하기가 어렵다. 하루는 좋았다가 하루는 나빴다 하는 식이다.

나는 그런 것을 무슨 수를 써서라도 경계했다. 내가 바라는 것은 팀원 모두가 한결같은 자세로 최선을 다해 경기하는 것이었다. 따라서 나는 선수들의 감정에 영향을 끼칠 수 있는 말을 절대로 하지 않았다. 그렇게 인위적으로 감정을 끌어올리는 건 전혀 소용이 없었기 때문이다. 그런 감정은 쉽게 가라앉는데다 되레 풀이 죽거나 좌절하기 십상이었다.

대신에 내가 목표한 것은 통제 가능한 열정이었다. 교사이자 리더로서 그리고 감독으로 성장해감에 따라 그 목표에 도달하는 횟수가 점점 늘어났다. 나는 다른 사람들에게 고삐 풀린 모습을 보여주고 싶지 않았다. 짜증을 내거나 실의에 빠지지 않기 위해 노력했고 흐트러지지 않기 위해 애썼다. 시즌 전이든 NCAA 챔피언십이든 마찬가지였다. 더 나아가 표정관리에도 주의를 기울였다. 경기가 끝난 뒤 사람들이 내 얼굴을 보고 이겼는지 졌는지 알 수 없기를 바랐기 때문이다. 그 결과 사랑하는 아내 넬리도 내 얼굴만 봐서는 경기 결과를 알아챌 수 없었다.

나는 우리 팀원들에게 늘 한결같은 모습을 보여주고 싶었다. 내가 나조차 통제할 수 없으면서 어떻게 다른 사람들에게 그들 자신을 통제하라고 요구할 수 있겠는가? 감정조절은 일관성의 가장 중요한 요건이고 일관성은 성공의 가장 핵심적인 습관이다.

나는 선수들에게 당장 좋은 성적을 거두기보다는 꾸준히 실력을 올리는 것을 목표로 삼고 열정적으로 노력하라고 가르쳤다. 나는 우리 선수들이 연습이나 경기에서 열정적으로 뛰기를 바랐다. 하지만 감정적으로 들끓는 모습은 원하지 않았다.

흥분해서 문을 쾅하고 발로 차는 순간 판단력, 상식, 이성이 창밖으로 모두 날아가버린다. 안타까운 것은 혼란이나 위기가 닥쳤을 때 누구나 그럴 수 있다는 점이다. 따라서 나는 우리 팀의 구성원 모두에게 우리가 상대보다 앞서는 상황이라도 지나치게 흥분하지 말라고 가르쳤다. 반대로 우리가 뒤처지더라도 지나치게 낙담하지 말라고 가르쳤다. 경기가 끝나고 승패가 가려진 뒤에도 마찬가지로 감정을 절제하라고 말했다. 물론 이기면 기분이 좋고 지면 실망하는 것은 당연하다. 내가 걱정하는 것은 지나치게 감정적인 태도다.

나는 언어, 복장, 머리 등 모든 면에서 지나친 것을 경계하는 편이다. 하지만 그중에서도 지나친 감정을 특히 경계한다. 감정이 지나치면 일관성을 깨뜨리기 때문이다. 여러분은 아마 챔피언십에서 양 팀 모두가 최고의 경기를 하지 못하는 것을 보고 실망한 경험이 있을 것이다. 그 이유는 팬과 선수들 모두 지나치게 흥분하기 때문이다. 그런 흥분은 가끔 경기의 질을 떨어뜨린다.

내가 우리 팀에 기대하는 것은 꾸준하고 눈에 띄는 성장이었다. 도표로 그린다면 시즌 내내 완만한 상향 곡선을 그리다가 마지막 날에 최고점을 기록하는 모양이 될 것이다. 급격한 상승이나 갑작스러운 하강은 없다. 이 목표를 달성하기 위해서는 무엇보다도 감정 조절이 필요하다. 그것은 냉철한 리더십에서 비롯된다.

감정적으로 처리하지 마라

감정에 지배당하면 경기에서도 지배당하게 된다. 감독 일을 막 시작했을 때다. 나는 감정을 있는 그대로 드러냈고 여러 번 어리석은 판단을 했다. 지금 생각하면 매우 부끄러운 일이다. 사우스벤드 센트럴 고등학교에 재직할 때 만난 한 선수와 관련된 일도 그중 하나다. 그 선수의 아버지는 당시 학교의 이사였다. 그리고 그때 우리 학교의 선수 시상 위원회는 감독에게 비록 자격에 미달하는 선수일지라도 상을 줄 만하다고 판단될 때 예외적으로 추천서를 써주는 재량권을 부여했다.

문제의 학생은 시즌 내내 적극 열심히 뛰었다. 하지만 그 학생은 상을 받는 데 필요한 경기 시간을 채우지 못했다. 그래도 나는 그 학생을 추천할 생각이었다. 그때의 위원회는 감독의 추천을 100퍼센트 받아들였기 때문이다. 그런데 어느 날 학생의 아버지가 내 사무실에 갑자기 찾아왔다. 최종 추천 명단을 작성하기 며칠 전이었다.

그는 인사도 없이 다짜고짜 자기 아들 이름이 목록에 있는지 없는지 알고 싶다고 말했다. 나는 아직 결정을 내리지 않았다고 말했다. 그리고 그에게 아들을 추천할 수도 있지만 사실 기준에는 미치지 못한다고 말했다. 그러자 그 사람은 손가락으로 내 가슴팍을 쿡 쿡 찌르면서 협박했다.

"이봐 우든, 잘리기 싫으면 내 아들을 추천하는 게 좋을 거요."

그 말을 듣는 순간 나는 화가 머리끝까지 치밀어 올라 자르고 싶으면 자르라고 소리쳤다.

"이사회에 가서 보고하든 말든 당신 마음대로 하시오!"

그렇게 말하고는 당장에라도 싸울 태세를 취했다. 감정이 이성을 집어삼킨 것이다. 그는 자신의 요구를 들어주지 않으면 해고하겠다는 위협을 한 번 더 반복한 뒤에 문을 박차고 나가는 바람에 몸싸움은 일어나지 않았다. 하지만 진짜 문제는 그다음에 일어났다.

나는 너무 화가 난 나머지 해당 학생을 추천하지 않기로 마음을 바꾼 것이다. 몇 분 전만 해도 그 학생을 최종 명단에 올릴 확률은 99퍼센트였는데 말이다. 그것은 끔찍한 실수였다. 나는 최종 명단을 위원회에 제출하고 나서야 제정신이 들었다. 그 학생의 이름을 목록에 다시 올리려고 노력했지만 이미 엎질러진 물이었다.

나는 감정에 휩싸여 판단력과 이성을 잃었고 그 학생에게 큰 상처를 주고 말았다. 70년이 지난 일이지만 여전히 그때 일을 후회한다. 그나마 다행인 것은 그 일을 통해서 감정에 휘둘리면 어떤 문제가 발생하는지에 대한 교훈을 뼛속 깊이 새길 수 있었다는 점이다.

냉철하게 판단하고 절제하라

감정적으로 처리해서 곤란을 겪은 것은 그때뿐만이 아니다. 사우스벤드센트럴 고등학교에 재직할 때의 일이다. 우리 학교의 최대 경쟁자 중 한 팀과의 경기에서 이기고 나서였다. 나는 상대 팀 감독을 위로하려고 코트 반대편으로 갔다. 그때 나는 전혀 모르고 있었다. 그는 몹시 화가 나 있었고 그해 들어 두 번이나 연달아 자기 팀을 격파한 감독의 위로를 들을 기분이 아니었다. 사실 그 팀이 같은 팀에게 두 번이나 연속으로 진 것은 13시즌 만에 처음 있는 일이었다.

내가 다가가자 그는 갑자기 거친 욕설을 퍼붓기 시작했다. 나는 나중에 해군에 입대하기 전까지는 그런 욕설을 한 번도 들어본 적이 없었다. 선수와 팬과 심판이 지켜보는 앞에서 차마 입에 담지도 못할 욕설이었다. 그는 심지어 내가 심판에게 뇌물을 먹였다는 말까지 했다. 나는 순간 화가 머리끝까지 나서 그를 바닥에 때려눕혔다. 선수와 팬들이 달려와 나를 뜯어말렸다. 그가 잘못된 행동을 한 것은 맞지만 나 또한 변명의 여지는 없었다. 두 사람 모두 자제력을 잃었을 때 얼마나 파괴적인 행동을 할 수 있는지 보여준 셈이다.

하지만 나는 세월이 흐르면서 감정을 능숙하게 다스릴 줄 아는 사람이 되었다. 변화는 하루아침에 이루어지지 않았고 위에서 소개한 사건들을 겪으면서 느리게 이루어졌다. 어떤 사람들은 나를 '차가운 물고기'라고 불렀다. 우리 팀이 경기하는 동안 내가 마치 상관없는 구경꾼처럼 보인다고 해서 그렇게 불렀던 모양이다. 한번은 경기를 중계하던 아나운서가 이렇게 말한 적도 있다.

"우든 감독의 눈썹이 살짝 올라갔습니다. 뭔가 단단히 화가 난 게 분명합니다."

아나운서가 좀 과장해서 말했지만 사실 틀린 말은 아니었다. 그 즈음 나는 나 자신을 썩 잘 통제할 수 있게 되었기 때문이다. '차가운 물고기'라는 별명은 나에겐 오히려 칭찬이었다. 이 모든 게 사우스벤드센트럴 고등학교에서 농구 감독으로 일할 때 얻은 교훈 덕분이었다.

일관성을 유지하라

감정 기복을 보이거나 화를 내는 등의 감정적인 행동은 거의 언제나 역효과를 가져오게 되고 때로는 파괴적인 결과를 가져온다. 나는 리더가 매사에 감정적인 것은 결국 선수들도 그런 행동을 하도록 허락하는 것과 같음을 깨달았다. 리더로서 나의 행동은 선수들에게 행동 지침이었다. 나는 코트에서 감정을 있는 그대로 드러내면 안 된다는 것을 선수들에게 가르치기 위해 본보기가 되어야 했다. 내가 감정과 행동을 통제하기 위해서 무던히 애를 썼던 이유가 또 있다. 나의 행동 또한 선수들에게 엄청난 영향을 끼쳤기 때문이다. 따라서 나는 선수들에게 다음과 같이 말했다.

"감정에 휘둘리면 상대 팀에게 경기 내용에서도 뒤지게 된다."

물론 경기 내용에서 뒤지면 점수에서도 뒤진다. 선수들에게 감정 조절의 필요성을 완전히 이해시키기 위해서는 무엇보다도 나 자신의 감정과 행동을 조절하는 데 정신을 바짝 차려야 했다. 그 결과 40여 년 감독 인생을 통틀어서 감독 반칙이 선언된 경우는 딱 한 번밖에 없었다.

내가 감독으로 있는 동안 UCLA 농구팀은 NCAA 챔피언십 결승전에 통틀어 열 번 출전했다. 나는 그 열 번의 경기에서 승리를 눈앞에 두고 마지막 타임아웃을 요청했다. 그리고 선수들에게 이런 말을 하곤 했다.

"나중에 경기를 되돌아봤을 때 스스로 부끄러울 만한 행동은 하지 마라."

수치스러운 행동을 자제하라는 요구였다. 패배를 눈앞에 두었을 때도 마찬가지였다. 나는 똑같이 타임아웃을 요청했고 선수들에게 감정을 통제하라고 요구했다. 또 경기 전반에 걸쳐서도 감정을 통제할 것을 선수들에게 단단히 일렀다. 그뿐만 아니라 연습 중에도 같은 요구를 했다. 선수들에게서 감정을 통제하는 태도가 보이지 않을 때는 연습을 중단하거나 아니면 중단하겠다고 위협하곤 했다. 그러면 대개 선수들은 곧바로 이성을 되찾았다. 나는 선수들을 가르칠 때 다음을 강조했다.

"감정적이 되면 판단력이 흐트러져 불필요한 실수를 하게 된다. 그럼 경기를 주도하지 못하고 지배당하게 된다."

하지만 나는 선수들의 다른 실수는 크게 개의치 않았다. 자제력을 잃고 감정을 통제하지 못해서 저지르는 실수만 아니면 괜찮았다. 마찬가지로 감정적으로 내린 결정만 아니면 결과가 좋지 않더라도 절대로 후회하지 않았다. 냉철한 판단력과 모을 수 있는 모든 정보를 바탕으로 내린 결정이라면 실수라고 할 수 없기 때문이다.

하지만 감정을 통제하지 못한 상태에서 내린 결정은 분명히 실수였다. 바로 사우스벤드센트럴 고등학교에서 추천 명단과 관련해서 내린 결정이 그런 경우였다. 그건 그야말로 큰 실수였다.

나는 그런 실수를 줄이려고 열심히 노력했고 결국 노력은 결실을 보았다. 좋은 기량과 경쟁력을 갖추는 데 일관되고 꾸준한 습관이 반드시 필요하다는 사실을 굳게 믿었기 때문이다. 다시 한번 말하지만 감정적인 행동은 이 모든 것을 파괴한다.

감정적인 리더는 마치 니트로글리세린이 담긴 병과 같다. 살짝 부딪치기만 해도 펑하고 터져버린다. 그런 리더 밑에 있는 사람들은 맡은 일을 하기보다는 발뒤꿈치를 들고 조심조심 걸어 다니는 데 시간을 소비할 것이다. 이런 분위기는 성공적인 조직을 만드는 데 전혀 보탬이 되지 않는다. 따라서 감정적인 부분에서 믿을 만하고 생산적인 리더가 되려고 노력해야 한다.

성공적인 리더십의 특징은 최고의 기량을 일관성 있게 유지한다는 것이다. 지나친 감정은 그러한 일관성을 깨뜨린다. 열정적이면서 감정을 절제할 수 있어야 한다. 스스로 절제된 모습을 보여준 뒤에 팀원에게도 그런 모습을 요구하라. 감정적인 리더는 무너지기 쉽다. 또 그런 리더가 이끄는 팀 또한 무너지기 쉽다.

88연승의 비밀

감정에 휘둘리지 마라

정확한 목표로 꾸준히 달려가는 열정은 긍정적인 결과를 만든다. 반면에 무절제한 감정이나 변덕스런 기분은 리더의 권위를 떨어뜨린다. 또 리더에 대한 팀원의 존경심을 반감시키며 팀워크를 방해한다. 물론 감정적인 리더가 성공할 수도 있다. 단 그 성공이 반복되거나 오래가기는 어렵다.

절제와 균형을 추구하라

유능한 리더는 절제와 균형이 장기적인 성공과 관련이 있다는 것을 잘 알고 있다. 그리고 무절제한 감정이 기량을 떨어뜨린다는 것도 잘 안다. 그러므로 리더는 팀원이 절제와 균형의 중요성을 깨닫도록 해야 한다. 이를 위한 최고의 방법은 리더부터 본보기를 보여주는 것이다.

감정 조절을 훈련해라

오늘날 우리는 경기에서 선수들이 지나치게 흥분하는 것을 자주 본다. 자제력이 모자라기 때문이다. 미식축구를 예로 들어보자. 어떤 시합에서 마지막 쿼터가 거의 끝나갈 무렵이었고 팀은 27 대 3으로 지고 있었다. 그때 한 선수가 상대 팀 선수에게 태클을 건 다음 요란한 몸짓으로 뒤풀이했다. 그때 그 선수는 스스로 판단력과 감정 조절 능력이 부족함을 드러낸 셈이다. 팀원에게 감정 조절의 중요성을 강조해라. 그러려면 리더부터 자신의 감정을 조절할 줄 알아야 한다.

어떻게 위대함에 이르는가

"팀원은 제각기 위대한 잠재력을 지니고 있다.
리더의 역할은 그 잠재력을 달성할 수 있도록 도와주는 것이다."

마이클 조던은 NBA 역사상 가장 위대한 농구 선수로 꼽힌다. '지금 누가 최고인가?' 또는 '누가 가장 위대한가?'에 대해 떠들기 좋아하는 사람들 사이에서 말이다.

내가 UCLA 농구팀 감독으로 있을 때 가르친 빌 월턴, 루이스 앨신더 주니어(카림 압둘 자바), 키스 에릭슨, 시드니 윅스, 월트 해저드, 자말 윌크스, 게일 굿리치, 데이비드 마이어스를 포함한 여러 선수 또한 MVP 트로피, 올 콘퍼런스팀 선정, 미디어의 찬사, 올 아메리칸 선정 등 수많은 찬사를 받았다.

그래서 나는 때때로 다음과 같은 질문을 받곤 했다.

"당신이 지금까지 가르친 선수 중에 누가 가장 우수합니까?"

나는 그 질문을 수백 번 넘게 받았지만 단 한 번도 대답한 적이 없다. 그런 질문 자체가 싫었기 때문이다. 사람들은 단순히 흥밋거리로 '누가 최고인가?'에 관심을 둔다. 내 신념과는 배치된다. 나는 개인의 위대함은 다른 선수와의 비교가 아니라 개개인의 잠재력을 기준으로 평가할 때 드러난다고 믿는다.

맡겨진 일에 전심전력을 다하라

나는 나의 지도 아래에 있는 모든 선수, 보조 코치, 학생 매니저, 트레이너들에게 각자가 이룰 수 있는 위대함을 요구했다. 어떻게 하면 모두가 위대해질 수 있을까? 자신에게 주어진 일에 최고의 능력을 발휘할 때 그렇게 될 수 있다. 나는 팀원에게 최선을 다하면 위대해질 수 있다고 강조했다.

나는 팀의 학생 매니저로 일하던 레스 프리드먼에게 다른 사람이 해야 할 일을 지시하거나 선수 빌 월턴에게 내가 해야 할 일을 지시한 적이 없다. 대신에 맡은 일에 최선을 다하는 데 전력을 기울이라고 말했다. 그래야만 자신의 위대함을 이룰 수 있기 때문이다.

나는 팀의 리더로서 팀원 개개인이 자신에게 잠재된 역량을 끌어낼 수 있는 환경을 조성하고 위대해질 수 있도록 돕는 것이 임무였다. 리더의 위대함은 그런 일을 얼마나 효과적으로 잘하는가에 따라 평가된다. 맡은 역할이나 책임에 상관없이 위대해지려고 스스로 노력하면 누구나 위대해질 수 있다.

나는 세상 물정을 모르는 사람이 아니다. 빌 월턴같이 올 아메리칸에 선정된 선수가 벤치 맨 끝에 앉아 있는 후보 선수보다 팀에 훨씬 더 많이 이바지한다는 사실을 너무나 잘 알고 있었다. 하지만 당시 내가 요구한 바는, 내가 가르치는 사람 모두가 다른 사람이 아닌 바로 자기 자신의 위대함을 추구하는 것이었다. 다른 팀원이 자신의 위대함을 성취하지 못했다면 빌 월턴 또한 위대함을 성취하지 못했을 것이다. 모든 사람은 자신의 일에 최선을 다해야 한다. 최고의 팀이 되기 위해서는 모두가 자신의 최고 역량을 발휘하기 위해 노력해야 한다.

위대함을 이룰 기회는 일의 종류에 상관없이 모든 팀원에게 찾아온다는 믿음을 리더가 팀원에게 불어넣을 때 놀랄 만한 성과를 거둘 수 있다. 그러면 팀원은 100퍼센트 역량을 발휘해서 팀에 이바지하고자 할 것이다. 그런 팀은 자연히 놀라운 일을 해낼 수 있다. 물론 팀원 중 일부는 다른 사람들보다 더 재능이 많고 똑똑하며 더 많은 득점을 기록할 것이다.

하지만 그렇다고 해서 그 일부가 다른 팀원보다 더 위대하다고 말할 수 있을까? 아니다. 지난날 리더로서 내 첫째 목표는 모든 팀원이 각자 자신이 맡은 분야에서 최고의 역량을 발휘하도록 내가 할 수 있는 모든 일을 하는 것이었다. 그러므로 나는 선발 선수로 선정되지 못한 선수를 '대체 선수'라는 용어로 부르지 않았다. 팀에서 자신의 역할에 최선을 다하는 사람에게 '대체 선수'라는 말은 모욕이기 때문이다. 선발 선수 아니면 후보 선수지 대체 선수는 없다.

내가 동창회나 대학 그룹에 권장한 포스트시즌 상에 '최고 득점상'을 한 번도 포함하지 않았던 이유도 같은 맥락이다. 대신에 '뛰어난 정신력을 보여준 선수' 혹은 '가장 희생정신을 발휘한 선수' '가장 실력이 향상된 선수'처럼 개인의 우수한 자질을 인정해주고 경의를 표하는 상을 주었다.

한 개인을 뽑아서 '최고의 선수(스포츠 분야에서는 아마도 '최고 득점자'가 여기에 해당하겠지만)'로 선정하면 다른 팀원의 역할과 임무의 가치를 낮추는 것이다. 그들을 이류 선수로 전락시키는 셈이 된다. 골 하나를 넣는 데 열 개의 손이 필요하다. 나는 이 원칙을 확고히 믿는다. 팀워크를 해치는 것은 모두 비생산적이며 선수들 간 서열을 만든다.

새는 새답게 물고기는 물고기답게

나는 UCLA가 빌 월턴과 루이스 앨신더 주니어(32번과 33번)의 등번호를 영구결번 지정하기로 했을 때 강하게 반대했다. 나는 특정 선수의 등번호를 영구결번 지정하는 것을 반대한다. 그러한 행위는 사실상 특정한 개인을 다른 선수들보다 더 우수한 선수라고 선언하는 것이기 때문이다. 물론 폴리 파빌리온에서 열린 영구결번 기념식에 참석하긴 했다. 내가 가르쳤던 두 선수에 대한 예우차원에서 간 것이었다. 내가 참석하지 않는 것은 두 선수에게 모욕감을 주는 것이었기 때문이다. 하지만 내 뜻은 변함없었다. 뛰어난 팀 플레이어였던 두 선수는 내가 왜 영구결번에 반대하는지 잘 이해해주었다.

루이스 앨신더 주니어와 빌 월턴은 늘 개인의 영광보다 팀을 중요하게 여겼다. 그들의 팀에 대한 기여는 의심할 여지가 없다. 하지만 같은 등번호를 달았던 다른 선수들도 UCLA 농구팀의 영광에 이바지했으며 최선을 다했다. 그들 또한 32번과 33번을 달고 자기 자신의 위대함을 이루었으며 최고의 역량과 경쟁력을 갖추고 있었다.

1970년과 1971년에 32번을 달고 센터로 뛴 스티브 페터슨은 UCLA 농구팀의 NCAA 챔피언십 우승을 도왔다. 1972년 빌 월턴의 32번을 영구결번 지정하기 직전의 일이었다. 그러니 어떻게 32번이 빌 월턴의 독점 재산이겠는가? 마찬가지로 루이스 앨신더 주니어의 등번호 33번은 1956년에 올 아메리칸에 선정된 윌리 놀스의 번호이기도 했다. 놀런 존슨이라는 훌륭한 선수도 1957년에 33번을 달고 뛰었다.

유니폼에 새겨진 등번호는 팀 소유이지 한 개인의 소유가 아니다. 모든 영광이 팀에게 돌아가야 하며 감독이나 선수들에게 돌아가서는 안 되는 것처럼 말이다. 나는 모든 팀원이 크건 작건 간에 자신이 맡은 역할에 최선을 다하는 그런 팀을 만들기 위해 노력했다. 그리고 그 목표를 달성하는 방법에 대해서 선수들에게 분명히 말했다.

"내가 어떤 역할을 정해주더라도 기꺼이 받아들이고 최선을 다하기 바란다."

나는 후보 선수나 스타 선수를 막론하고 자신의 잠재력을 끌어내기 위해 노력하라고 말했다. 팀이 성공하려면 모든 구성원이 자기 안에 있는 위대함에 도달해야 한다. 각자가 자신의 임무에 따르는 요구 사항을 이행해야 하고 임무에 최선을 다하려는 열망이 있어야 한다. 리더는 팀원에게 이런 열망을 심어줄 책임이 있다.

높은 생산성을 거둔 사람에 대한 보상은 매우 중요하다. 그렇지만 '괄목할 만한 향상'이라든가 '훌륭한 태도' 및 '팀 기여도'에 대한 보상도 그에 못지않게 중요하다. '최고 실적자'가 높은 실적을 거둘 수 있도록 도와준 사람을 '이달의 직원'이라는 이름으로 보상한다면 매우 효과적인 동기 부여가 될 것이다.

주연과 조연 모두 없어서는 안 된다

개인의 위대함은 그 사람이 맡은 역할의 크기가 아니라 그 역할에 쏟아부은 노력의 크기에 따라 결정된다. 이는 모든 팀원에게 적용된다. 스웬 네이터는 실제 경기가 아닌 연습경기에서 자신의 위대함을 이룰 수 있음을 이해했다. 그는 빌 월턴의 백업 센터로 팀에 공헌했다. 나는 연습경기에서 키가 크고 재능이 있는 스웬 네이터를 상대편 센터로 세워서 빌 월턴의 기량 향상을 돕게 했다. 사실

스웬 네이터는 미국에 있는 어떤 팀에서도 주전으로 뛸 수 있을 만큼 뛰어난 선수였다.

　나는 스웬 네이터가 팀에 들어오기 전에 팀 내에서 맡을 역할과 그 역할의 가치에 대해 분명하게 설명했다. 그는 나의 제안을 기꺼이 받아들였고 백업 센터로 뛰면서 UCLA 농구팀의 NCAA 챔피언십 2회 우승에 크게 이바지했다.

　그렇다면 빌 월턴이 스웬 네이터보다 더 뛰어난 선수였는가? 팀 차원에서 볼 때 그것은 별 의미가 없는 질문이다. 두 젊은 선수 모두 맡은 바 임무에 최선을 다했고 자신의 위대함을 이뤄냈다. 리더는 팀원에게 각각의 역할이 위대함을 이룰 기회를 제공한다는 사실을 가르칠 책임이 있다. 팀은 모든 팀원이 위대함을 이루기 위해 노력하고 팀에 이바지하는 데서 자부심을 얻을 때 더 효과적이고 경쟁력 있는 조직으로 성장할 것이다.

기회가 올 때를 대비해서 준비해라

경쟁적인 환경에서는 훌륭한 팀플레이어인 동시에 더 큰 역할을 맡고 싶어하는 야심 찬 팀원이 있게 마련이다. 리더는 그런 팀원의 야망을 파괴하거나 짓밟아서는 안 된다. 적절히 통제된 야망은 팀에 큰 활력소가 되기 때문이다. 하지만 그런 팀원에게는 우선 지금 맡은 바 임무부터 완벽하게 해야 한다는 것을 가르쳐줄 필요가 있다.

미적분을 잘하려면 기하학을 잘해야 하고 기하학을 잘하려면 덧셈과 뺄셈을 잘해야 한다. 마찬가지로 현재 맡은 일에 능숙해진 뒤에 다음 단계로 넘어가야 한다. 당신이 이끄는 팀에 야심으로 가득한 팀원이 있으면 인내심을 가져야 하고 현재 맡은 일을 계속해서 잘하면 종종 예기치 않은 순간에 기회가 찾아옴을 일깨워줘라. 나는 그런 선수에게 이렇게 말하곤 했다.

"기회가 올 때를 대비해서 준비해라. 그때를 놓치면 기회는 다시 오지 않을지도 모른다."

내가 될 수 있는 최고의 '나'가 되어라

'저런, 실력이 정말 형편없군. UCLA 농구팀에 들어올 만한 선수는 아냐.'

콘래드 버크는 그다지 유망한 선수가 아니었다. 나는 그가 대학 신입생일 때 코트에서 뛰는 모습을 보고 머리를 가로저으며 그렇게 생각했다. 그런데 바로 다음 시즌에 그는 UCLA 농구팀의 주전 선수로 뽑혔다. 그때 내가 얼마나 놀라고 기뻤을지 상상해보라. 그의 활약으로 우리 팀은 16전 연승으로 지역 리그에서 우승했다. 그는 처음에는 다소 기술이 모자랐지만 강인한 정신력과 엄청난 노력으로 모자란 기술을 보충했다. 그 결과 자신의 잠재력을 극대화했으며 자신의 위대함을 이룰 수 있었다.

콘래드는 점프를 그리 잘하는 편도 아니었고 센터치고 키도 작았다. 하지만 끊임없는 연습과 관찰을 통해 골 밑에서 좋은 위치를 잡는 방법을 터득했다. 좋은 위치 선정은 리바운드하기 위해 매우 중요하다.

그는 끊임없이 노력했고 100퍼센트에 가깝게 자신의 잠재력을 끌어냈다. 그는 팀에 공헌하는 방법을, 그것도 크게 공헌하는 방법을 터득한 것이다. 우리는 그를 통해 높은 야망을 품고 그것을 이루기 위해 열심히 노력하면 상상하는 것 이상의 목표에 도달할 수 있다는 교훈을 얻을 수 있다. 리더는 팀원이 자신의 강점과 약점을 잘 파악해 강점을 강화하고 약점을 보완할 방법을 찾도록 도와주어야 한다.

더그 매킨토시 역시 자신의 잠재력(내가 내린 정의에 의하면 자신의 위대함)을 100퍼센트에 가깝게 끌어낸 선수다. 그 또한 신입생 시절 별 볼 일 없는 선수였다. 그가 체육관에서 연습하는 모습을 보고 나는 이렇게 생각했다.

'우리 팀에 들어오면 1분도 채 못 뛸 선수야.'

하지만 이번에도 역시 내 판단은 빗나갔다. 다음 해 UCLA 농구팀에 들어온 더그 매킨토시는 30분 동안 열심히 뛰었으며 UCLA 역사상 최초의 NCAA 챔피언십 우승에 크게 이바지했다.

나는 그가 최선을 다하려고 끊임없이 노력하는 강한 의지력을 가진 것을 제대로 평가하지 못했다. 우리 팀이 챔피언십 우승을 차지할 수 있었던 것은 바로 그 한계를 모르는 의지력 덕분이다. 무명의 선수였던 더그 매킨토시는 그만의 위대한 경쟁력을 갖추는 데 성공했다(더그 매킨토시는 8년 후 UCLA 농구팀에서 뛰었던 빌 월턴과 똑같은 번호를 달았다. 여기서 여러분은 또 한 번 32번이라는 등번호를 특정 개인의 고유번호로 삼는 일이 얼마나 부적절한지 알 수 있다).

더그 매킨토시와 콘래드 버크는 둘 다 큰 관심을 끌지 못했고 NBA에서 뛰지도 못했다. 또 전문가들에 의해 가장 뛰어난 선수, 최고의 선수, 혹은 그에 근접한 선수라고 인정받지도 못했다. 하지만 내 생각에는 두 선수 모두 내가 이제까지 가르친 어떤 선수보다 더 큰 성공을 거두었다. 내가 가장 높이 평가하는 부류의 선수가 되었다.

두 선수 모두 피나는 노력과 올바른 가치관으로 자신의 잠재력을 100퍼센트에 가깝게 끌어냈다. 내가 가르친 선수 가운데 두 사람만큼 팀의 승리를 위해 할 수 있는 일을 다 한 선수는 찾아보기 어렵다. 내 자랑처럼 들릴지 모르지만, 나는 리더로서 '나'보다 '팀'을 우선하는 분위기를 조성했다는 사실에 자부심을 느낀다.

리더가 스타 플레이어만 키우지 않고 전체 팀을 이끌려고 힘쓸 때 비로소 팀원 개개인의 잠재력이 활짝 꽃필 수 있다. 리더가 그렇게 이끌 때 팀원 전체가 하는 모든 역할이 다 중요하게 여겨지는 분위기가 조성된다. 각 팀원은 자신의 노력 여하에 팀의 성공이 달려 있음을 알고 있다.

각 선수는 적절한 사고방식과 태도를 지녀야 한다. 그리고 팀의 이익을 위해 자신의 영광을 기꺼이 희생하고자 갈망해야 한다. 또

부지런하고 열정적이어야 한다. 앞서 말했듯 다른 선수들의 능력이 더 뛰어나고 덩치가 크고 더 빠르고 더 높이 뛸 수 있다. 하지만 팀 정신, 충성심, 열정, 협동심, 의지력, 근면, 투지와 인격에서는 뒤지지 말아야 한다.

준비된 자세를 대체할 만한 것은 없으며 그러한 자세는 연구와 노력을 통해서 얻어진다. 준비된 사람은 용기와 자신감에 절대 모자람이 없으며 진정한 용기와 자신감이 마음속에서 우러나온다. 더그 매킨토시와 콘래드 버크가 카림 압둘 자바나 빌 월턴만큼 뛰어난 선수인지 아닌지는 중요하지 않다.

"내가 다른 사람보다 더 나은지 걱정하지 마라. 대신에 네가 될 수 있는 최고의 사람이 되기 위해 끊임없이 노력해라."

내가 어렸을 때 아버지가 해준 조언이다. 더그 매킨토시와 콘래드 버크는 그 말을 그대로 실천한 선수들에 속한다. 리더는 팀원 누구나 자신의 위대함을 이룰 수 있음을 알아야 한다. 리더가 자신의 위대함을 이루고 싶어하는 팀원 개개인의 욕구를 자극할 때 예기치 못한 재능이 꽃피는 광경을 보게 된다. 내가 콘래드 버크와 더그 매킨토시 그리고 다른 수많은 선수에게서 보았듯이 성공적인 팀이나 성공하는 조직은 자기 나름의 방식으로 위대함을 이룬 개인으로 이루어져 있다.

"누가 가장 위대한가?"는 언제나 잘못된 질문이다. "내가 가르친 사람 중 몇이나 자신의 위대함을 이루었나?"가 언제나 옳은 질문이다. 이것이 핵심이고 위대한 조직을 만드는 방법이다.

88연승의 비밀

모든 역할이 중요하다

각각의 역할은 팀원 개개인의 잠재력을 충분히 발휘할 소중한 기회를 제공한다. 리더는 이 사실을 팀원에게 충분히 이해시켜야 한다. 그럴 때 각 팀원은 자신의 역할이 얼마나 중요한지 깨닫고 최선을 다하게 된다.

야심을 적절히 관리하라

더 큰 역할과 책임을 지고 싶은 야망을 품는 것은 팀을 위해 좋은 일이다. 하지만 우선은 지금 맡은 역할부터 먼저 완벽하게 해야 한다. 리더는 미래에 대한 기회에 마음을 뺏겨 맡은 일에 책임을 소홀히 하는 사람이 단 한 명도 없도록 잘 가르쳐야 한다.

기회를 붙잡을 준비를 하라

예기치 못한 기회는 언제든지 찾아올 수 있다. 예를 들어 주전 선수가 5반칙 퇴장을 당하거나 부상을 당하면 후보 선수에게도 코트에서 뛸 기회가 생길 수 있다. 회사원도 마찬가지다. 새로운 거래처를 개척하거나 다른 직원이 회사를 떠남으로써 좋은 기회가 찾아올 수 있다. 따라서 리더는 그런 기회를 놓치지 않도록 팀원이 몸과 마음을 준비하도록 해야 한다. 기회는 종종 예고 없이 찾아오기 때문에, 그것을 붙잡을 준비를 평상시부터 해야 한다는 것(그리고 한 번 놓친 기회는 다시는 찾아오지 않을 수 있다는 것)을 강조하라.

숨겨진 잠재력을 믿어라

팀의 성공이 자신의 성공이라고 믿고 열심히 일하는 사람을 인정하고 칭찬해라. 그러면 팀원은 자신의 숨은 잠재력을 발휘하기 시작할 것이다. 전혀 예기치 못했던 팀원이 탁월한 기량을 발휘하는 놀라운 경우가 흔히 있다. 유능한 리더의 사명은 각 팀원의 숨겨진 잠재력의 창고를 열고 그것을 끌어내는 일이다.

편안함에서 불편을 느껴라

"편안함에서 불편을 느끼고 만족함에서 불만족을 느껴라."

UCLA 농구팀에게 1961~1962년 시즌은 큰 전환점이었다. 그 시즌을 통해 88연승과 NCAA 챔피언십 10회 우승(그 가운데 일곱 번 연속 우승)이라는 대기록의 기반을 마련했기 때문이다. 당시 나는 우리 팀이 그런 대기록을 세우리라고는 상상도 하지 못했다.

당시 내가 13년째 가르치고 있던 UCLA 농구팀의 연습 환경은 그 어떤 대학보다 열악했다. 연습 공간으로 사용하던 체육관은 비좁고 통풍이 잘 안 됐다. 게다가 다른 종목 선수들과 함께 공간을 나눠 써야 했다. 체육관은 늘 소란스럽고 산만했기 때문에 섬세한 농구 기술을 가르치거나 배우기란 어려웠다.

비좁은 관중석 때문에 화재 위험 구역으로 지정된 것도 악재였다. 그 때문에 홈경기가 있을 때면 항상 다른 학교 체육관을 빌려 써야 했다. 낡은 시설은 우수한 선수를 영입하는 데도 문제가 되었다. 선수들은 당연히 시설 좋을 학교를 선호했기 때문이다.

나는 그런 환경과 맞닥뜨린 순간에 목표를 달성하기란 불가능하다는 결론을 내렸다. 내 마음 한구석에는 UCLA 농구팀이 NCAA 챔피언십에서 우승할 가능성은 전혀 없다는 생각이 자리 잡았다. 불행하게도 이런 내 생각이 선수들에게까지 전염되었을지도 모르겠다.

리더의 태도는 의식적이든 무의식적이든 반드시 팀원 전체의 태도가 된다. 윈스턴 처칠의 결단력, 용기, 도전 정신은 최악의 시기에 영국 국민의 정신적 자양분이었다. 그의 태도는 영국 국민에게 그대로 전염되었다. 이는 농구 감독과 비즈니스 리더 모두에게 적용되는 말이다. 낡은 시설이 마음에 안 들었지만 굳이 고칠 생각은 하지 않았다. 그리고 UCLA 농구팀은 가끔 괜찮은 성적을 거둘 수 있겠지만 결코 정상에는 오르지 못할 거로 생각했다.

이런 생각이 나의 가르침에 어떤 영향을 끼쳤을까? 답은 정확하지 않다. 하지만 이것만은 확실하다. 1961~1962년 시즌은 나의 고정관념을 완전히 바꾸어놓았다. 내 눈을 가리고 있던 장막을 걷어냈으며 스스로 쌓은 장벽을 무너뜨린 해였다. 그때 일어난 일은 부정적인 생각이 얼마나 우리 자신과 조직의 가능성을 제한하는지, 즉 "어떻게?"라고 물어야 할 때 "안 될 거야."라고 말하는 것이 우리의 가능성을 얼마나 제한하는지 일깨워준 좋은 교훈이었다.

환경 탓, 운명 탓, 남 탓
하지 마라

1961~1962년 시즌에 그때까지 무명이었던 UCLA 농구팀이 NCAA 챔피언십 4강에 진출한 일은 모든 사람을 깜짝 놀라게 했다. 비록 신시내티 농구팀과 경기 종료 직전까지 접전을 벌이다 72 대 70으로 아깝게 패했지만 말이다. UCLA 농구팀은 역사상 첫 4강 진출이라는 쾌거를 이루었다.

농구는 마지막 순간의 골로 승패가 갈리는 일이 많다. 그날 경기도 그랬다. 경기 종료 2분 27초를 남겨두고 우리 팀의 존 그린이 자유투 두 개를 성공해 70 대 70 동점을 만들었다. 그러나 그 후 우리가 공격자 반칙을 하는 바람에 공격권이 신시내티 농구팀에 넘어갔다. 그들은 공격을 시도했지만 득점하지 못했고 10초를 남겨두고 작전 시간을 요청했다.

경기가 재개되자 경기 내내 한 골도 넣지 못했던 톰 태커가 종료 3초를 남겨두고 골대에서 7미터나 떨어진 지점에서 슛에 성공했다. 결국 우리 팀은 72 대 70으로 패하고 말았다. 다음 날 저녁 신시내티 농구팀은 2년 연속 NCAA 챔피언십 우승을 차지했다.

그날 우리는 우승의 코앞까지 갔다. 그 사실은 내게 어떤 계시와도 같았다. 우리 팀이 챔피언십 우승에 진정으로 코앞까지 갔다는 사실은 나 자신을 깜짝 놀라게 할 정도였다. 그 순간 나는 충격적으로 깨달았다. 낡은 시설이 우리 팀의 우승을 가로막는 걸림돌이 되지 못한다는 것을 말이다. 월트 해저드, 피트 블랙맨, 게리 커닝햄, 빌리 힉스, 프레드 슬로터, 킴 스튜어트, 데이브 왁스맨, 존 그린, 짐 밀혼, 짐 로스발, 보조 코치, 학생 매니저, 트레이너 더키 드레이크는 낡은 시설이라는 불리한 조건 속에서도 놀라운 일을 해낸 것이다.

지난번 NCAA 챔피언십 플레이오프의 부진한 경기 내용은(우리 팀은 첫 라운드에서 3연패를 당했다.) 낡은 연습 시설 때문이라고 합리화할 수 있을지 몰라도 더는 그럴 수 없었다. 그런 경험을 계기로 내 안에 무의식적으로 자리 잡고 있던 장벽이 사라졌고 환한 불빛이 켜졌다.

나는 더는 "안 될 거야."라고 말할 수 없었고 현재에 만족할 수 없었다. 나는 낡은 연습 시설 속에서도 얼마든지 정상에 오를 수 있다는 사실을 그때야 깨달았다. 사실 이는 오래전에 알았어야 할 사실이었다. 정상에 오르는 방법을 찾아내는 일 또한 내 몫이었다.

낡은 시설이 챔피언십 우승의 걸림돌이 아니라는 것을 깨달은 순간, 그동안 내가 얼마나 안이한 생각에 갇혀 있었는지 깨달았다. 또한 내가 통제하지 못하는 열악한 시설 같은 문제 때문에 팀의 실력 향상 방법을 찾는 것과 같은 통제 가능한 부분까지 포기하고 있었음을 깨달았다.

나는 시설이 낡아서 비록 만족스럽진 않았지만 그 상황에 안주할 수 있었다. 하지만 내 정신을 바짝 들게 한 1962년의 그날 이후로 더는 현재에 머무르지 않고 어떤 변명도 하지 않기로 결심했다. 내가 지금까지 해온 일을 더 잘할 방법을 집중해서 체계적으로 살펴보기로 마음먹었다. 포스트시즌에 팀 경쟁력을 계속 상승시켜 줄 변화도 모색하기 시작했다. 나는 그런 변화가 팀을 한 단계 성숙하게 해줄 것이라고 확신했다. 팀 내부는 물론 외부에서도 변화를 찾을 수 있었다.

절대 만족하지 마라. 더 나아지기 위해 끊임없이 노력하라. 완벽은 결코 도달할 수 없는 목표이다. 하지만 그럼에도 완벽을 목표로 삼아야 한다. 비탈길을 올라가는 데도 오랜 시간이 걸리지만 내려오는 것은 순식간이다.

나는 UCLA 농구팀에 감독으로 부임한 첫날로 거슬러 올라가서 모든 기록을 검토했다. 노트, 3×5인치 카드, 연습 및 경기에 관한 통계까지 하나도 빠뜨리지 않았다. 내가 한 일 가운데 팀의 성장에 방해된 일은 없었는지 알아보기 위해서였다. 나는 얼마 지나지 않아 그것을 찾아냈다.

어떤 경우에도 최고 수준에 이르렀다고 생각하지 마라. 나에게 UCLA의 낡은 체육시설은 부진한 성적을 합리화할 수 있는 좋은 구실이었다. 일터와 팀원을 생각해보라. 당신이 내린 잘못된 판단과 스스로 그은 한계 때문에 팀의 발전이 가로막혀 있지는 않은가? 그렇다면 그런 판단과 한계를 찾아내서 없애라. 안 되는 이유를 애써 찾지 말고 되게 만들 해결책을 찾아라.

누가보다
무엇이 옳으냐가 중요하다

나는 감독 생활 내내 모든 일을 민주적인 방법으로 처리하려고 했다. 어떤 선수는 이런 나를 '평등주의자'라고 불렀다. 나는 한 선수에게만 특별한 관심을 기울이지 않으려고 애썼다. 그뿐만 아니라 경기에서 뛰는 시간 또한 민주적으로 배분하려고 노력했다. 그 증거는 과거의 기록들을 통해 알 수 있었다. 나는 연습이건 실전이건 간에 모든 선수를 공평하게 코트에 내보내 그들의 욕구를 채우려고 했다.

물론 팀에서 60퍼센트에 가까운 비중을 차지하는 주전 선수 다섯 명에게 더 많은 시간이 돌아가긴 했다. 하지만 6번부터 12번까지 나머지 선수들에게도 똑같은 시간을 주려고 최대한 노력했다. 하지만 기록을 검토한 뒤 그런 목표가 민주적일지는 몰라도 팀에 악영향을 끼칠 가능성이 크다는 결론을 내렸다. 경기 중에 주전 선수를 벤치에 앉히고 후보 선수를 내보내면 경기 집중력과 질이 떨어졌다. 게다가 실수가 더 잦아지고 경기의 흐름도 깨지곤 했다.

1962~1963년 시즌부터 일곱 명의 주전 선수를 코트에서 뛰게 한다는 방침을 새롭게 정했다. 경기에서 뛰는 시간을 민주적으로 배분한다는 기존의 방침은 폐기했다. 요컨대 농구를 가르치는 기본 방침을 바꾼 것이다.

새로운 방침을 채택하기로 한 다음 곧바로 연습에 반영했다. 다섯 명의 주전 선수를 코트에 내보냈다. 그리고 그 다섯 명이 지정된

숫자만큼 자유투를 끝내면 나머지 최전방 공격수와 센터나 포워드를 교체 투입했다. 다섯 명씩 두 조로 나눠서 하는 '5 대 5' 연습경기의 약 3분의 1을 이런 식으로 진행했다. '주전' 선수는 교체 선수가 자유투를 끝낼 때까지 벤치에 앉아 있다가 다시 코트로 나갔다. 이는 연습 시간 내내 반복되었다.

8번부터 12번까지의 선수를 무시하려는 의도는 전혀 없었다. 그들에게 팀에서 맡은 역할이 무엇이며 그 목적이 무엇인지 분명히 말해주었다. 그리고 그 역할이 얼마나 중요한지와 팀 전체의 이익에 어떻게 이바지하는지도 이해시키려고 애썼다.

그들의 역할은 칼날인 주전 선수를 예리하게 다듬는 숫돌과 같았다. 하지만 그들은 기회가 오면 더 큰 역할을 맡을 수 있도록 완벽하게 준비되어 있어야 했다. 물론 이런 방침은 선수가 팀의 이익을 우선으로 할 때만, 다시 말해 진정한 팀 정신이 존재할 때만 효과를 거둘 수 있었다.

과거의 기록을 통해 또 다른 사실을 발견했다. 우리 팀이 NCAA 챔피언십 플레이오프에 참가할 자격을 부여받았을 때 그렇지 않아도 빡빡한 연습 일정을 더 빡빡하게 만들고 말았다. 그래서 플레이오프가 시작될 무렵이 되자 선수들의 신체적·정신적 컨디션이 거의 고갈상태에 이르렀다는 점이다. 이 사실을 알고부터는 경기 일정을 고려해 선수들의 에너지를 아끼는 데 주의를 기울이기 시작했다.

그뿐만이 아니었다. 플레이오프를 준비하면서 새로운 전략을 추가하고 선수들에게 더 많은 정보를 전달하는 바람에 일을 훨씬 더 복잡하게 만들었다는 사실 또한 과거 기록을 통해 알 수 있었다. 정규 시즌에 사용했던 분명하고 단순한 전략을 그대로 유지하지 않고 연습 내용을 더 복잡하게 만든 것이다. 그래서 앞으로는 플레이오프에서도 정규 시즌에서 썼던 단순한 전략을 그대로 유지하기로 마음먹었다.

주전 선수 일곱 명에게 집중하고 선수들을 혹사하지 않으며 정규 시즌의 단순한 전략을 유지했다. 1962년의 깨달음과 과거 기록의 검토를 통해 얻은 소중한 산물이었다. 그리고 다시 한 번 강조하자면, 지금까지 언급한 변화들은 변명을 늘어놓으며 현재에 안주하던 습관과 태도를 버렸을 때 비로소 찾아왔다.

더 좋은 방법을 찾아 항상 경청하라

유능한 리더는 남의 말에 귀를 기울인다. 그러나 본인만 계속 얘기를 하고 있으면 남의 말에 귀를 기울이기 어렵다. 팀원의 말에 귀를 기울이는 것은 좋은 리더십의 자질이라고 생각한다. 하지만 단순히 잘 듣는 것만으로는 모자란다. 리더는 자신의 의견을 당당하게 말하는 사람을 채용할 자신이 있어야 한다. 리더가 아무리 남의 말을 잘 듣는다 해도 당당하게 말하는 사람이 없다면 의미가 없기 때문이다.

리더의 철학과 시스템 그리고 일하는 방식을 포용할 사람을 채용하는 것도 중요하다. 내가 나의 빠른 플레이 방식을 이해하고 신뢰하고 동조하는 보조 코치를 채용했던 이유도 그 때문이다. 언제 한번 미네소타 대학에서 감독 제안을 받은 적이 있었다. 대학교 측에서는 보조 코치로 데이브 맥밀런이 함께 일할 것이라고 말했다. 그러나 나는 제안을 거절했다. 가능한 한 나의 기본적인 코치 시스템을 받아들이는 사람을 채용하고 싶었기 때문이다. 데이브 맥밀런은 나의 빠르고 맹렬한 공격 방식과는 완전히 다른 방식을 추구하는 사람이었다.

나는 내 시스템을 포용할 사람을 원했다. 에디 파월, 게리 커닝햄, 제리 노먼, 데니 크럼이 그런 코치였다. 그들 모두 예리한 분석가였고 두려움 없이 자신의 생각을 당당히 말할 줄 아는 사람들이었다.

위의 네 명은 나의 방식에 아주 익숙했다. 그도 그럴 것이 모두 한때 나의 제자였기 때문이다. 에디 파월은 내가 사우스벤트센트럴 고등학교에서 농구팀 감독으로 일할 때 선수였다. 또 내가 인디애나 주립교육대학교에서 일할 때 보조 코치로 일했다. 나의 농구 철학을 이해하고 개선 방법을 함께 모색할 수 있는 사람들의 의견은 매우 소중했다.

1962년에 4강 진출에 성공하고 기존의 코치 방침을 재검토하기로 마음먹은 뒤였다. 우리 팀에 또 한 번의 큰 변화가 찾아왔다. 한 보조 코치가 내놓은 의견이 다음 열세 시즌 동안 UCLA 농구팀에 긍정적인 변화의 바람을 불러온 것이다.

시즌 마지막 경기를 마치고 루이빌에서 돌아오는 비행기 안이었다. 보조 코치였던 제리 노먼이 다음 시즌부터는 전면 압박 수비로 수비 방식을 바꾸자고 제안했다. 전면 압박 수비란 상대 팀이 공격 진영으로 넘어오기 전부터 강하게 밀착 방어하는 방식을 말한다. 전통적인 방어 시스템은 상대 팀이 공격 진영으로 넘어올 때까지 기다렸다가 방어했다. 사실 이는 상대 팀이 방해받지 않고 12미터 이상을 공격해 들어오도록 허용하는 것과 같았다.

전면 압박 수비는 상대 팀이 공격하는 그 순간부터 밀착 방어에 들어가므로 효과적으로 공격을 차단할 수 있다는 장점이 있었다. 하지만 좋은 컨디션과 체력, 선수들의 협력, 지능이 필요한 고도의 기술이었다.

그러나 나는 제리 노먼이 제안한 이 시스템이 낯설지 않았다. 사우스벤트센트럴 고등학교 시절에도 그것을 활용했고 인디애나 주립교육대학교 시절에는 이 시스템으로 좋은 결과를 얻었기 때문이다. 사실 UCLA 농구팀에도 이 시스템을 적용하고 싶은 마음이 굴뚝같았다. 실제로 적용해보기도 했지만, 시즌 첫 경기를 하기도 전에 포기하고 말았던 아픈 기억이 있다.

전면 압박 수비는 가르치기도 어렵고 시간도 많이 소요되는 기술이다. 인디애나 주립교육대학교에서 효과를 볼 수 있었던 이유는 사우스벤트센트럴 고등학교 시절의 제자 상당수가 그 팀에 있었기 때문이다. 그들은 그 시스템과 내 코치 스타일을 잘 알고 있었다. 하지만 UCLA 농구팀에서는 쉽사리 효과가 나타나지 않았다. 아마 낡은 연습 시설에서 일어나는 온갖 문제에 마음을 빼앗겨 가르치는 데 집중할 수 없었기 때문이리라. 나는 인내심을 잃었다. 결국 그 방법을 포기하고 말았다.

캘리포니아로 돌아오는 비행기 안에서 제리 노먼은 전면 압박 수비를 다시 시도해야 한다고 주장했다. 그는 지능, 체력, 승부 근성에서 전면 압박 수비에 완벽하게 들어맞는 두 선수 키스 에릭슨과 게일 굿리치가 팀에 새로 들어왔다는 사실을 강조했다. 그는 14년 전에 내가 포기했던 그 시스템을 다시 부활시켜야 할 때가 바로 지금이라고 확신하고 있었다.

다른 사람들이 그런 제안을 했을 때는 무시해버렸다. 하지만 이번에는 귀담아들었다. 신시내티 농구팀과 맞붙어서 거의 이길 뻔했던 경험이 생각에 변화를 일으켰기 때문이다. 나는 '노'라고 말하는 대신 '예스'라고 답했다.

나는 6개월 후 연습이 시작되자마자 전면 압박 수비를 가르치기 시작했다. 그것은 곧 UCLA 농구팀의 특징이 되었고 NCAA 챔피언십 10회 우승의 원동력이 되었다. 제리 노먼이 자신의 생각을 혼자만 갖고 있었다면, 그리고 감독이자 최종 결정권자인 내가 마음을 닫고 그의 말에 귀를 기울이지 않았다면 시스템은 채택되지 않았을 것이다. 나는 이따금 이렇게 생각한다.

'훗날 올림픽 금메달리스트가 된 레이퍼 존슨이 우리 팀에 있었던 1958~1959년에 그것을 채택했더라면 어떻게 되었을까.'

그는 뛰어난 지능, 체력, 승부 근성의 소유자로 전면 압박 수비에 완벽하게 어울리는 선수였다. 전면 압박 수비를 좀 더 일찍 채택하지 못한 것은 의심할 바 없이 내 실수였다.

'안돼' 대신 '어떻게?'를 생각하라

나는 1962~1963년 시즌 동안 앞서 말한 여러 가지 변화를 시도했고 금방 결과가 나타났다. 우리 팀은 지역 리그에서 공동 선두에 올랐고 플레이오프 준비에 들어갔다. 게일 굿리치를 앞세운 전면 압박 수비는 자리를 잡았고 '일곱 명의 주전 선수' 시스템도 정비를 끝냈다. 플레이오프 직전까지 선수들의 정신적·육체적 상태를 건강하게 유지한다는 계획 또한 순조롭게 진행되었다. 정규 시즌에 사용한 전략을 그대로 유지한다는 계획도 그대로 이루어졌다.

이제 이런 굵직굵직한 변화들이 어떤 결과를 가져오는지 지켜보기만 하면 됐다. 앞에서도 말한 것처럼 이 변화는 비록 낡은 시설이라도 NCAA 챔피언십에서 충분히 우승할 수 있다는 깨달음과 우승할 방법을 찾겠다는 내 결심에서 비롯되었다.

며칠 뒤 유타 주의 프로보 시에서 열린 NCAA 챔피언십 플레이오프의 첫 라운드에서 우리 팀은 애리조나 대학교와 맞붙었다. 결과는 우리 팀의 패배였다. 그것도 93 대 75라는 큰 점수 차로 말이다. 하지만 나는 경기를 지켜보면서 UCLA 농구팀의 장래가 매우 밝다는 사실을 확인했다. 내가 시도한 변화들 덕분에 팀은 한 단계 성장해 있었다.

애리조나 대학교에 패했다는 사실이 정규 시즌 내내 굳혀온 확신을 바꾸지는 못했다. 나는 다음 해 우리 팀은 매우 강력한 우승 후보가 될 것이라고 확신했다. 실제로 그랬다. 1년 뒤 우리 팀은 결승전에서 듀크 대학교를 누르고 챔피언십에서 우승했다. 이 놀라운 결과는 월트 해저드, 프레드 슬로터, 빌리 힉스와 다른 선수들의 활약이 '안 될 거야' 대신 '어떻게'라고 믿도록 마음가짐을 바꾸게 하면서 시작되었다. 나는 새로운 마음가짐으로 중대한 변화를 추구했고 선수들과 더불어 새 아이디어를 실천에 옮기기 시작했다.

그 변화는 1964년과 1965년에 NCAA 챔피언십에서 연속으로 우승하게 된 직접적인 이유가 되었다. 또 우리는 그 두 번의 우승 덕분에 여덟 번 더 우승할 수 있는 여건을 마련할 수 있었다. 새 체육관 '폴리 파빌리온'이 세워졌다. 또 루이스 앨신더 주니어와 같은 최고 선수들이 UCLA 농구팀을 '우수한 팀' '승리하는 팀'이라고 인식하게 되었다.

1962년 시즌에 일어난 일들은 지도자로서 나의 인생을 바꾸어놓았고 팀 경쟁력을 높이는 방법을 더 깊이 연구하게 했다. 나 자신의 고민과 연구를 통해 나온 변화도 있었다. 하지만 대개는 다른 사람의 머릿속에서 나온 것이었다.

리더의 마음을 바꿀 수 있을 정도의 용기를 가진 사람을 주변에 둬야 한다. 서슴지 않고 질문하고 자신의 의견을 말하는 사람, 보스의 환심을 사기보다는 조직의 성장을 추구하는 사람을 리더 주변에 두어야 한다. 신입을 채용하거나 승진 결정을 내려야 한다면 그런 인재들을 찾아라. 실패는 치명적이지 않지만, 변화에 실패하는 것은 치명적일 수 있다.

항상 질문하고 탐구하고 깨어 있어라

데니 크럼은 한때 내가 가르친 선수다. 그는 졸업한 후에 보조 코치로 일하다가 나중에 루이빌대학교의 감독으로 NCAA 챔피언십에서 2회 우승을 했다. 그는 내가 만난 그 어떤 사람보다 많은 질문을 했다. 나와 함께 일하면서 왜 내가 그런 결정을 내렸는지 끊임없이 물었다.

　데니 크럼은 예의 바르게 질문했으며 언제나 논리적이었다. 따지거나 논쟁하려는 태도가 아니었다. 그는 늘 내가 어떤 결정을 내리면 결정의 근거가 무엇인지 알고 싶어 했고 항상 탐구하는 자세를 유지했다. 내가 경기를 통찰하고 이해하는 데 그가 했던 질문과 제안들은 큰 도움이 되었다. 그가 많은 질문을 던졌기 때문에 나는 더 나은 감독이자 교사가 될 수 있었다. 왜냐하면 내가 결정을 내릴 때마다 그것을 뒷받침할 근거를 열심히 생각하도록 끊임없이 자극했기 때문이다.

　이 모든 것은 리더가 마음을 열고 기꺼이 남의 말에 귀를 기울일 때만 가능하다. 나는 데니 크럼이 던지는 예리한 질문을 듣고 그가 훗날 훌륭한 농구 감독이 될 것으로 생각했다. 내 판단은 옳았다. 그가 감독한 루이빌대학교 농구팀은 NCAA 챔피언십에서 여섯 번이나 4강에 진출했고 두 번이나 우승했다. 그뿐만 아니라 네이즈미스 농구 명예의 전당에도 올랐다.

내가 속이 좁아서 데니 크럼, 게리 커닝햄, 제리 노먼과 같은 보조 코치의 말을 듣지 않았다면 얼마나 많은 것을 놓쳤을지 생각해 보라. 그들은 나의 리더십 팀이었다. 팀원은 협력해야 할 뿐만 아니라 서로의 말에 귀를 기울일 줄도 알아야 한다.

성공하는 조직을 만드는 유능한 리더는 끊임없이 남의 말에 귀를 기울이고 배우려고 한다. 그들이 그렇게 하는 이유는 성공이란 '안 될 거야'가 아니라 '어떻게?'라고 물을 때 손에 넣기가 더 쉽다는 사실을 이해하기 때문이다.

88연승의 비밀

성공은 어제 내린 눈이다

리더는 현실적인 목표를 세워야 한다. 하지만 목표를 성취했을 때 결코 만족해서는 안 된다. 성취는 '성공 바이러스'가 당신과 당신이 이끄는 조직을 감염시키지 않도록 주의할 때만 같은 수준 또는 더 높은 수준으로 지속한다. 성공 바이러스의 감염 증상은 '만족감'으로 나타난다. 조직은 과거의 성취에 만족하거나 현재에 만족하면 순식간에 무너진다. 스포츠나 비즈니스에서 정상에 오르기란 어렵다. 그런데 정상에 오른 뒤에 그 자리를 지키는 사람이 드문 이유는 십중팔구 '성공 바이러스'에 감염되었기 때문이다.

낡은 것들을 제거하라

팀의 성장을 가로막는 주범은 낡은 시설이 아니라 바로 나 자신의 생각이다. 내가 그것을 깨달았을 때 모든 영역에서 팀의 수준을 한 단계 끌어올릴 수 있었다. 당신에게 '낡은 시설'은 과연 무엇인가?

'어떻게?'라고 묻기 시작하라

언제나 성장할 수 있다는 생각을 하고 다른 사람들과 힘을 합쳐 그 방법을 찾아 나서라. 모든 답을 알고 있다고 생각하는 리더는 더는 묻지 않는다. 지금까지 '어떻게 하면 우리 팀을 성장시킬 수 있을까?'라고 천 번을 물었더라도 다시 한 번 더 물어라.

아이디어와 의견을 교환하라

밑에 있는 사람이 내놓는 아이디어나 관점은 경쟁에서 우위를 점하고 유지하는 데 꼭 필요하다. 대안이나 아이디어를 제안할 만큼 용기 있는 사람을 환영하라. 하지만 그 표현 방식이 도를 넘어 당신의 전반적인 철학이나 리더십에 도전장을 내미는 경우라면 경계하라. 내 보조 코치였던 크럼, 파월, 노먼, 커닝햄처럼 문제를 일으키거나 권위에 도전하지 않으면서 아이디어와 의견을 교환할 줄 아는 조력자를 찾아라.

점수판을 보지 마라

"현재에 최선을 다하는 사람에게
최고의 결과가 따라온다."

나는 연습 시작 몇 주 전부터 경기 일정을 파악하고 상대 팀의 선수와 감독 및 과거 전적, 경기가 치러지는 장소, 날짜, 시간 심판 등을 조사했다. 이를 바탕으로 그해 UCLA 농구팀의 성적이 어떨지, 어떤 경기에서 이기고 질지를 예측했다. 예측한 내용은 노란색 연필로 종이에 메모했다. 메모한 내용은 봉투에 담아서 사무실 어딘가에 숨겨뒀다. 시즌 중에는 누구에게도 보여주지 않았으며 시즌 후에도 몇몇 사람에게만 공개했다. 정규 시즌이 끝나고 봉투를 열어보면, 한두 경기 정도는 벗어났지만 대체로 맞아떨어지곤 했다.

예컨대 1959년에 모든 전문가가 그해 UCLA 농구팀의 전망에 대해 부정적인 평가를 했다. 하지만 나는 반대로 예상했다. 내가 종이에 적어둔 성적은 14승 12패였는데 결과적으로 내 예측이 맞아떨어졌다.

하지만 무패 행진을 기록했던 네 시즌은 한 시즌(1973년)만 제대로 예측하고 나머지는 모두 틀렸다. 나는 특정 팀과의 경기는 어떤 이유로든 반드시 질 것으로 생각했다. 그런데 내 예상을 뒤엎고 우리 팀이 그런 경기에서 승리한 것이다.

예측을 종이에 적고 감춰두는 이 작은 의식을 치르는 의도는 나에 대한 동기부여나 상대 팀에 대한 대응책을 세우기 위한 것이 아니었다. 나는 모든 경쟁 팀을 똑같이 존중하고 같은 수준으로 경기 준비를 해야 한다고 믿었다. 그 팀이 강팀인지 약팀인지는 중요하지 않았다.

"모든 팀을 존중하고 어떤 팀도 두려워하지 마라. 우리 실력을 가능한 한 최고 수준으로 끌어올리는 데 초점을 맞춰라."

이는 한결같은 내 경기철학이었다. 나는 절대로 상대 팀의 전력을 탐색하지 않았다. 상대가 우리에게 맞추도록 내버려두는 것이 유리했기 때문이다. 나는 우리를 상대에 맞춰 매번 바꾸기보다는 시스템을 최고 수준으로 끌어올리는 것이 더 강하게 만들 것이라고 굳게 믿었다(물론 예외를 둘 때도 있었지만 그런 경우가 많지는 않았다).

미래는 잊고 현재에 집중하라

"연승하고 싶으면 그것에 대해 잊어버려라. 연패를 멈추고 싶으면 그것에 대해 잊어버려라. 다 잊어버리고 오직 최선의 노력과 치밀한 계획에만 집중하라."

나에게 시즌 초마다 했던 경기 결과 예측은 일종의 취미였다. 나는 사람들이 낱말 맞히기 게임을 좋아하는 것처럼 굵직굵직한 경기의 결과를 예측하는 일을 좋아했다. 그리고 낱말 맞히기 놀이와 마찬가지로 예측을 종이에 적어서 서랍에 넣어두고서는 까맣게 잊어버렸다.

나는 선수들에게도 똑같이 하라고 주문했다. 나는 그들이 실제 경기든 연습이든 간에 점수판, 순위, 앞으로 일어날 일 같은 건 잊어버리고 지금 하는 일에 자신의 최대치를 발휘하는 데 집중하기를 원했다.

좋은 리더는 팀원이 어디에 주의를 집중하고 무엇을 걱정할지 결정해야 한다. 다만, 이를 위해서는 리더의 마음이 어디에 가 있는지가 중요하다.

점수판에 마음을 기울이는가? 챔피언십 우승에 마음을 기울이는가? 영업 할당량? 총결산? 목표, 예측, 희망, 꿈을 봉투에 담아 어딘가에 넣어두었다면 그건 좋다. 하지만 날마다 그것만 생각한다면 그만한 시간 낭비가 따로 없다. 현재의 마음과 노력을 미래에다 쏟아부어 낭비하는 셈이다. 현재는 통제할 수 있지만 미래는 그럴 수 없다.

점수판만을 쳐다보는 조직이나 팀은 눈앞에서 상대에게 공을 빼앗기기 십상이다. 리더는 점수판이나 미래를 바라보는 대신에 눈앞의 공에 집중해야 한다. 물론 쉽지는 않다.

날마다 나아지기 위해 노력하라

「LA 타임스」의 한 스포츠 전문 기자가 우리 팀에 관한 기사를 썼던 적이 있다. 두 경기에서 더 이기고 다음 두 시즌 동안 총 60경기를 내리 이기면 94연승을 기록하게 될 것이다. 그러면 빌 러셀과 K. C. 존스가 뛰던 샌프란시스코 대학교 농구팀이 1954년에서 1956년에 걸쳐 세운 60연승의 기록을 깨게 된다는 내용이었다.

이 기사는 당시 경기 결과 예측이 얼마나 도를 넘어섰는가를 잘 보여주는 사례였다. 전문가들은 우리 팀의 두 시즌 연속 무패 행진을 예측하고 있었으며 미디어까지 그 예측을 연일 보도해댔다. 그런 상황에서 내가 직면한 가장 어려운 과제는 점수판이나 다른 사람들의 추측에 대해 잊어버리고 선수들에게 날마다 조금씩 나아지는 방법을 가르치는 데 집중하는 일이었다. 그뿐만 아니라 선수들에게 집중력을 떨어뜨릴 수 있는 '외부의 소음'에 일절 귀를 기울이지 말라고 가르치기도 해야 했다. 그때 나는 다음의 교훈을 깨닫고야 말았다.

'2연승을 거두지 못하는 이유는 결과만을 생각하며 점수판을 쳐다보고 미래만 바라보는 것이다.'

오늘의 연습에 최선을 다하라

나는 선수들에게 훈련이란 날마다 조금씩 나아지는 과정이므로 그날그날의 리허설, 즉 예행연습에 초점을 맞춰 최고의 공연을 무대에 올리는 데 마음을 집중해야 한다고 강조했다. 또 그 과정에서 어떻게 하면 최고의 기량을 발휘할 수 있는지를 선수들에게 가르쳐주려고 노력했다. 우리는 가능한 한 최고의 공연을 올리기 위해 최선을 다했다.

관중이 환호를 보낼까? 우리가 기립 박수와 호평을 받을까? 그것은 우리가 컨트롤할 수 있는 부분이 아니라고 선수들에게 강조했다. 우리가 컨트롤할 수 있는 일은 최선을 다해 노력하는 일밖에 없다고 덧붙였다. 그러면 관객들로부터 '앙코르'가 쏟아질 것이기 때문이다.

농구에서 앙코르는 '마치 매드니스'라고 불리는 NCAA 챔피언십 플레이오프 진출권을 따는 것이다. 나는 선수들에게 진출권을 따는 최고의 방법은 오늘의 연습에 최선을 다하는 것뿐이라고 누누이 강조했다.

"여러분, 이제 연습을 시작합시다. 열심히 해봅시다."

그렇게 말하고는 호루라기를 불어 연습을 시작하곤 했다. 어제 한 일을 지금 컨트롤할 수 없다. 그리고 내일 향상할 수 있는 유일한 길은 지금 하는 일에 최선을 다하는 것이다.

앙코르나 브로드웨이나 최종 리허설은 머릿속에서 지워버려라. 호평이나 기립 박수는 꿈도 꾸지 마라. 이기는 것에 대해서 잊고 지금 당장 연습에 충실하라. 우리 팀은 이렇게 했다.

리더로서 내가 할 일은 선수들이 순위나 경기 종료 후의 점수판 같은 미래에 대한 생각을 차단하도록 돕는 것이었다. 지금 우리가 할 수 있는 일은 미래에 대해 준비하는 것밖에 없다. 미래를 엿보기만 해서는 불가능하다. 굳이 미래를 내다봐야 한다면, 그것은 감독인 나의 일이었다. 나는 그조차도 봉투에 넣어서 서랍 깊숙한 곳에 넣어두었다.

성공은 지금의 자기 일에 집중할 때만 가능하다. 꿈을 이루는 최고의 길은 꿈을 생각하지 않는 것이며 장기적인 목표를 봉투 속에 넣어 어딘가 깊숙한 곳에 치워두는 것이다. 나의 최우선 목표는 장기적인 목표가 아니라 항상 단기적인 목표였다. 지금 당장 연습에서 선수들이 자신의 기량을 향상하는 것을 돕는 것이었다.

이런 목표는 봉투에 넣어 깊숙한 곳에 치워놓지 않았다. 이는 점수판을 보는 것과는 무관하며 오히려 눈앞의 공에 집중하는 것이었다. 바로 내가 시합에서 이기라는 얘기를 절대로 선수들에게 하지 않았던 이유 중 하나다. 시합에서 이기는 것에 대해 생각하는 순간 당신은 현재의 일에 대해 더는 생각할 수 없게 될 것이다.

함께 어우러져야 작품이 된다

새 시즌이 돌아올 때마다 세운 목표는 오늘날 팩 10 콘퍼런스*라 부르는 지역 리그에서 우승하는 것이었다. 이 리그에는 스탠퍼드, USC, 오레곤, 워싱턴 대학교가 속해 있었다.

나는 우리 팀이 NCAA 챔피언십 우승을 차지하고 난 후에도 목표는 NCAA 챔피언십 우승이 아니라 지역 리그 우승이었다. 당시에는 지역 리그 우승팀에게만 NCAA 챔피언십 플레이오프에 출전할 자격을 줬기 때문이다.

지역리그 우승은 그 자체만으로도 큰 과제였다. 관련 정보를 입수하는 것도 만만치 않았다. 나는 경기 일정과 장소와 상대 팀과 그 팀의 코치에 대해 파악했고 심지어 심판에 대한 정보까지 입수했다. 그렇게 모든 정보를 입수하면 리그가 어떻게 전개될지 훤히 볼 수 있었다. 하지만 NCAA 챔피언십은 달랐다. 시즌이 끝날 때까지 우리가 어떤 팀과 맞붙을지 전혀 알 수 없었다. 그러므로 걱정해봐야 아무런 소용이 없었다. 나는 그것을 마음에서 지워버렸다.

나는 장기적인 목표(지역 리그 우승)를 세운 다음 각 연습 세션을 최대한 활용한다는 단기적인 목표를 세웠다. 그 목표를 이루기 위해 나는 고등학교 영어교사일 때 셰익스피어의 작품을 연출한 경험을 농구에 접목했다. 시즌 후에는 다음 시즌에 뛸 가능성이 있는 선

---

* Pacific Ten Conference, 미국 태평양 연안 10개 대학의 스포츠 경기 연맹 — 편집자 주

수들과 이야기를 나눴다. 연극배우를 캐스팅하는 과정과 별반 다르지 않다. 사실 연극배우들은 팸플릿에 '플레이어'로 표시된다.

10월 15일에 시작되는 농구 연습은 연극에 나오는 역할들을 미리 시연해보는 것과 같았다. 나 또한 다른 모든 감독처럼 누구에게 어떤 역할을 맡기고 누구를 주연배우의 대역으로 삼을지 결정해야 했다. 그러니까 농구 연습은 연극으로 치자면 예행연습에 해당하는 것이었다.

시즌 전 경기와 논 콘퍼런스* 경기는 연극에서의 최종 예행연습과 같았다. 그때 감독은 각 선수를 평가한다. 어떤 선수가 누구와 호흡을 잘 맞추는지, 누가 사람들의 이목을 끌려고 다른 선수를 희생시키는지, 어떤 선수들로 팀을 짜야 최고의 팀을 꾸릴 수 있을지를 궁리한다. 감독이나 리더에게 가장 중요한 과제다.

최고의 배우들이 반드시 최고의 연극을 하는 것이 아니다. 나는 최고의 선수 다섯 명이 반드시 최고의 팀을 만드는 것이 아니라는 점을 항상 마음에 새겼다. 연극이 성공을 거두기 위해서는 모든 배우가 조화를 이루어야 한다. '출연진' 사이의 상호작용은 배우 개개인의 재능만큼이나 중요하다.

우리의 '연극 무대'는 1월의 지역 리그 시작과 더불어 막이 올랐다. 그때는 모든 연습이 끝나고 출연진(선발 선수)까지 결정이 완료된 상태였다.

---

* 콘퍼런스는 NCAA 챔피언십을 위한 일종의 예선이다. 콘퍼런스는 11월부터 시작되지만, 11월~12월의 경기결과는 '논 콘퍼런스'라고 하여 순위에 반영되지 않는다. — 편집자 주

목표를 정한 다음에는 안 보이는 곳에 치워둬라

리더가 안고 있는 매우 어려운 과제 중 하나는 자신과 팀원이 미래에 대한 도전, 기회, 보상, 결과에 마음이 흐트러지지 않도록 하는 것이다. 나는 선수들에게 앞으로 맞부딪치게 될 상대 팀에 대해 거의 언급하지 않았다. 팀의 순위나 플레이오프에서 승리할 가능성에 대해서도 마찬가지였다. 그런 것들은 모두 미래에 속한 일이었기 때문이다. 실력 향상은 현재의 노력을 통해 이루어지는 것이다. 미래를 바라보기만 한다고 저절로 되는 일이 아니다.

경쟁자를 최대한 존중하라

나는 상대 팀에 맞춰 연습 계획이나 경기 전략을 바꾸는 일이 거의 없었다. 선수들에게는 어떤 팀과 만나더라도 얕보지 말라고 가르쳤다. 비즈니스에서도 마찬가지다. 모든 경쟁자를 존중하되 두려워하지 마라. 물론 쉽지 않은 일이란 것을 안다. 당신보다 위에 있는 상대를 쳐다보면 당연히 두려워진다. 반대로 당신이 내려다볼 때(경쟁에서 앞서 갈 때) 상대를 존중하기도 쉽지 않다.

단기적인 목표에 집중하라

이것이 바로 이번 장의 제목 '점수판을 보지 마라'의 핵심 내용이다. 그리고 내 리더십 전략의 핵심이기도 하다. 현재의 실력을 향상하는 데 초점을 맞춰라. 내일이나 다음 주에 맞춰서는 안 된다. '바로 지금'이 가장 중요한 때다.

4장 성공 레슨
Success Lesson

작은 것을 챙겨라

"성실이 위대함을 낳는다."
– 니체

나에게 UCLA 농구팀에 들어가서 참석한 첫 번째 팀 미팅은 충격 그 자체였다. 내 옆에는 고등학교 시절 전국적인 인기를 누렸던 카림 압둘 자바(루이스 앨신더 주니어)가 앉아 있었다.

그뿐만 아니라 다른 신입생 동료(그중 몇 명은 미국 최고의 선수였다)와 몇 달 전에 NCAA 챔피언십 우승을 차지했던 선배 선수들 에드거 레이시, 케니 워싱턴, 더그 매킨토시, 프레드 고스, 마이크 린 등이 주변에 앉아 있었다.

에너지와 재능이 넘쳐나는 선수들이 교실에 가득 차 있었다. 곧 우든 감독님이 들어오셨고 교실 앞쪽으로 걸어오셨다. 드디어 위대한 순간이 다가왔다. 그 유명한 존 우든 감독님이 지도하는 UCLA

농구팀(미국대학체육협회NCAA 챔피언십 우승을 차지한 그 대학!)의 일원으로서 첫발을 내딛는 순간이 다가온 것이다.

감독님은 잠시 우리를 쳐다본 뒤 천천히 입을 떼셨다. 그의 말은 충격적이었다.

"제군들, UCLA에 온 걸 환영한다. 그럼 바로 본론으로 들어가겠다. 지금부터 제군들 각자에게 UCLA 농구팀의 중요한 규칙 몇 가지를 알려주겠다. 첫째, 손톱을 짧게 깎을 것. 둘째, 머리를 짧게 깎을 것. 셋째, 윗옷을 항상 바지 속에 잘 넣을 것."

감독님은 그렇게 말한 우리를 휙 둘러보더니 근엄하게 물으셨다.

"알겠나?"

나는 속으로 '감독님이 지금 농담을 하는 걸까?'라고 생각했다. 하지만 선배 중 누구 하나 웃는 사람이 없었다. 나는 선배들이니까 신입생들보다 감독님에 대해 더 잘 알고 있을 것으로 생각하면서도 감독님이 왜 저런 쓸데없는 일로 시간을 낭비하는지 이해할 수가 없었다.

나는 몇 달이 지나고 몇 년이 지난 뒤 (그리고 NCAA 챔피언십 우승을 세 번 더 차지하고 난 뒤) 그런 '쓸데없는 일'이 우든 감독님의 탁월한 리더십의 일부분임을 깨달았다. 그의 가르침은 하나같이 옳았다. 손톱이나 머리나 윗옷에 관한 세부적인 규정에서부터 플레이하는 법과 볼 핸들링을 포함한 모든 농구 기술에 이르기까지 무엇 하나 빠뜨리시지 않았다. 그런 사소하지만 제대로 해야 할 일들이 수백 가지나 되었다.

모든 것은 서로 연관되어 있었다. 어떤 것도 우연에 맡겨서는 안 되었고 모든 것을 제대로 해야만 했다. 패스나 슛을 하는 것부터 손톱을 짧게 깎고 윗옷을 바지 속에 잘 넣는 일까지, 그 어떤 일에서도 게으름은 절대 허용되지 않았다. 감독님은 늘 위대한 일은 작은 일들이 쌓여서 이루어진다고 가르치셨다. 그 덕분에 우리는 매사에 작은 것부터 챙기는 습관을 갖게 되었다.

감독님의 가르침은 간단했다.

'머리를 짧게 깎을 것'보다 더 간단한 것이 어디에 있는가? '슛하기 전에 자세를 낮춰라'보다 더 간단한 것이 또 어디에 있을까? 작고 간단한 것들이 (한 번에 하나씩) 쌓여서 방대한 지식이 되었다. 그는 이 방대한 지식을 조금씩 나누어주었다. 결국 우리 팀은 그 다양한 지식을 연습이나 경기에서 실제로 활용할 수 있었다.

그렇게 하기까지는 연습 일정을 놀라울 정도로 세밀하게 구성한 감독님의 노고가 있었다. 감독님은 자신이 이루고자 하는 바가 무엇인지와 그것을 위해서 어떻게 해야 하는지 잘 알고 계셨다. 감독님이 유능한 리더가 될 수 있었던 요인 중 하나는 그가 영문학 석사라는 데서 찾을 수 있을지도 모르겠다. 그는 다른 사람이라면 설명하는 데 오랜 시간이 걸릴 내용을 더 짧은 문장으로 설명할 줄 알았다. 그래서 자신이 하고자 하는 말을 매우 빠르게 전달할 수 있었다. 쓸데없는 말이나 요점을 벗어난 말은 전혀 하지 않으셨다.

우든 감독님의 훈련 방식은 매우 실질적이었으며 영향력 또한 엄청났다. 감독님은 간혹 화가 나면 무서울 정도로 엄해지셨다. 크게 고함을 치지는 않았지만, 뭔가 남다른 단호함이 있었다. 우리가 최선을 다하지 않는다고 생각될 때는 더 그랬다.

칼(캘리포니아 대학교 버클리 캠퍼스)과 경기할 때였다. 우리는 몇 점 앞선 상태로 중간 휴식 시간을 맞았고 탈의실로 갔다. 감독님은 몹시 화가 난 상태였다. 감독님에게 점수는 중요하지 않았다. 그는 우리가 최선을 다해 뛰지 않았다고 생각했고 그래서 지금도 생생하게 기억날 정도로 따끔하게 야단을 치셨다. 물론 그때도 언성을 높이지는 않으셨다.

우리가 상대 팀보다 높은 점수를 얻었다는 사실이 중요하긴 했다. 하지만 감독님에게 더 중요한 것은 '잠재력을 충분히 발휘한 경기를 했는가?'였다. 감독님은 우리가 지고 있어도 최선을 다했다면 화를 내지 않으셨다. 화를 내는 대신 후반전에 경기를 어떻게 풀어야 할지 매우 침착하게 지시를 내리셨다.

1968년에 당시 대학 농구 순위에서 1위에 오른 우리 UCLA 농구팀과 2위에 오른 휴스턴팀이 아스트로돔에서 경기를 펼쳤다. 그것은 세기의 경기로 불렸고 세간의 관심이 쏠렸다. 휴스턴팀은 그해 무패 행진을 계속하고 있었고 우리 팀 역시 47연승을 거두고 있었다. 그 경기는 정규 시즌 경기로서는 최초로 전국에 생중계되었다. 농구 역사상 처음으로 아스트로돔에서 열린 경기였다. 최초로 5만 명의 관중이 몰린 시합이기도 했다. 한마디로 말해 전례 없는 세기의 경기였던 것이다.

결론적으로 우리 팀은 경기 종료 직전에 71-69로 역전패를 당했다. 47연승의 대기록도 끝이 났다. 우리 팀 선수들은 우든 감독님이 어떤 반응을 보일까 몹시 궁금해하며 탈의실로 들어갔다. 나와 동료는 UCLA 농구팀에 들어온 이래 한 번도 진 적이 없었다. 그런데 너무나도 중요한 경기에서 처음으로 진 것이다. 우리는 '감독님이 과연 어떤 반응을 보일까?'가 너무 궁금했다. '세기의 경기'에서 진 직후 탈의실로 들어오신 감독님은 매우 침착해 보이셨다. 심지어 살짝 웃고 계셨다. 감독님은 이렇게 말씀하셨다.

"이번 경기에 졌다고 세상이 끝난 것은 아니다. 우리는 다음번에 더 잘할 것이다."

감독님은 우리가 최선을 다해서 뛰었다며 오히려 기뻐하셨다. 감독님에게 점수는 부차적인 문제였고 연승 행진이 깨진 것도 중요하지 않았다. 코트에서 우리가 최선을 다했다는 사실이 그에겐 전부였다. 그것으로 감독님은 만족하셨던 것이다.

1967년 우리 팀은 루이빌에서 NCAA 챔피언십 결승전을 치렀다. 우리는 시즌 내내 한 경기도 지지 않았다. 우리는 데이턴팀과 경기를 하기 위해 코트에 나가기 직전 탈의실에 앉아서 감독님이 들어오시기를 기다렸다. 몇 분 후면 경기에 출전할 우리 팀 선발 선수 가운데 무려 네 명이 신입생이었다. 카림, 루시어스 앨런, 케니 하이츠, 그리고 나였다.

우든 감독님은 칠판 쪽으로 걸어가서 뭔가를 그리기 시작하셨다. 아마 새로운 전술일 거로 생각했다. 하지만 아니었다. 감독님은 미국 국가가 흘러나올 때 우리가 어디에 서야 하는지를 설명해주는 그림을 그리고 계셨다! 또 경기 종료 후 우리가 어떻게 행동해야 하는지를 말씀하셨다. 그 전날 다른 팀 선수들이 경기를 마치고 행패를 부렸던 사건을 언급하시면서 점잖게 행동하라고 주의를 하셨다. 우리가 결승전에서 상대할 팀이라든가 경기 전략에 대해서는 한마디도 말씀하시지 않으셨다. 단 한마디도. 그것은 이미 경기가 시작되기 전 가르칠 것은 다 가르쳤다는 그의 믿음에서 비롯되었다. 만약 그 시간까지 우리에게 가르쳐주지 않은 것이 있다면 그때는 이미 늦었다고 감독님은 생각하셨다.

  물론 감독님은 우리에게 필요한 것을 경기가 시작되기 전에 모두 가르쳐주셨다. 그리고 그 가르침은 시즌 첫날 교실 앞으로 걸어와서 신입생들과 재학생들에게 '제군들, 바로 본론으로 들어가겠다'고 말한 다음 손톱, 머리, 상의에 대해서 상세하게 얘기하실 때 이미 시작되었다. 그때를 돌이켜보면 지금도 여전히 충격으로 다가온다.

린 섀클포드
UCLA 농구팀(1967~1969) NCAA 챔피언십 3회 우승

세심하게 신경 써라

"깨어 있어야 한다.
우리는 주변에 어떤 일들이 일어나고 있는지 관찰함으로써 깨어 있을 수 있다."

우든 감독님은 아주 세부적인 것까지 체계적으로 정리하는 게 몸에 밴 분이었다. 그래서 그의 가르침은 매우 효과적이었다. 3×5인치 크기의 카드와 노트에 모든 것이 꼼꼼하게 정리되어 있었다. 오후 3시 7분에서 3시 11분 사이에 무엇을 할 것인지, 3시 11분에서 3시 17분 사이에는 무엇을 할 것인지, 누가 언제 무엇을 했는지가 하나하나 기록돼 있었다. 하나도 빠뜨리는 법이 없었다. 감독님은 분 단위로 활동을 기록하셨다. 또 우든 감독님은 시간표를 철저히 지키셨다. 내가 UCLA 농구팀에서 선수로 뛸 때도 나중에 그의 밑에서 보조 코치로 일할 때도 그 사실은 변함이 없었다.

연습 첫날, 우든 감독님은 우리를 바닥에 앉게 했다. 그리고 농구

화와 양말을 벗으라고 하셨다. 그런 다음 두꺼운 면양말에 잡힌 주름을 없애는 방법을 직접 시범을 보이면서 자세히 설명하셨다. 우리는 보통 양말을 두 겹씩 겹쳐서 신었다. 그래서 그는 한 켤레씩 두 차례 시범을 보여주었다. 양말을 발가락부터 끼워서 위로 바짝 당겨 신어라. 주름이 하나도 잡히지 않도록 이렇게 해라 등등. 발에 물집이 잡히지 않으려면 양말을 신을 때 발가락부터 종아리까지 주름이 하나도 잡히지 말아야 한다고 강조하셨다.

우든 감독님이 진지하게 시범을 보이는 동안 몇몇 선수들이 비웃는 표정을 지었다. 하지만 그는 전혀 신경 쓰지 않았다. 그는 아무리 사소한 것일지라도 선수에게 중요하다고 생각되는 것에 대해서는 절대 대충 넘어가는 법이 없으셨다. 그래서 사소한 것들까지 제대로 하는 방법을 시범을 통해 몸소 보여주셨다.

감독님은 모든 일에 세심하게 주의를 기울이셨다. 연습을 계획하고 행하고 평가하는 것은 물론 여행과 장비와 음식에 대해서도 마찬가지였다. 기량에 영향을 끼칠 수 있는 모든 것에 세심한 주의를 기울인 것이다.

우든 감독님은 다음과 같은 점에서도 99퍼센트의 다른 감독들과 구별된다. 그는 절대로 자신이 모든 것을 다 알고 있다고 생각하지 않았다. 그는 해마다 챔피언십에서 우승하면서도 배우기를 멈추지 않았고 그렇게 함으로써 감독이자 리더로서 계속 발전하기를 바랐다.

나는 1968년에 보조 코치로 우든 감독님과 함께하기 전에 전문

대학에서 몇 년간 감독으로 일했다. 나는 그곳에서 나름의 경험과 아이디어를 쌓았다. 우든 감독님은 내 경험과 아이디어를 환영했고 그 가운데 마음에 드는 것은 연습 때 적용했다. 효과가 있으면 계속 활용했고 효과가 없으면 버렸다.

감독님은 절대로 자신의 방식만을 고집하지 않으셨다. 농구 코트를 떠나기 직전까지도 그랬다. 우리는 종종 의견 차이를 보였고 실제로 격한 논쟁을 벌인 적도 여러 차례 있었다. 그래서 사람들은 우든 감독님께 그러한 의견 충돌에 대해 어떻게 생각하는지 여러 번 물었다. 그럴 때마다 감독님은 이렇게 대답하곤 하셨다.

"내겐 '예스맨' 따위는 필요 없습니다. 리더가 뭘 하든지 모두 '예스'라고 하는 사람을 주변에 둬서 뭐 하겠습니까."

내가 어떤 아이디어를 제안했을 때 그가 다음처럼 말한 적은 한 번도 없었다.

"글쎄, 우린 지금까지 이렇게 해왔고 챔피언십 우승까지 하지 않았나. 그러니까 그냥 하던 대로 하세."

그는 언제든지 변화를 받아들일 준비가 되어 있었다. 우든 감독님은 늘 남의 말에 귀를 기울이셨다.

"들어보고 괜찮다고 생각한다면 시도하라. 그래서 효과가 있으면 좋고 그렇지 않다면 원래대로 돌아가면 된다."

이런 식이셨다. 그는 언제나 팀이 더 나아지는 방법을 고민했다. 그는 날마다 있는 코치 미팅 때는 외부의 방해가 없도록 차단했다. 우리는 각자 노트를 꺼내놓고 전날의 연습 내용을 평가했다. 무엇이 좋았고 무엇이 부족했으며 무엇을 새로 시도해야 하는지에 대해 얘기했다. 조정과 개선의 연속이었다.

그런 다음에 연습을 분 단위로 계획했다. 공격 템포를 바꾸는 연습, 방향 변화 연습, 수비 연습, 드리블 연습 등등. 우리는 연습 내용을 하나도 빠짐없이 노트와 카드에 적었다. 그러면서도 각자의 아이디어와 의견을 자유롭게 교환했다. 우든 감독님은 우리가 하는 제안이나 반대 의견에 대해 마음을 열고 경청했지만 절대로 물렁물렁하지는 않으셨다. 그를 설득해 뭔가를 바꾸게 하려면 자기 논리를 철저히 준비해야만 했다. 논리도 없는 제안을 그냥 충동적으로 받아들이는 법은 절대로 없으셨다. 대신에 괜찮다고 생각되면 열심히 귀를 기울이셨다.

모든 코치의 의견을 듣고 난 다음에 감독님이 최종 결정을 내리셨다. 그리고 그 결정으로 모든 게 끝이었다. 우든 감독님은 경기 결과에 대해 한 번도 말씀하지 않으셨다. 이상하게 들리겠지만, 그런 것이 대화의 주제가 된 적은 단 한 번도 없었다. 감독님은 경기 시작 전에 선수들을 불러 모아놓고 다음과 같이 말하지 않았다.

"오늘 우리가 맞붙을 팀은 지역 리그에서 우리와 한 조로 편성된 팀이다. 따라서 오늘 밤 반드시 이 팀을 물리쳐야 한다. 꼭 승리를 거두기 바란다."

감독님은 상대 팀과 그들의 실력에 대해서는 아무런 관심도 기울이지 않으셨다. 사전 탐색도 하지 않으셨다. 그의 철학은 오로지 UCLA 농구팀을 더 나은 팀으로 만드는 것이었다. 그러는 데 필요한 기본 기술과 세부적인 것을 가르치고 연습시키는 것이 주요 관심사였다. 그는 우리 팀의 실력 향상에만 완전히 몰입하셨다. 상대팀의 실력에 맞춰서 어떻게 싸워야 할지는 전혀 관심이 없으셨다. 기본기, 컨디션, 팀플레이에만 관심을 기울이셨다. 정말이지 너무도 간단했다.

"그들이 우리 기준에 맞추게 하라."

데니 크럼

UCLA 농구팀(1958~1959), 보조 코치(1969~1971) NCAA 챔피언십 3회 우승

점수는 생각하지 마라

사랑과 역량을 결합할 때 걸작을 기대할 수 있다.
- 존 러스킨

내가 UCLA 농구팀의 선수로 뛸 무렵의 일이다. 우리 팀은 네 번째 또는 다섯 번째 경기에서 상대 팀에 큰 점수 차이로 뒤지고 있었다. 한마디로 암담한 상황이었다. 그럴 때 나는 어찌할 바를 몰라서 우든 감독님을 쳐다보았다. 감독님은 둘둘 만 작전 노트를 손에 쥔 채 아무렇지도 않은 표정으로 벤치에 앉아 계셨다. 마치 우리가 앞서고 있는 듯한 표정이었다. 그러면 내 머릿속에는 이런 생각이 떠올랐다.

'그래, 감독님도 걱정하지 않는데 내가 걱정할 이유가 어디 있어? 그냥 감독님이 말한 대로만 하자.'

그리고는 무슨 일이 벌어졌는지 아는가? 놀랍게도 우리는 한 경기를 빼고 나머지 경기에서 모두 이겼다. 이기지 못한 경기도 점수 차이는 매우 적었다. 정말 멋진 경험이었다. 우든 감독님은 항상 냉정함을 잃지 않으셨다. 우리는 그를 통해 자신감과 강인함을 배웠다. 실제로 나는 UCLA 농구팀에 있던 3년 동안 단 한 번도 그가 흔들리는 모습을 보지 못했다.

우든 감독님은 항상 긍정적인 일에만 집중했고 부정적인 일에는 시간을 낭비하지 않으셨다. 늘 우리를 더 나은 팀으로 만드는 일에만 집중하셨다. 그는 우리가 부정적인 생각을 하거나 자책하고 있으면 바로 알아차리셨다. 그리고 언제나 긍정적인 생각을 불어넣어 주셨다.

"이것이 여러분이 해야 할 일이다. 이대로만 해라. 그러면 아무 문제도 없을 것이다."

호통을 치시거나 소리치는 일은 절대로 없으셨다. 그러나 얼마 뒤에 돌이켜보면 신기하게도 문제가 모두 사라져 있었다. 그는 자신만의 시스템을 가지고 계셨고 또 그것을 철석같이 믿으셨다. 그리고 우리도 그것을 믿도록 가르치셨다. 늘 우리에게 이렇게 말씀하시곤 하셨다.

"내가 가르치는 것에만 집중해라. 점수는 생각하지 마라. 그저 묵묵히 자신에게 주어진 일을 해라. 그러면 모든 일이 잘 풀릴 것이다. 또 팀원끼리 서로 돕는다면 우리에겐 어떤 문제도 없을 것이다."

감독님은 우리가 실수한 것들을 고쳐줄 때조차도 늘 우리를 격려하고 지지해주셨다. 또 코트에서 우리가 할 수 있는 최선을 다하라고 가르치셨다. 그뿐만 아니라 감독님은 우리가 그의 말에 귀를 기울이게 하는 방법도 잘 알고 계셨다. 내가 UCLA에 입학했을 때 일이다. 그때 나는 페이드 어웨이 슛에 능숙했다. 나는 이 기술로 캔자스 주의 고등학교 농구를 제패했다. 그러나 우든 감독님은 그 기술을 좋아하지 않으셨다. 감독님은 이렇게 말씀하셨다.

"프레드, 점프슛을 하고 나서 골대 근처에 있는 것이 어떻겠나. 그래야 리바운드를 할 수 있어. 자네처럼 점프슛을 한 다음 뒤로 빠지면 리바운드를 할 수 없지 않나."

하지만 나는 페이드 어웨이 슛이 아주 좋았다. 그래서 감독님의 가르침을 무시했다. 그러자 감독님이 아주 침착한 목소리로 이렇게 말씀하셨다.

"프레드, 내가 가르쳐준 방식대로 하게. 그렇게 하지 않으면 다음 주 토요일 경기에서는 벤치에 앉혀놓겠네. 점프슛을 제대로 하는 법을 아는 선수는 자네 말고도 많으니까."

세상에! 분명히 말하지만, 여러분은 그 말의 위력을 상상도 못할 것이다. 감독님은 자신의 뜻을 전달하기 위해 굳이 의자까지 집어 던질 필요가 없으셨다.

언젠가 NCAA 챔피언십 준결승전에 나갔을 때다. 경기 종료 직전에 심판이 우리에게 반칙을 선언했다. 그 바람에 우리 팀은 신시내티 대학교에 지고 말았다. 반칙 선언은 우리 팀에게 저주였다. 그 때문에 우리는 그 경기는 물론 챔피언십 우승까지 놓쳤다. 하지만 경기가 끝나고 우리가 탈의실에 모두 모였을 때 감독님이 보이신 태도는 경기에서 이겼을 때와 다르지 않았다. 늘 그랬듯이 차분한 모습이셨다. 어떤 불평도 하지 않으셨다. 감독님은 우리에게 고개를 똑바로 들고 있으라고 말씀하셨다.

"역경은 우리를 더욱 강하게 만든다. 비록 오늘은 경기에서 졌지만, 여러분에게는 여전히 서로 의지할 수 있는 동료가 있다는 사실을 명심하기 바란다."

그때 감독님은 이 말을 덧붙였어야 했다.

"그리고 여러분에게는 여전히 내가 있다."

우든 감독님은 우리 팀의 일원이셨다. 그리고 벤치에 앉아 있어도 마음만은 우리와 함께 코트에서 뛰고 계셨다. 감독님의 말씀대로 역경은 우리를 더 강하게 만들어주었다. 2년 뒤에 우리 팀은 UCLA 농구팀 역사상 처음으로 NCAA 챔피언십 우승을 차지했다.

프레드 슬로터
UCLA 농구팀(1962~1964) NCAA 챔피언십 3회 우승

승리는 연습의 결과다

"누가 경기를 시작했는지는 그리 중요하지 않다.
중요한 것은 누가 경기를 끝냈느냐이다."

"공은 언제나 내가 쥐고 있어야 한다."

나는 고등학교에서 가드로 활약할 때 그런 독선에 사로잡혀 있었다. 일반적으로 가드는 '슛을 쏠 수 있게 나한테 공을 넘겨줘!'라고 생각하는 사람들이다.

그런데 내가 UCLA 농구팀에 들어간 뒤 우든 감독님은 '올코트 프레싱'이라는 전술을 주문하셨다. 코트 전체를 이용해 압박 수비를 펼치기로 했으니까 혼자서 공을 쥐고 있을 생각을 버리라는 말씀이셨다. 하지만 나는 내 방식을 버리지 않고 계속 공을 독차지하려 했다. 그러자 어느 날 감독님이 나를 불러서 이렇게 말씀하셨다.

"경기는 총 40분이다. 상대 팀이 약 20분 동안 공을 가지고 있으므로 우리가 공을 가지고 있는 시간도 20분 정도다. 난 농구를 할 때 균형이 가장 중요하다고 생각하는 사람이다. 따라서 다섯 명의 선수가 같은 시간 동안 공을 쥐고 있어야 한다는 게 내 방침이다. 그러니까 네가 한 경기당 공을 쥐고 있을 수 있는 시간은 약 5분 정도라는 계산이 나오지. 그런데 게일, 공을 쥐고 있지 않은 나머지 35분 동안 자네가 팀을 위해서 무엇을 해야 한다고 생각하나?"

감독님이 이 말을 하는 데는 15초 정도밖에 걸리지 않았다. 하지만 그 짧은 말씀이 팀에서의 역할에 대한 내 사고방식을 완전히 바꾸어놓았다. 감독님은 선수들에게 자신이 원하는 것을 제대로 가르치기 위해 다양한 방법을 사용하셨다. 연습경기 동안 가드와 포워드끼리 포지션을 바꿔서 플레이를 해보라고 주문하신 적도 있다. 모든 선수가 다른 포지션에 있는 선수의 역할을 이해하기 위해 실시한 방법이다. 우든 감독님은 가드는 포워드를 이해하고 포워드는 가드가 겪는 어려움을 이해할 수 있게 하려고 노력하셨다.

우든 감독님은 우리 팀이 자신의 영광을 위해 코트에 나온 개인의 무리가 아니기를 원했다. 감독님은 '팀 우선'의 사고방식을 효과적으로 심어주는 방법을 찾기 위해 무척 노력하셨다.

내가 UCLA에 온 이유도 그러한 연습방법 때문이다(나는 고등학교 시절, 체육관에서 UCLA 농구팀의 연습 광경을 지켜본 적이 있다). 연습 내내 선수들을 완전히 장악하는 감독님의 지도력은 무척이나 인상적이었다.

감독님은 카드와 노트를 늘 손에 들고 일정을 정확하게 지키기 위해 벽시계를 쳐다보셨다. 한 차례 연습이 끝나면 다음 연습이 있었고 그 연습이 끝나면 또 다음 연습이 있었다. 단 1초도 헛되이 낭비하는 법이 없으셨다. 그는 시간활용의 진정한 대가였다. 심지어 10년 전 같은 날 오후 4시 35분에 했던 연습에 대해 정확히 말할 수 있을 정도였다.

우든 감독님은 언제나 승리는 연습의 결과라고 믿었다. 최종 점수에 마음을 쓰는 대신 현재 하는 일 자체에 집중하라고 가르치셨다. 감독님이 우리에게 시켰던 훈련 중에는 빠르게 움직이면서 슛은 하지 못하게 하는 연습도 있었다. 훈련의 목적은 골을 넣으려면 그전에 어떻게 움직여야 하는가를 배우는 것이었다. 이처럼 감독님은 우리로 하여금 플레이 자체에 초점을 맞추도록 가르쳤다. 그 결과 우리 팀은 제대로 된 플레이를 할 줄 아는 팀이 되었다.

"이런 세상에! 어떻게 저런 일이!"

우든 감독님이 누군가를 향해 그렇게 말씀하시면 어떤 문제가 있다는 뜻이다. 대부분 커다란 문제였다. 그런 말을 들은 선수는 곧 벌이 내려질 것임을 안다. 벌은 벤치 행이거나 운이 나쁘면 샤워실 행이었다. 때때로 감독님은 어떤 일을 하지 말라고 말하는 대신 적절한 조치를 해서 아예 그 일을 하지 못하게 만들곤 하셨다.

예를 들어, 해마다 미식축구 시즌이 되면 버클리 캠퍼스에서 칼 위크엔드 축제가 열렸다. 그러나 우리에게는 경기가 기다리고 있었다. 우든 감독님은 우리가 그곳에 가서 파티 분위기에 흥청망청하는 것을 원치 않으셨다. 하지만 그곳에 가면 안 된다고 말씀하지는 않으셨다. 대신에 감독님은 금요일 연습시간을 오후 6시로 옮기셨다. 그리고 늦은 시간까지 우리를 붙잡아두고 맹훈련을 시켰다. 밤새 버클리까지 운전해서 갈 시간과 에너지를 하나도 남김 없이 빼앗은 것이다.

그러나 어느 해 존 갤브레이스와 나는 비행기를 타고 칼 위크엔드 축제에 가기로 마음먹었다. 게다가 나는 '베타 테타 파이'라는 남학생 사교 클럽의 회원이었다. 토요일 저녁 경기가 끝난 뒤 클럽 파티에서 맥주까지 두 잔 마셨다. 그런데 어떻게 된 영문인지 감독님이 내가 칼 위크엔드 축제에 간 것뿐만 아니라 맥주를 마신 사실까지 알게 되었다. 월요일 아침 나는 사무실로 찾아오라는 감독님의 전화를 받았다. 사무실로 찾아간 나에게 감독님은 이렇게 물으셨다.

"지난 주말에 재미있게 놀았나?"

내가 고개를 끄덕이자 감독님은 바로 경고를 날리셨다.

"이봐, 게일. 앞으로 한 번만 더 맥주를 마시다가 걸리면 그때는 바로 퇴출이야."

나는 충격을 받은 채 고개를 끄덕였다. 머릿속으로는 '어떻게 그 사실을 아셨지? 어떻게 아셨을까?'라고 몹시 궁금해하면서 말이다.

"내년에도 나는 우리 팀이 멋진 경기를 펼치리라 기대하네. 그걸 망치고 싶지는 않네만, 자네 때문에 팀을 망치고 싶지는 않겠지?"

감독님의 다그침에 나는 이렇게 대답했다.

"아닙니다. 감독님. 저 때문에 팀이 엉망이 되는 일은 절대 없도

4장 성공 레슨 Success Lesson 275

록 하겠습니다."

"좋아, 그럼 연습 시간에 보자."

사실 우든 감독님은 선수가 맥주를 마시는 것과 같은 잘못을 저지르는 현장을 잡으려고 눈에 불을 켜고 다니는 분이 아니셨다. 그것은 그의 방식이 아니었다. 다만, 우리가 자신의 행동에 책임을 지고 자신을 스스로 조절하는 사람이 되기를 바란 것뿐이다. 그러니까 그날 아침에 감독님의 메시지는 앞으로 어떤 결정을 내리기 전에 그 결정이 팀에 어떤 영향을 미칠지 먼저 곰곰이 생각해보라는 것이었다. 그 뒤로 나는 항상 그 말을 잊지 않았다.

우든 감독님은 언제나 균형에 대해서 말씀하셨다. 신체적 균형, 득점상의 균형, 팀의 균형, 무엇보다도 정신적 균형과 정서적 균형을 중시하셨다. 서 있으려면 두 발의 균형이 잡혀야 한다. 몸은 물론 머리와 팔다리도 균형을 이루어야 한다. 온몸의 균형이 깨지면 곧바로 넘어질 것이라고 말씀하셨다. 물론 이것은 온몸에만 국한된 말이 아니었다.

훗날 나는 농구뿐만 아니라 인생에서도 균형이 성공의 핵심이라고 생각하게 되었다. 균형이 무너지면 일이 잘 풀리지 않는다. 모든 일에는 균형이 필요하기 때문이다. 감독님이 우리에게 끊임없이 강조한 단어 '균형'은 내 머릿속에 깊이 새겨졌다. 나는 어떤 일을 하더라도 항상 균형을 생각하게 되었다.

감독님은 경기에서 이기라고 한 번도 말씀하신 적이 없다. 심지어 첫 번째 NCAA 챔피언십 결승전에서 듀크 대학교와 경기를 앞두고 탈의실에 있을 때조차 이기라는 말씀을 하지 않으셨다. 감독님은 차분하게 경기 계획을 설명했다. 만약 우리 각자가 철저한 압박수비와 좋은 플레이를 펼친다면 경기가 끝난 뒤 머리를 높이 들고 탈의실로 돌아올 수 있을 거라고 반드시 챔피언십 우승을 하자거나 경기에서 이기자거나 하는 얘기는 한마디도 하지 않으셨다. 다만, 코트에 나가기 직전에 우리에게 이렇게 물으셨다.

"혹시 작년 NCAA 챔피언십 결승전에서 준우승을 차지한 팀이 어디인지 기억나는 사람 있나?"

아무도 손을 들지 않았다. 그것이 감독님이 한 말 중에서 그나마 격려에 가까운 말이었다.

게일 굿리치

UCLA 농구팀(1963~1965) NCAA 챔피언십 2회 우승

예외는 없다

"다른 사람을 탓하기 전까지는 아무도 패자가 아니다."

 나는 제2차 세계대전에 참전하고 고향에 돌아온 뒤 인디애나 주립교육대학에 입학했다. 그곳에 우든 감독님이 계셨기 때문이다. 사우스벤드센트럴 고등학교 농구팀에서 감독님의 지도를 받았던 학생 중 상당수가 그를 따라서 그 대학에 입학했다. 감독님이 이루어 놓으셨던 가족 같은 품이 그리웠기 때문이다.

 나는 전쟁 중에 죽을 고비를 넘긴 적이 있다. 이탈리아의 한 유전을 공습하던 중 격추를 당했기 때문이다. 그 뒤로 오랫동안 비행기 타는 것을 몹시 두려워했다. 그 두려움은 인디애나 주립교육대학에 다니던 시절까지도 계속되었다. 나는 우리 농구팀이 매디슨 스퀘어 가든에서 열리는 경기에 참가하기 위해 뉴욕으로 날아가야 했을 때 감독님께 말씀드렸다.

"전 도저히 비행기를 탈 수가 없습니다. 저를 내버려두고 가셔도 괜찮습니다."

하지만 우든 감독님은 나를 남겨두고 가지 않으셨다. 비행기 대신 스테이션 왜건에 팀 전원을 태우고 뉴욕까지 간 것이다. 어느 한 명도 빼놓지 않으셨다. 우리는 모두 한가족이었기 때문이다.

1947년에 우리 팀은 내셔널 토너먼트에 초대받았다. 그런데 한 가지 문제가 있었다. 협회 측이 흑인 선수의 참가를 금지한 것이다. 당시 우리 팀에는 클라렌서 워커라는 흑인 선수가 있었다. 그래서 감독님은 그 토너먼트에 참가하는 것을 거절했다. 클라렌스를 빼놓지 않기 위해서 말이다.

그다음 해에도 같은 일이 일어났다. 우리는 다시 내셔널 토너먼트에 초대를 받았다. 감독님은 이번에도 역시 거절하셨다. 그러자 개최 측에서 한발 물러나 흑인 불참규정을 수정했고 그제야 감독님은 초대에 응하셨다. 우리 팀은 결승전까지 올라갔지만 아쉽게도 루이빌에 패했다.

클라렌스를 포함한 우리 팀 전원이 토너먼트에 참가했고 함께 뛰었다. 당신 또한 가족 구성원 중 누군가가 뒤에 남는 것을 원치 않을 것이다. 감독님도 그런 마음이었고 팀원 누구도 소외되지 않도록 노력하셨다. 우리를 향한 그의 마음은 농구에 대한 열정 그 자체를 훨씬 넘어서는 것이었다. 우리는 한가족이었다.

짐 파워스, 사우스벤드센트럴 고등학교 농구팀(1947~1948)

지각하지 마라

"명성보다는 자신의 인격에 관심을 둬라.
인격은 진정으로 당신이 누구인지를 표현하지만
명성은 당신에 대한 다른 사람들의 생각일 따름이기 때문이다."

버스는 우리 팀의 최대 경쟁자인 미샤와카 고등학교 농구팀과의 경기를 위해 오후 6시 정각에 출발할 예정이었다. 두 선수를 뺀 모든 선수가 자리에 앉아서 출발을 기다리고 있었다. 그들은 공교롭게도 우리 팀의 공동 주장이었다.

"기사님, 제가 출발 시각이 몇 시라고 말씀드렸죠?"

감독님이 버스에 올라타면서 물으셨다.

"늘 그렇듯 6시입니다."

"그렇군요. 지금 몇 시죠?"

"6시 정각입니다."

그러자 감독님은 망설이지 않고 이렇게 말씀하셨다.

"제 시계도 그런 걸 보니 6시가 틀림없군요."

감독님은 버스 뒤쪽을 둘러본 뒤 두 자리가 빈 것을 발견하셨고 기사님께 이렇게 말씀하셨다.

"이제 출발합시다."

버스는 우리 팀에서 가장 중요한 두 선수를 태우지 않은 채 출발했다. 감독님의 규칙은 '지각하지 마라. 안 그러면 버스는 너를 태우지 않은 채 출발할 것이다.'였다. 그들이 팀에 중요한 선수인 것은 문제가 되지 않았다. 버스는 정각에 미샤와카로 출발했다. 그 두 선수 중 한 명이 사우스벤드센트럴 고등학교 교감의 아들이라는 사실도 문제가 되지 않았다. 교감이면 우든 감독님을 해고할 수 있는 위치인데도 말이다. 그 사건을 계기로 우리는 우든 감독님의 '지각하지 마라.'라는 말이 절대 농담이 아님을 알게 되었다. 이 이야기는 그 후 몇 년간 신입생들에게 전설로 전해졌다.

"우든 감독님은 절대로 농담을 하지 않는다. 그가 하는 말은 모두 진심이다."

이런 메시지가 계속해서 후배들을 통해 이어졌다. 나중에 우리는 문제의 두 선수가 나이트클럽에 가느라 경기를 빼먹었다는 사실을 알았다.

에디 파월

사우스벤드센트럴 고등학교 농구팀,

인디애나 주립교육대학 및 UCLA 농구팀 보조 코치 역임

07
항상 준비하라

"계획을 세우지 않는 것은 실패를 계획하는 것과 같다."

"우리는 언제나 할 수 있다고 생각하는 것 이상을 이룰 수 있다."

내가 우든 감독님에게 배운 가장 큰 교훈이다. 그 말대로 우리 안에는 무한한 잠재력이 숨어 있다. 대체로 우리는 자기 안에 엄청난 잠재력이 있음을 잘 알지 못한다. 그런데 우든 감독님은 그것을 알고 우리 안에 숨겨진 잠재력을 꺼내주셨다. 그리고 준비의 중요성을 가르쳐주셨다.

"기회가 찾아올 때를 대비해서 항상 준비하라. 한 번 놓친 기회는 다시 오지 않을지도 모른다."

"세상에는 '작은 기회'란 없다. 모든 기회는 '큰 것'이다. 만약 너에게 뛸 시간이 2분만 주어졌다면 그 2분을 최고의 2분으로 만들어라. 농구에서건 삶에서건 그것이 너에게 주어진 기회다. 항상 준비하고 있다가 기회가 왔을 때 최고의 능력을 선보여라. 기회는 다시는 오지 않을지도 모른다."

나는 1964년 시즌에 29경기 연속으로 벤치에 앉아 있었다. NCAA 챔피언십 우승컵을 놓고 듀크 대학 농구팀을 상대로 펼친 30번째 경기가 시작되었을 때도 마찬가지였다. 하지만 나는 이미 준비되어 있었고 벤치에 앉아 있는 다른 선수들도 물론이었다. 경기 시작 후 5분이 지났을 무렵 감독님은 나에게 기회를 주셨다. 경기 초반 부진한 플레이를 보인 프레드 슬로터를 빼고 나를 투입한 것이다. 나는 끝까지 코트에 남아 있었고 더 나아가 UCLA 농구팀 역사상 첫 NCAA 챔피언십 우승을 차지하는 데 한몫하게 되었다.

다음 해인 1965년에 UCLA는 NCAA 챔피언십 결승전에서 미시간 대학교와 맞붙게 되었다. 이번에는 벤치를 지키고 있지 않았다. 나는 선발 선수로 코트에 나갔고 10분 동안 내 생애 최고의 플레이를 펼쳤다. 블로킹과 리바운드를 하면서 코트를 종횡무진 누비고 다녔다. 한참 뛰었을 때 감독님은 휴식을 취하라며 나를 벤치로 부른 후 마이크 린을 교체 선수로 내보내셨다.

마이크 린은 신들린 플레이를 했다. 그래서 나는 경기가 끝날 때까지 계속 벤치에 앉아 있어야 했다. 마이크 린은 지난해 내가 그랬듯 기회가 왔을 때를 대비해 이미 준비가 돼 있었다. 내가 뛰든 마이크 린이 뛰든 팀에 도움만 된다면 괜찮았다. 프레드 슬로터도 자신이 불려 들어오고 내가 나갔을 때 불만을 표시하지 않았다. 그 역시 나처럼 팀에 최선인 것이 자신에게도 최선임을 확신한 것이다.

　우리는 어떻게 그런 믿음을 갖게 됐을까? 그것은 우든 감독님 때문이다. 감독님은 모든 선수에게 그런 믿음을 심어주셨다. 더 많은 시간을 뛰고 더 큰 역할을 원하는 것이 선수의 본능이다. 하지만 우든 감독님은 팀의 이익이 먼저이고 (비록 벤치에 앉아 있어야 할지라도) 팀에 최선인 것이 우리 모두에게 최선이라는 사실을 충분히 이해시키셨다. 다섯 명이 코트에 나가 농구를 하는 동안, 벤치에 앉은 일곱 명은 치어리더 못지않게 열심히 응원했다. 나 역시 벤치에 앉아 있을 때 열심히 했는데 응원 또한 매우 중요한 일임을 실감할 수 있었다. 응원을 통해서도 팀의 승리에 이바지할 수 있음을 느낀 것이다.

　1966년에 2년 연속 NCAA 챔피언십 우승을 차지한 UCLA 농구팀이 그해에도 우승할 것이라고 많은 사람이 예상했다. 하지만 우리는 많은 선수의 부상으로 우승하지 못했다. 그렇지만 감독님의 반응은 우승했던 전년도 또는 그 전년도와 별반 다르지 않았다. 우리가 밀리기 시작했을 때도 감독님은 흥분하거나 소리를 지르지 않으셨다. 챔피언십이든 아니든 감독님의 태도는 거의 변함이 없었다. '오, 슬프도다.' 같은 감정 표현은 물론이고 운이 없었다거나 부상자가 많았기 때문이라는 변명도 하지 않으셨다.

　그뿐만 아니라 감독님은 연습을 통해 우리를 강한 팀으로 만드셨다. 감독님은 '연습 감독'으로 불릴 정도로 강도 높은 연습을 시키셨다. 연습 내용이 경기 내용을 결정한다는 신념을 지니고 계셨다.

감독님은 엄격한 분이었지만 선수들이 그를 두려워할 이유는 없었다. 감독님의 비판이나 비평에 개인적인 감정이 전혀 섞이지 않았다는 사실을 모두 알고 있었기 때문이다. 감독님이 뭐라고 말하든 그것은 모두 팀을 위한 것이었다. 우리는 그것을 잘 알았으며 우리 역시 팀의 이익을 우선했다. 감독님은 좋은 팀은 항상 절제력이 있다고 말씀하셨다. 본인 또한 그런 절제가 몸에 밴 분이셨기에 자신의 감정을 잘 다스리셨다. 감독님의 성공에 어떤 '비결' 같은 것은 없어 보였다. 비결이라면 항상 강조하시는 세 가지일 것이다. 바로 기본기, 컨디션, 팀 정신이다.

UCLA 농구팀에서 감독님이 실시한 훈련은 대부분 내가 고등학교 때 했던 훈련과 똑같았다. 정말 그랬다. 다만, 같은 내용의 훈련을 더 반복적으로 더 빠르고 더 정확하게 하셨을 뿐이다. 또 기본 기술에 관한 한 더 강도 높은 훈련을 시행하셨다. 비밀 공식은 전혀 없었다. 감독님은 매우 열정적인 분이셨다. 하지만 절대로 고함을 지르거나 머리카락을 쥐어뜯지 않으셨다. 언제나 위엄이 있으셨고 감정을 잘 드러내지 않으셨다. 하지만 우리는 감독님이 어떤 생각을 하고 계시는지 잘 알 수 있었다.

감독님은 늘 자신의 감정을 잘 다스리셨지만, 이따금 신경이 날카로워질 때도 있으셨다. 내 기억에 가장 화나셨을 때는 오레곤 주립대학교 팀과 경기했을 때였다. 그때 나는 바스켓을 향해 점프를 높이 했다가 상대 팀 선수가 내 다리를 치는 바람에 바닥에 넘어져 의식을 잃었다. 깨어나 보니 우든 감독님은 화가 머리끝까지 나서 심판에게 비열한 플레이를 한 상대 팀 선수를 퇴장시키라고 요구하고 계셨다.

우리에게는 비열한 플레이를 하지 말라고 신신당부하셨다. 만약 어떤 선수가 화가 나서 상대 팀 선수를 팔꿈치로 쿡 찌르면 그 선수를 불러 벤치에 앉히셨다. 시간이 지나 진정됐을 즈음에야 다시 코트로 나가 마음껏 플레이하게 하셨다.

감독님은 무엇보다도 우리가 이성을 잃고 감정적으로 행동할 때 가장 크게 화를 내셨다. 그리고 우리에게 철저한 감정조절을 요구하셨다. 만약 코트에서 감정을 다스리지 못하면 기량이 떨어지고 잠재력을 발휘할 수 없음을 잘 아셨기 때문이다. 그분은 우리 각자가 팀을 위해 자신의 잠재력을 충분히 발휘하기를 원하셨다.

더그 매킨토시

UCLA 농구팀(1964~1966) NCAA 챔피언십 2회 우승

반복! 반복! 반복!

"중요한 것은 모든 것을 다 알고 난 다음에 얻는 교훈이다."

우든 감독님은 3-2 지역 방어를 반대하셨다. 그렇지만 나와 보조 코치인 데니 크럼은 그 방법이 매우 효과적일 수 있다고 생각했다. 그래서 우리는 기존의 수비 방법을 그 방법으로 바꾸자고 제안했다. 여기서 짚고 넘어가야 할 점이 있다. 당시 우든 감독님은 NCAA 챔피언십에서 6년 동안 다섯 번이나 우승했다는 사실이다. 그러므로 언제든 이렇게 말씀하실 수도 있었다.

"기존 방식에 문제가 없으니까 고칠 필요는 없어."

하지만 감독님은 언제나 남의 말에 귀를 기울이고 새 아이디어를 평가하고 팀을 성장시킬 방법을 모색하셨다. 절대로 현재에 만족하는 법이 없으셨다. 만족이란 결코 없었다. 그래서 나와 데니 크럼은 당시 20승 무패라는 연승 행진을 계속하고 있었는데도 감독님에게 오레곤 주에서 열리는 시리즈를 대비해 3-2 지역 방어를 도입하자고 설득했다.

우리 팀은 오레곤 대학교와의 첫 경기에서 75대 58로 이겼다. 하지만 다음날 오레곤 주립대학교와 맞붙었을 때는 3-2 지역 방어를 썼지만 78대 65로 지고 말았다. 우리가 새로 도입한 시스템이 생각했던 것만큼 효과적이지 않다는 것이 분명해졌다. 그날로 우리는 3-2 지역 방어를 포기했다.

하지만 우든 감독님은 우리말에 귀를 기울이셨고 새로운 방법과 함께 우리 두 사람에게 기회를 주셨다. 감독님은 변화를 두려워하지 않으셨다. 그리고 설령 변화를 시도했다가 효과가 없더라도 비난하지 않으셨다. 우리가 자기를 잘못된 길로 끌어들였다는 죄책감을 느끼지 않게 하면서 다음 단계로 넘어가셨다.

감독님은 '예스맨'을 원치 않으셨고 자신의 생각을 당당히 말하도록 권하셨다. 그렇게 해서 우리가 의견을 내놓으면 반론을 제기하셨다. 자신의 생각을 얼마나 확신하고 있으며 얼마나 잘 알고 있는지 시험해보기 위해서였다.

예를 들어 하루는 아침회의 45분 동안 피벗(한 발을 붙이고 다른 발로 상대의 방어를 피해 몸을 돌리는 동작)을 하는 최상의 방법에 관해 얘기를 나누었다. 감독님은 우리에게 열린 마음으로 각자의 생각을 말해보라고 재촉하셨다. 우리는 회의 시간에 그냥 앉아서 감독님의 말씀을 받아 적지 않았다. 감독님은 활발한 의견 교환을 원하셨다.

물론 우리는 그렇게 했다. 감독님은 우리에게 피벗을 하는 올바른 방법과 같은 작고 세부적인 내용에 주의를 기울이고 그것을 가르치는 법을 알려주셨다.

그런 태도는 감독님의 강점으로 탄탄한 조직력을 구축하는 비결 가운데 하나였다. 감독님은 연습 일정을 분 단위로 세밀하게 짜기도 하셨다. 경기 직전에 선수들에게 연설하는 일과 작전 시간에 선수들을 모아놓고 얘기하는 일도 우리에게 맡기셨다. 보조 코치들을 넓은 아량으로 포용하셨고 권위를 부여해주셨다. 그래서 선수들이 우리를 존중하도록 배려하셨다.

우리가 실수를 범했을 때조차도 결코 선수들 앞에서 야단치지 않았다. 선수들이 우리에게 대드는 태도도 용납하지 않으셨다. 또 선수들이 우리를 '게리' 또는 '데니'처럼 별명이나 비공식 호칭으로 부르지 못하게 하셨다. '커닝햄 코치님' 또는 '크럼 코치님'이라고 깍듯이 예의를 차리게 하셨다. 감독님은 탈의실에서 선수들에게 연설할 때도 언성을 높이거나 주먹으로 벽을 치지 않으셨다. 그 대신 열정적이면서도 조리 있게 말씀하셨고 늘 다음과 같은 말씀으로 마무리하셨다.

"자, 이제 나가서 최선을 다해 싸워라. 경기가 끝나고 이 자리에 돌아올 때 머리를 높이 들고 들어올 수 있도록. 알겠나?"

그분의 가르침은 매우 효과적이고 단순했다. 감독님은 모든 일을 작은 단위로 세분해서 가르친 다음, 다시 그것을 하나로 묶으셨다. 언제나 설명, 시범, 모방, 반복이라는 학습 법칙을 적용하셨다. 특히 반복을 엄청나게 시키셨다. 다른 사람들이 믿을 수 없을 만큼 많은 반복을 시키셨다.

우든 감독님은 길게 늘어지는 토론도 싫어하셨다. 짧고 분명하고 알맹이 있게, 이것이 감독님의 지론이었다. 내가 처음 감독님 밑에서 보조 코치로 일하게 되었을 때 연습 시간 중에 10초 이상 어떤 얘기를 늘어놓으면 이렇게 말씀하셨다.

"이보게, 요점만 간단히 말하게. 요점만."

물론 1초라도 아끼고 싶은 마음에서 하신 말씀이었다. 나는 그런 경험을 통해 간단하고 정확하게 말하는 법을 배웠다. 감독님은 1분 1초가 중요하다고 믿었기 때문에 한 마디 한 마디를 간단명료하게 해야 했다.

또한 감독님은 성공 피라미드를 몸소 실천하셨다. 나중에야 깨달은 사실이지만 그분은 스스로 본보기가 되어 우리에게 성공 피라미드를 가르쳐주셨다. 또 팀워크를 매우 중요하게 생각하셨고 누가 공을 차지하는지는 중요한 문제가 아니라고 늘 말씀하셨다.

"우리가 한 팀이 되어 경기하고 각자 자신의 역할을 다하면 만족스러운 결과를 얻게 돼 있다. 또 그 공은 모두에게 돌아가게 된다."

감독님은 준비된 감독이었다. 그리고 우리 또한 준비된 감독으로 만들어주셨다. 사람들은 우리가 준비되어 있는지 아닌지를 금방 알아본다. UCLA 농구팀은 항상 준비돼 있었다.

우든 감독님은 승부 근성이 강한 분이셨고 승리를 사랑하셨다. 그렇지만 이기든 지든 언제나 평정을 잃지 않으셨다. 그뿐만 아니라 설령 NCAA 챔피언십에서 우승했다 하더라도 지나치게 흥분하지 말라고 늘 말씀하셨다.

감독님은 대단히 엄격한 사람이었지만, 과격한 말이나 행동은 절대 하지 않으셨다. '하느님 맙소사' 정도가 정말 화가 났을 때 하는 말이었다. 또한 감독님은 선수의 성격을 분석하는 데도 뛰어나셨다. 예를 들어 A라는 선수는 설명을 해줘야 잘 따라오고 B라는 선수는 어느 정도 자극을 줘야 잘 따라온다는 것을 간파하셨다. 감독님은 선수들이 자신의 가르침을 잘 받아들이게 하려면 어떻게 해야 하는지를 정확히 알고 계셨다.

시드니 윅스라는 선수도 마찬가지였다. 그는 연습을 무척 좋아했다. 그래서 그에게 최고의 벌은 "시드니, 오늘은 연습에서 빠지고 샤워실로 가."라는 말이었다. 언성을 높여 야단칠 필요 없이, 간단히 "샤워실로 가."라는 한마디면 충분했다.

감독님은 열정이 넘치는 분이었지만 결코 감정적이지는 않았다.

게리 커닝햄

UCLA 농구팀(1960~1962), **보조 코치**(1966~1975) **NCAA 챔피언십 6회 우승**

최선을 다하라

"만약 실수하지 않는다면 아무것도 하지 않는다는 뜻이다.
나는 일을 벌이는 사람들만이 실수한다고 확고히 믿는다."

나는 밀워키 벅스에 보내준다는 조건으로 LA 레이커스에 선발 파견된 이후 쭉 NBA에서 뛰다가 26세에 은퇴했다. 프로에 데뷔한 첫날의 연습을 기억하면 욕설을 150번은 들은 것 같다. 우든 감독님과 함께 있을 때와는 판이했다. 하지만 그것이 유일한 변화는 아니었고 빙산의 일각에 지나지 않았다.

프로 농구에서는 이기는 것 외에 아무것도 중요하지 않았다. 골을 넣지 못하거나 다른 실수를 하면 강한 자책감이 들었다. 그도 그럴 것이 감독을 비롯한 팀의 모든 사람이 점수판에 시선을 두었기 때문이다. 이기는 것이 사실 전부였고 모두 이런 얘기만 했다.

"우리는 이 경기에서 이겨야 해."

"우리가 그 경기에서 이겼어야 했는데."

"다음 경기에서 이기려면 어떻게 해야 할까?"

이겨야 해. 이겨야 해. 이겨야 해.

우든 감독님은 단 한 번도 이기라고 말씀하지 않으셨다. 정말 단 한 번도! 감독님은 대신 이렇게 말씀하셨다. "경기에 너희가 가진 모든 것을 쏟아 부어라. 그것이 우리의 목표다." "모든 것을 쏟아 부어라. 그러면 행복해질 것이다. 너희 대부분이 그렇게 하면 우리 팀은 성공하게 된다."

감독님은 그렇게 가르치셨고 확신했다. 우리에게도 그것을 믿게 하셨다. 이기라는 말 대신 노력하고 준비하고 연습이든 경기든 최고의 실력을 발휘하는 데 필요한 모든 것을 하라는 말씀만 하셨다. 그렇게 하다 보면 승리는 저절로 따라올 것이라는 말씀이셨다.

내가 대학 졸업반으로 UCLA 농구팀에서 포워드를 맡고 있었을 때 우리 팀이 좋은 성적을 거두리라고 어떤 전문가도 예상하지 않았다. 빌 월턴이나 자말 윌크스를 비롯한 '월턴 패거리'가 NCAA 챔피언십에서 우승을 2회 차지하고 88연승이라는 대기록을 세운 뒤 학교를 졸업한 직후였으니 그럴 만도 했다. 게다가 1974~1975년 UCLA 농구팀에서 이전 시즌에 주전으로 뛴 선수는 나밖에 없었고 나머지 주전 선수는 죄다 신입생이었다.

감독님은 처음부터 다시 기본 기술, 훈련, 팀워크, 희생정신을 가르치셨다. "열심히 뛰어라." "실망하지 마라." "기회를 기다려라." "날마다 조금씩 나아지기 위해서 노력해라." "점수판에 대해서는 절대 걱정하지 마라."고 늘 말씀하셨다.

이기라고 말씀하신 적은 단 한 번도 없다. 그런데 그해 우리는 NCAA 챔피언십에서 우승을 차지했다.

그때는 미처 몰랐지만, 나중에 돌이켜 보니 감독님은 언제나 '성공 피라미드'를 몸소 실천하고 계셨다. 스스로 본보기가 되어 근면, 자제력, 열정 등을 보이셨다. 우리에게 성공 피라미드를 가르치셨던 것이다.

사실 나는 감독님을 교수님으로 생각했다. 내가 캘리포니아 주 소노라에서 고등학교에 다니던 시절에 UCLA에 계셨던 감독님을 찾아가 면접을 본 적이 있다. 그때 감독님의 사무실은 책, 노트, 논문, 액자, 자격증 등으로 가득 차 있었다. 흡사 영문학 교수님의 연구실 같았다.

감독님은 벽에 자신을 가르쳐주신 감독님들의 사진을 걸어두셨다. 퍼듀대학교의 '뚱보' 램버트 감독님, 마틴스빌 고등학교의 글렌 커티스 감독님, 초등학교 시절의 얼 워리너 교장 선생님께서 그분들이다. 그 옆에는 그가 창안해 낸 '성공 피라미드'가 그려진 대형 그림이 걸려 있었다. 연습 시작 전 감독님은 코트로 걸어 들어가는 선수들에게 이렇게 묻곤 하셨다.

"어머니는 요즘 어떠시니, 데이비드?"

"감기는 다 나았니? 짐"

"수학 수업은 좀 어때?"

감독님은 우리를 인격적으로 대하셨다. 그분이 우리를 진정으로 아낀다는 것을 알 수 있었다. 그리고 가르치는 방법을 정말로 잘 터득하고 계시다는 것을 알 수 있었다. 꼭 대학 교수님 같으셨다.

정말로 어떤 면에선 교수님이셨다. 감독님은 한 번도 이기라고 말씀하시지 않았으면서, 우리에게 이기는 방법을 가르쳐주신 명감독이셨다.

데이브 마이어스
UCLA 농구팀(1973~1975) NCAA 챔피언십 2회 우승

과정이 중요하다

"일을 복잡하게 하면 할수록 그만큼 학습해야 할 것들이 많아진다.
하지만 매사를 될 수 있는 대로 단순화하면 효과적으로 처리할 가능성이 생긴다.
나는 언제나 여러분이 다만 몇 가지 일만이라도 제대로 처리하기를 바란다."

우든 감독님께 배운 가장 큰 교훈은 '우리가 삶에서 할 수 있는 최고의 행동은 최선의 노력'이라는 것이다. 최선을 다했다면 지더라도 승자다. 너무나 많은 요소가 최종 결과에 영향을 미친다. 운명이 변덕을 부릴 수도 있다. 최고의 재능을 가진 선수도 항상 이기지 못한다. 그러므로 코트에 나가 최선을 다하는 선수와 팀이 승자다. 그것이 우든 감독님의 철학이었고 우리에게 가르치신 가치관이다.

 1964년은 완벽한 시즌이었다. 우리는 NCAA 챔피언십에서 우승을 차지했다. 나는 우리 팀이 1965년에 우승을 차지했기 때문에 1966년에도 대학 농구 역사상 최초로 3연속 우승 기록을 세울 것이라고 굳게 믿었다. 하지만 운명의 변덕스러운 손가락이 우리를 가리키고 있다는 것을 알지 못했다.

부상, 질병, 그 외 온갖 악재가 우리를 덮쳤다. 우리는 지역 리그 타이틀조차 따내지 못했다. 10승 4패라는 저조한 성적 덕분에 NCAA 챔피언십 플레이오프에 나갈 자격도 잃었다. 하지만 우든 감독님은 이 모든 불행을 겪으면서도 단 한 마디도 불평하거나 변명하시지 않았다. 적어도 나는 한 번도 본 적이 없다. 감독님은 열심히 싸우셨다. 우리에게 계속 연습할 것과 절대 포기하지 말고 최선을 다하라고 강조하셨다.

우리는 비록 운명의 손가락이 우리 팀을 가리켰지만, 감독님의 말씀을 그대로 실천했다. 그 때문에 1966년에도 훌륭한 시즌을 보냈다고 자부할 수 있었다. 다시 생각해보면 NCAA 챔피언십에서 우승하지 못한 것이 개인적으로는 더 좋았던 것 같다. 덕분에 나는 삶의 모습과 운명이 할 수 있는 일에 대해 알았다. 왜 결과만으로 성공을 판단할 수 없는지 깨달았기 때문이다.

물론 이것은 감독님이 가르쳐주신 바이기도 하다. 그분은 내가 아는 누구보다 자신이 한 말을 실천하는 분이셨다. 원칙과 기준에 관한 한 말과 행동이 일치하셨다. 나는 모든 리더가 다 그런 줄 알았다. 하지만 아니었다. 이 세상에 그런 사람은 굉장히 드물었다.

나는 UCLA에서 4년을 보낸 후에도 학점이 모자라 졸업을 못하고 있었다. 그러자 우든 감독님은 나에게 학교를 1년 더 다니면서 전공인 경제학 학위를 꼭 따라고 설득하셨다. 감독님은 내가 더는 UCLA 농구팀의 선수가 아니었음에도 세심하게 신경을 써주셨다.

"케네스, 학위는 아주 중요한 거야. 꼭 받고 말자고."

감독님은 그다음 1년 동안 내가 잘하고 있는지 계속 체크하셨다. 나는 결국 학위를 받게 되었다. 우든 감독님은 인격을 가르치지 않으셨다. 인격을 갖추도록 길러내셨다. 재능을 기준으로 선수들을 선발하셨지만, 재능만으로 선발하지는 않으셨다. 그리고 정직함, 성실함, 가치관을 갖춘 팀 플레이어를 원하셨다.

선발 후에는 운동선수로서의 재능을 키우듯 인간으로서 자질도 키워주셨다. 정직, 희생정신, 팀원을 배려하는 마음, 근면과 같은 가치들을 끊임없이 강조하셨다. 팀의 보스로서 그럴 힘을 갖추셨음에도 절대로 선수들을 모욕하거나 구박하거나 창피를 주지 않으셨다. 징계할 때조차도 존중하는 태도를 잃지 않으셨다.

감독님은 심리학의 대가이기도 했다. 세상에 똑같은 사람은 없다는 것을 누구보다 잘 이해하고 계셨다. 욕하지 말 것, 시간 꼭 지킬 것, 잘난 척하지 말 것 등 어떤 점에서는 자신의 주장을 굽히지 않으셨지만, 선수들과 일할 때는 선수 개개인에게 맞는 방식으로 대하셨다.

예를 들어, 잭 허시는 제멋대로인 성격에 까불대는 선수였다. 팀에서 우든 감독님을 존이라고 부르는 유일한 선수이기도 했다. 우든 감독님은 잭이 무례해서 그런 행동을 하는 것이 아니라 그의 격의 없는 친근한 성격에서 오는 것이라 이해하시고 그렇게 하도록 내버려두셨다. 감독님은 잭이 넘지 말아야 할 선을 넘지 않는다는 사실을 알고 계셨다. 하지만 선을 넘었을 때는 그에 합당한 대가가 있었다. 하루는 모두 테이블에 앉아 저녁 식사를 하고 있었다. 그런데 잭이 일어나 이렇게 말했다.

"이 싸구려 음식들, 정말 못 먹겠어."

감독님은 매우 침착하면서도 단호한 태도로 잭이 자신의 행동에 대해 사과하고 다른 선수들과 똑같이 음식을 먹겠다고 할 때까지 출전 정지를 시키셨다. 감독님은 잭의 말에서 무례함을 발견하셨고 선수들끼리 그런 무례한 행동을 보이는 것을 절대 용납하지 않으셨다.

잭이 자라온 환경에선 그 음식이 맛이 없을지 모르지만 나는 괜찮았다. 감독님은 잭이 그렇게 말하도록 그냥 보고만 있을 수 없으셨던 것이다. 도저히 용납할 수 없는 무례한 말이었다. 그래서 태도를 바꿔 사과할 때까지 팀에 합류할 수 없다는 처벌을 내린 것이다. 잭은 2주일 후 다시 테이블로 돌아왔다. 음식을 꿀꺽꿀꺽 맛있게 넘기지는 않았지만 적어도 불평하진 않았다.

스포츠도 인생과 똑같다. 모든 일을 올바르게 했지만 경기에서 질 때도 있다. 중요한 것은 과정이다. 최선을 다하고 결과에 연연하지 말아야 한다. 사실 이는 많은 사람이 내뱉는 말이다. 하지만 막상 상황에 직면해서 이 말을 실천하기란 결코 쉬운 일이 아니다. 하지만 우든 감독님은 자신이 팀원에게 당부한 바를 모두 실천하셨다. 운명이 변덕을 부릴 때조차도.

켄 워싱턴
UCLA 농구팀(1964~1966) NCAA 챔피언십 2회 우승

계속 플레이하라

"공격할 때나 방어할 때 균형을 생각하라.
정서적으로나 정신적으로도 균형을 잃지 말아야 한다.
팀 전체도 균형 있게 관리해야 한다.
오직 균형뿐이다."

우든 감독님은 신체적 정신적 도덕적 면에서 특정한 방식으로 자신의 농구 프로그램을 구축했다. 그런 방식이 특정한 사람, 즉 그가 팀원으로 받아들이고 싶은 특정 부류의 사람을 끌어들일 거라고 믿었기 때문이다.

그런 방식이 성공을 거두지 못했을 때도 감독님은 자신의 방식이 모든 면에서 합리적이라는 확신이 있었기 때문에 계속 자신의 방식을 고수했다. 우든 감독님은 신기하게도 앞으로 일어날 일을 잘 내다보셨다. 항상 그의 예측대로 일이 일어났다. 감독님이 꿈의 구장을 세웠을 때 그들이 온 것이다. 나도 '그들' 중 한 사람이었다.

나는 주로 UCLA와 우든 감독님의 가치관에 대해 보고 들은 내용을 바탕으로 UCLA를 선택했다. 랠프 번치 박사님과 재키 로빈슨은 나에게 편지를 써서 UCLA가 교육과 스포츠 두 가지 측면에서 모두 멋진 대학이라고 말했다. 또 윌리 놀스는 우든 감독님은 경기의 승패 여부를 중요하게 생각하지 않는다고 말해주었다.

내가 결정을 내리는 데 결정적인 계기가 된 것은 TV 쇼에 출연한 레이퍼 존슨을 보았기 때문이다. 나는 레이퍼 존슨이 세계 최고의 운동선수라는 걸 알고 있었다. 그는 그날 쇼에 UCLA의 총학생회장 자격으로 출연했다. 그것을 통해서 나는 UCLA의 학생들은 그를 그저 뛰어난 운동선수로서만이 아니라 그 이상으로 그를 평가하고 존경한다는 사실을 알게 되었다. 이는 UCLA가 어떤 곳인지 알게 된 중요한 계기였다. 가운데 가르마를 탄 우든 감독님의 모습은 흡사 쿠키 조각처럼 만만해 보였다. 그렇지만 실상은 전혀 달랐다. 체육관에서 그는 말도 못하게 엄격했다. 그는 우리에게 특정 방식을 요구했고 늘 몸소 본보기를 보여주었다.

우든 감독님은 내가 UCLA에 입학했을 당시 57세였다. 선수들과는 무려 40년에 가까운 나이 차이가 있었다. 하지만 감독님은 자신이 하지 않는 것은 절대로 선수들에게 요구하지 않았다. 리더가 기꺼이 팀원 사이에 섞여 함께 뛰면 팀원은 그 리더를 존경하게 된다. 함께 뛰지 않는 사람의 말은 팀원에게 아무런 설득력이 없다. 우든 감독님은 자신이 하는 말을 솔선수범하는 분이셨다. 그랬기 때문에 선수들 사이에서 신망이 두터웠다. 한마디로 그는 선수들의 존경을 한몸에 받는 리더였다.

우든 감독님은 경기에서 이기라는 말을 단 한 번도 하지 않으셨다. 그 대신 항상 '제군들, 우리는 최선을 다해서 뛰어야 한다. 자, 최선을 다하자'라고 말씀하셨다. 그것은 '제군들, 우리는 어떻게 해서든지 이겨야 한다.'라는 말과는 완전히 다른 표현이었다. 정말 다른 표현이다. 인종? 종교? 그런 것들은 중요하지 않았다. 중요한 것은 농구 코트와 교실에서 얼마나 노력을 기울였는가, 어떤 태도와 가치관을 지녔는가였다. 우든 감독님은 우리에게 최선을 다할 것을 요구하셨다. 그리고 경기에서 졌을 때는 결과를 기꺼이 받아들이셨다. 그럴 수밖에 없었다고 생각했기 때문이다. 하지만 '그럴 수밖에 없었어'라고 결과를 기꺼이 받아들이기에 앞서 최선을 다하기를 바라셨다.

나는 UCLA 농구팀에 들어가 연습을 시작한 지 2주 만에 감독님의 방식에 완전히 매료되었다. 감독님은 우리 선수들에게 기술을 하나씩 하나씩 가르쳤고 그와 동시에 우리를 하나의 팀으로 똘똘 뭉치게 하셨다. 감독님은 농구협회에서 덩크를 금지했을 때 나에게 이렇게 말씀하셨다.

"루이스, 이 금지 조치는 모두에게 적용된다. 농구는 덩크가 다가 아니야. 그러니까 격분하지 말고 계속해서 플레이해라. 모두에게 다 같이 적용되는 거니까 신경 쓰지 마라."

정확한 말씀이었다. 덕분에 나는 덩크 금지라는 규칙의 변화를 빨리 극복해낼 수 있었다.

리더로서 우든 감독님이 지녔던 가장 큰 자산 가운데 하나는 인내심이었다. 선수들은 여러 가지 일에 회의적인 경우가 많았고 그들의 마음을 돌리려면 대개 오랜 시간이 걸렸다. 그럴 때 우든 감독님은 선수들이 자기 방식대로 해서 실패를 맛볼 때까지 가만히 내버려두었다.

감독님은 오래 참는 데 선수였다. 그것은 최고의 교수법이었다. 선수들은 실패를 경험한 후에야 비로소 옳은 방법을 배우고 싶어했기 때문이다. 그러니까 57세의 연로한 감독님은 어린 선수들 앞에 나가서 직접 본보기를 보여주셨던 것이다. 우든 감독님은 제대로 하는 법을 잘 알고 계셨다. 모든 면에서 말이다.

카림 압둘 자바
UCLA 농구팀 선수(1967~1969) NCAA 챔피언십 3회 우승

에필로그
최고가 되기 위해 최선을 다했던 여정

나의 임무는 선수들을 가르치는 일이었다. 나는 선수들이 자기 능력을 최대한 끌어내 팀의 공동 목표를 이루는 데 이바지할 수 있도록 옆에서 힘껏 도왔다. 내가 느끼는 기쁨과 만족감은 경기에서 이기거나 높은 순위를 차지하는 일이나 챔피언십에서 우승하는 것보다 컸다. 또 우승한 뒤 쏟아지는 화려한 스포트라이트보다 컸다.

승리 그 이상의 가치를 향해

1975년 3월 29일 토요일 밤, UCLA 농구팀은 샌디에이고 스포츠 아레나에서 '마치 매드니스˚' 준결승전에서 루이빌대학교와 맞붙었

---

* March Madness, 미국대학체육협회NCAA가 주최하는 전미대학선수권의 별칭

다. 나는 경기에 들어갈 때만 해도 적어도 2년에서 3년은 더 UCLA 농구팀의 감독으로 뛸 생각이었다. 어떤 사람들은 내가 그 해에 감독을 그만둘 걸 알았다고 말한다. 내가 그해 시즌이 끝나면 UCLA 농구팀을 떠날 것이라고 암시하곤 했다는 얘기다. 글쎄, 그 사람들은 그렇게 알고 있었는지 모르지만 적어도 나 자신은 몰랐다. 나는 갑자기 아무런 예고도 없이 감독을 그만두었다.

나는 경기 종료를 알리는 버저가 울렸을 때 루이빌대학교의 데니 크럼 감독에게 다가갔다. 멋진 경기를 펼친 것에 서로 덕담을 나눈 뒤 여느 때처럼 경기 후 인터뷰를 위해 프레스룸으로 향했다. 그런데 바로 그 순간, 41년 감독 생활 내내 단 한 번도 느껴보지 못했던 강렬한 감정이 물밀 듯이 밀려들어 왔다. 더는 이렇게 지낼 수 없다는 강렬한 혐오에 가까운 감정이었다. 쏟아지는 질문과 답변, 끝없는 탐색과 시험, 몰려드는 군중과 일상을 뒤덮어버린 그 모든 헛소리. 기자가 아닌 사람들의 입에서까지 헛소리가 나오고 있었다.

물론 나도 다른 사람들과 마찬가지로 성공을 인정받을 때 기쁘다. 하지만 내가 UCLA 농구팀을 성공으로 이끌었을 때 사람들이 보여준 지나친 관심은 결코 원하던 것이 아니었다. 도를 넘어서는 관심, 탐색, 호기심은 단순히 성가신 정도를 초월한 것이었다. 나는 거기서 벗어날 수가 없었다. 정말 괴로웠다. 나는 온종일 포위된 채 압박받으며 사는 듯했다. 사람들의 광적인 관심은 단순히 불편한 정도를 넘어섰다. 부자연스러운 수준이었다.

한번은 감독 회의에 참석했을 때다. 사람들이 나만 주목하는 바람에 다른 감독들에게 피해가 갔다. 주최 측으로부터 내 차례가 오기 전까지 회의장 밖에 나가 있어달라는 부탁을 받는 지경까지 이르렀다. 어느새 나는 주의를 분산시키는 사람, 방해꾼, 특별한 조치가 필요한 사람이 되어버린 것이다. 나는 다른 감독들과는 분리된 감독이었다. 절대 바라지 않았던 유형의 유명인사가 되고 만 것이다. 나는 그저 다른 감독들과 똑같이 지내고 싶었을 뿐이다. 하지만 이제 나는 다른 감독들이 함께 모여 있는 장소에서 나가달라는 말을 듣는 신세가 되고 말았다.

만약 그것이 꿈속에서의 일이었다면 잠에서 깨어나자마자 정말 끔찍한 악몽이었다고 말했을 것이다. 하지만 그건 절대 꿈이 아니었다. 나는 누구인가? 그저 세상의 위대한 직업 중 하나인 '선생'일 뿐이다. 나의 가르침은 좋은 성과를 거뒀지만 그 과정에서 급기야 나 자신을 잃어버릴 정도의 지나친 관심을 불러일으켰다. 언젠가는 감독을 그만둬야 했다. 하지만 준결승전을 마치고 데니 크럼 감독과 악수를 한 직후까지는 구체적으로 그만두겠다는 생각을 하지 않았다. 하지만 그로부터 몇 분 뒤 나는 우리 선수들에게 다음 경기를 끝으로 감독직에서 은퇴하겠다고 말했다.

'성공'의 골을 넣는 방법

우리 인생에서 균형은 사랑과 함께 가장 중요한 덕목 가운데 하나다. 일할 때도 균형은 아주 중요하다. 나는 감독 생활 내내 균형을 이루기 위해 노력했다. 선수들에게도 경쟁력을 갖기 위해서는 균형 감각이 필요하다고 가르쳤다. 몸과 마음의 균형은 물론이고 감정 또한 균형을 이뤄야만 한다. 균형은 언제 어디서나 꼭 필요한 핵심 요소다. 그런데 불행히도 UCLA에서 농구 감독으로 일하던 말년에 그 균형이 깨져버렸다. 균형을 회복하려면 내가 사랑하는 농구 게임을 떠나는 수밖에 없다는 결론을 무의식적으로 내렸던 듯하다.

나는 사람들의 지나친 관심에서 벗어나 연습에만 집중하는 시간을 더 많이 갖고 싶었다. 나의 가르침과 리더십이 세상의 온갖 잡음에서 벗어나 아름답고 순수하게 존재하는 시간이었다. 연습 시간은 나에게 늘 기쁨과 만족감을 안겨주었다. 선수들이 자기 능력을 최대한 이끌어내도록 가르치는 일은 항상 기쁨과 만족감을 준다. 리더의 역할은 결국 사람들이 조직의 성공을 만들어가는 과정을 통해 그 자신의 위대함을 성취할 수 있도록 이끌어주는 일이라고 믿는다. 이 책의 주제는 그런 리더십을 어떻게 달성하느냐, 적어도 내가 그런 리더십을 어떻게 해서 달성할 수 있었느냐다.

내가 40년 동안 리더로 일할 수 있었던 것은 큰 행운이었다. 탁월한 경쟁력(필요한 순간에 최고의 역량을 발휘할 수 있는 능력)을 얻기 위해 코트 위에서 선수들과 함께 열심히 뛰면서 느꼈던 흥분이 지금도 그립다. 나에게 연습은 리더로서의 인생에서 가장 흥분되는 시간이었다. 나와 선수들이 함께 자신이 성취할 수 있는 최고가 되기 위해 최선을 다했던 여정이다. 그 기쁨의 여정이 무척 그립다.

나는 이 책을 통해 당신의 인생에 도움이 될 만한 몇 가지 영감을 줄 수 있다면 그것으로 위안을 삼고 싶다. 실제로 여러분이 이 책에서 많은 도움을 얻는다면 매우 기쁠 것이다. 여러분의 여정에 끝까지 행운이 함께하시길 빈다.

존 우든

88연승의 비밀

초판 1쇄 발행 2014년 2월 24일
초판 7쇄 발행 2023년 10월 12일

지은이 존 우든 스티브 제이미슨
옮긴이 장치혁
펴낸이 안현주

기획 류재운 **편집** 안선영 박다빈 **마케팅** 안현영

펴낸곳 클라우드나인 **출판등록** 2013년 12월 12일(제2013-101호)
주소 우) 03993 서울시 마포구 월드컵북로 4길 82(동교동) 신흥빌딩 3층
전화 02-332-8939 **팩스** 02-6008-8938
이메일 c9book@naver.com

값 15,000원
ISBN 979-11-951801-4-1 03320

* 잘못 만들어진 책은 구입하신 곳에서 교환해드립니다.
* 이 책의 전부 또는 일부 내용을 재사용하려면 사전에 저작권자와 클라우드나인의 동의를 받아야 합니다.

* 클라우드나인에서는 독자여러분의 원고를 기다리고 있습니다.
  출간을 원하는 분은 원고를 bookmuseum@naver.com으로 보내주세요.

* 클라우드나인은 구름 중 가장 높은 구름인 9번 구름을 뜻합니다. 새들이 깃털로 하늘을 나는 것처럼 인간은 깃펜으로 쓴 글자에 의해 천상에 오를 것입니다.